# Jak mówić,
## żeby dzieci nas słuchały

# Jak słuchać,
## żeby dzieci do nas mówiły

Adele Faber i Elaine Mazlish

# Jak mówić, żeby dzieci nas słuchały. Jak słuchać, żeby dzieci do nas mówiły

*Przełożyła*
**Mariola Więznowska**

Media Rodzina

Tytuł oryginału
HOW TO TALK SO KIDS WILL LISTEN
AND LISTEN SO KIDS WILL TALK

Projekt okładki
Sambor Mordalski

Ilustracje w tekście
Kimberly Ann Coe

Suplement pt. *Doświadczenia rodziców polskich* napisała Zofia Śpiewak



Wydanie poszerzone

Harbor Point Sp. z o.o.
Media Rodzina
ul. Pasieka 24, 61-657 Poznań
tel. (0-61) 827 08 60, faks (0-61) 827 08 66
e-mail: mediarodzina@mediarodzina.com.pl
www.mediarodzina.com.pl

ISBN 978-83-7278-023-2

Druk i oprawa: ABEDIK Poznań

# Spis treści

# *Podziękowania*

Dla Leslie Faber i Roberta Mazlish, naszych stałych konsultantów, którzy służyli nam radą, nowymi pomysłami i słowami dodającymi odwagi.

Dla Carol, Joanny, Abrama Faberów, dla Kathy, Lizy i Johna Mazlishów, którzy dodawali nam otuchy, będąc takimi, jakimi po prostu są.

Dla Kathy Menninger, która doglądała druku książki, dbając o wszystkie jej szczegóły.

Dla Kimberly Coe, która cierpliwie nas wysłuchiwała i sporządziła instrukcje rysunkowe, które bardzo nam się spodobały.

Dla Roberta Markela za podtrzymywanie nas na duchu w trudnych chwilach.

Dla Gerarda Nierenberga, przyjaciela i doradcy, który wielkodusznie podzielił się z nami swymi doświadczeniami i opiniami.

Dla rodziców z naszej grupy za ich pisemny wkład i za to, że byli dla nas najsurowszymi krytykami.

Dla Ann Marie Geiger i Patrycji King za serdeczną pomoc, którą nam służyły zawsze wtedy, gdy jej potrzebowałyśmy.

Dla Jima Wade'a, naszego wydawcy, którego nieustająca życzliwość i troska o jakość książki dawała nam radość pracy.

Dla dra Haim Ginotta, który zapoznał nas z nowymi metodami komunikowania się z dziećmi. Kiedy umarł, dzieci na całym świecie straciły wielkiego przyjaciela, który troszczył się o to, aby „nie było więcej zadraśnięć na ich duszy”.

# *List do Czytelnika polskiego*

*Drogi Czytelniku!*

*Trzymasz w ręce książkę, która stała się światowym hitem pośród publikacji poświęconych problemom, z jakimi każdego dnia zmagają się rodzice i dzieci.*

*W sposób niezwykle osobisty, pełen życzliwości i prostoty Autorki dzielą się swoim własnym doświadczeniem oraz głęboką wiedzą na temat dylematów rodzicielskich i dziecięcych uczuć, sposobów nawiązywania współpracy, skuteczności i nieskuteczności pochwał oraz kar. Ujawniając przyczyny porażek wychowawczych i wskazując sposoby ich uniknięcia – uczą rodzicielstwa dojrzałego i satysfakcjonującego.*

*Nowością i szczególną zaletą tego poradnika jest pokazanie jak to robić!*

*Praktyczne ćwiczenia i wskazówki – ułatwiające opanowanie sztuki komunikowania się z dziećmi i... nie tylko z nimi – sprawiają, że ta książka nie jest „zarezerwowana" tylko dla profesjonalistów. Jest przeznaczona dla każdego, kto chciałby nie tylko lepiej rozumieć i mądrzej kochać dzieci, ale i być przez dzieci kochanym i rozumianym.*

*Szansa nabycia nowych umiejętności porozumiewania się, dzięki którym możemy dokonać więcej współpracując z dziećmi, niż wszyscy krzyczący i błagający na całym świecie, motywuje do rekomendowania tej książki matkom, ojcom, dziadkom, ciotkom i wujkom oraz znacznie starszemu rodzeństwu, a w sposób szczególny – nauczycielom, psychologom, księżom i katechetom oraz osobom pragnącym być przyjaciółmi dzieci.*

*Rekomenduję ją także wszystkim Polakom odczuwającym potrzebę wzrostu ducha wzajemnego zrozumienia, życzliwości oraz poszanowania uczuć, potrzeb i praw każdego z nas.*

*Książka „Jak mówić, żeby dzieci nas słuchały..." w polskim wydaniu zawiera małą niespodziankę – suplement polski. Pragnę krótko opowiedzieć, jak do tego doszło.*

*Przy entuzjastycznej aprobacie Autorek wydanie tej książki poprzedziło przedsięwzięcie, którego celem było sprawdzenie, czy amerykański poradnik może być pomocny rodzicom polskim.*

*Konsekwencją tej wątpliwości – zbytecznej ale wynikającej z sza-*

*cunku dla naszego społeczeństwa żyjącego przecież w odmiennej od amerykańskiej rzeczywistości – były spotkania rodziców, którzy w kilkunastoosobowych grupach pracowali nad każdym rozdziałem i wprowadzali – tydzień po tygodniu – zaproponowane przez Autorki nowe sposoby komunikowania się z dziećmi. Prowadzili zapiski dialogów ze swoimi dziećmi, wymieniali uwagi i doświadczenia, pomagali sobie wzajemnie w przełamywaniu trudności i w odkrywaniu – tkwiących w każdym z nas – nieoczekiwanych i zdumiewających możliwości pomagania sobie i swoim dzieciom.*

*Doświadczenia rodziców polskich towarzyszą każdemu rozdziałowi książki; występujące w niektórych wypowiedziach imiona dzieci zostały zmienione, a szczegóły umożliwiające identyfikację osób – opuszczone lub przetworzone.*

*Doświadczenia rodziców polskich prezentowane są w pierwszej osobie liczby mnogiej („my", „nasze"). Pragnęłam w ten sposób wyrazić szacunek i podziękowanie za wspólne zmagania rodzicom, którzy zdecydowali się podzielić swoimi osobistymi doświadczeniami z nieznanym Czytelnikiem.*

*Jako matka nastolatka i jako psycholog tak często stykam się z rozpaczą, bezsilnością i zagubieniem rodziców oraz samotnością dzieci, które boją się panicznie szkoły, ale... powrotów do domu jeszcze bardziej, że serdecznie polecam tę mądrą i dobrą książkę wszystkim, którzy chieliby żyć z dziećmi w przyjaźni i uczynić wspólne życie szczęśliwszym.*

*Zofia Śpiewak*

# List do Czytelników

Drogi Czytelniku!

Ostatnią rzeczą, jaką kiedykolwiek zamierzałyśmy zrobić, było napisanie książki-poradnika dla rodziców o umiejętności porozumiewania się z dziećmi. Kontakt pomiędzy rodzicami i dzieckiem jest sprawą bardzo osobistą, dlatego pomysł dawania komukolwiek instrukcji, jak rozmawiać w tak intymnych kontaktach, wydawał się nam niewłaściwy. W naszej pierwszej książce „Wyzwoleni rodzice. Wyzwolone dzieci" nie starałyśmy się ani wykładać, ani wygłaszać kazań. Lata współpracy z psychologiem dziecięcym drem Haim Ginottem nauczyły nas wiele. Byłyśmy pewne, że gdy opowiemy, jak te nowe doświadczenia zmieniły nasz sposób traktowania dzieci i nas samych, czytelnicy chwycą w lot istotę sprawy i sami będą w stanie właściwie reagować w różnych okolicznościach. Czasem tak właśnie było.

Wielu rodziców pisało do nas z dumą, co zdołali osiągnąć w swoich domach, korzystając z naszych rad. Były też inne listy, a w nich ten sam apel o książkę z „lekcjami", „ćwiczeniami praktycznymi", „praktycznymi radami", z materiałami, które pomogłyby nauczyć się umiejętności postępowania „krok po kroku", umiejętności rozmowy z dziećmi.

Potraktowałyśmy ten apel poważnie, jednakże nasze początkowe opory wróciły i zarzuciłyśmy tę myśl. Ponadto byłyśmy zajęte przygotowywaniem się do wykładów i pogadanek objazdowych.

Podczas następnych kilku lat podróżowałyśmy po kraju z wykładami dla rodziców, nauczycieli, kierowników szkół, pracowników szpitali, młodzieży, opiekunów dziecięcych. Gdziekolwiek pojechałyśmy, wszyscy dzielili się z nami swoimi doświadczeniami o nowych metodach komunikacji – o swoich wątpliwościach, frustracjach i entuzjazmie. Byłyśmy im wdzięczne, zdobyłyśmy nowe, interesujące materiały.

W tym samym czasie otrzymywałyśmy listy nie tylko ze Stanów Zjednoczonych, ale również z Francji, Kanady, Izraela, Nowej Zelandii, Filipin, Indii. Pani Anagha Ganpule z New Delhi pisała:

„Jest tyle problemów, co do których chciałabym uzyskać waszą radę. Proszę powiedzcie mi, co mogłabym zrobić, aby zająć się tematem dogłębnie. Czuję się zapędzona w ślepy zaułek. Stare sposoby nie wystarczają, a nie znam innych. Proszę, pomóżcie mi poradzić z tym sobie."

*Ten list zmobilizował nas.*

*Zaczęłyśmy znowu myśleć o możliwościach napisania książki, która mówiłaby j a k .*

*Im więcej o tym rozmawiałyśmy, tym bardziej klarowne stawały się nasze zamierzenia. Dlaczego nie napisać książki–poradnika z przykładami dla rodziców, tak aby sami mogli uczyć się metod postępowania, o jakie prosili?*

*Dlaczego nie napisać książki, dającej rodzicom możliwości podzielenia się zarówno własnymi osiągnięciami, jak i przyjaciół?*

*Dlaczego nie napisać książki z setkami przykładów, pomocnych dialogów, tak żeby rodzice mogli dostosować ten nowy „język" do własnego sposobu reagowania?*

*Myślałyśmy też o rysunkach, które w prosty sposób ilustrowałyby nasze rady, tak aby nawet w pośpiechu można było rzucić okiem na rysunek i szybko przypomnieć sobie model postępowania.*

*Myślałyśmy również o tym, by książkę tę zindywidualizować. Mówić o naszych doświadczeniach, odpowiadać na najczęściej stawiane pytania, załączać przykłady i relacje, którymi podzielili się z nami rodzice w ciągu ostatnich sześciu lat. Najważniejsze jednak, by zawsze mieć na uwadze zasadniczy cel – ciągłe poszukiwanie takich metod, które zapewnią godność i człowieczeństwo zarówno rodzicom, jak i dzieciom.*

*Nagle nasze poprzednie wątpliwości, czy pisać tę książkę, prysnęły. Każda dyscyplina sztuki czy nauki ma swoje książki–poradniki. Dlaczego nie napisać takiej dla rodziców, którzy chcą nauczyć się, jak mówić, aby dzieci ich słuchały i jak słuchać, aby dzieci do nich mówiły.*

*Kiedy podjęłyśmy decyzję, od razu zaczęłyśmy pisać książkę. Mamy nadzieję, że dotrze ona do pani Ganpule w New Delhi, zanim jej dzieci dorosną.*

*Adele Faber*
*Elaine Mazlish*

# Jak czytać i korzystać z tej książki

Może wydać się z naszej strony zarozumiałością, że instruujemy, jak czytać książkę (zwłaszcza gdy wiadomo, że i tak zaczynamy czytać od środka albo nawet od końca). Jednak w tym przypadku potrzeba taka ma swoje uzasadnienie. Po pobieżnym przejrzeniu książki proponujemy zacząć lekturę od rozdziału pierwszego. Po kolei wykonuj ćwiczenia. Oprzyj się pokusie, aby od razu dotrzeć do ciekawszej części książki. Jeżeli w wykonywaniu ćwiczeń może towarzyszyć ci osoba również zainteresowana, to jeszcze lepiej. Mamy nadzieję, że w trakcie pracy będziecie uzasadniali i omawiali swoje odpowiedzi.

Warto też odnotować każdą swoją uwagę, gdyż książka ta stanie się twoim osobistym podręcznikiem. Pisz starannie lub niedbale, zmieniaj zdania, skreślaj lub wymazuj, ale pisz.

Czytaj powoli. Zebranie tych myśli zajęło nam więcej niż dziesięć lat. Nie sugerujemy, aby czytanie trwało równie długo, jednak jeśli zaproponowane metody wydadzą ci się sensowne, możesz chcieć coś zmienić, a łatwiej zmieniać po trochu, niż wszystko od razu. Po przeczytaniu każdego rozdziału odłóż książkę i zostaw sobie tydzień na zrobienie notatek (możesz pomyśleć: „Akurat to jest mi najbardziej potrzebne!"). Jednakże doświadczenia mówią nam, że w tych dziedzinach, w których teorię należy zamienić w praktykę, zapisywanie wyników pomaga w ich utrwalaniu.

Na koniec jedno zdanie o zaimkach. Starałyśmy się unikać niezręcznych zaimków „on – ona", „jemu – jej", „sam – sama", zostawiając wolny wybór pomiędzy rodzajem męskim i żeńskim. Mamy nadzieję, że nie uraziłyśmy żadnej płci.

Możesz się również zastanawiać, dlaczego duże fragmenty książki, pisanej przecież przez dwie osoby, przedstawione są z punktu widzenia jednej. Jest to jednak nasz sposób na rozwiązanie problemu ciągłego wyjaśniania, czyje doświadczenia są omawiane. Wydaje się nam, że „ja" będzie łatwiej odbierane przez czytelników, niż ciągłe powtarzanie „Ja, Adele Faber" czy „Ja, Elaine Mazlish..." Ponieważ jesteśmy przekonane o wartościach myśli zawartych w tej książce, przemawiamy jednym głosem. Obie wypróbowałyśmy te metody komunikowania się w naszych rodzinach i w tysiącu innych. To wielka przyjemność dla nas teraz się nimi dzielić.

*„Wystarczy, że dana jest nam szansa,*
*byśmy mogli stać się tym, czym chcemy".*

JOSE ORTEGA y GASSET

# *Jak pomóc dzieciom, by radziły sobie z własnymi uczuciami* 1

## Część I

Byłam wspaniałą matką, zanim jeszcze miałam własne dzieci. Doskonale wówczas wiedziałam, dlaczego inni mają z nimi problemy. Później zostałam matką trojga urwisów.

Życie z dziećmi uczy pokory. Każdego ranka mówiłam: „Dzisiaj będzie inaczej" i każdego ranka powtarzało się to samo co przedtem. „Jej dałaś więcej niż mnie". „To różowy kubek. Ja chcę niebieski." „Ta owsianka przyprawia o mdłości." „On mnie uderzył." „Ja nawet go nie dotknąłem." „Chcę iść do mojego pokoju. Nie będziesz mną rządzić." Wkrótce poczułam się wykończona. I chociaż było to ostatnią rzeczą, jaka mogłaby mi się przyśnić, wzięłam udział w spotkaniu grupy rodziców. Odbyło się ono w miejscowym centrum poradnictwa do spraw dzieci, a prowadził je młody psycholog, dr Haim Ginott.

Spotkanie było intrygujące. Tematem były „dziecięce uczucia" i dwie godziny przemknęły szybko. Wróciłam do domu z głową pełną nowych myśli. Notatnik zapisałam chaotycznymi zdaniami:

*Prosta zależność pomiędzy dziecięcymi uczuciami*
*i ich zachowaniem.*
*Kiedy dzieci czują się dobrze, dobrze się zachowują.*
*Jak pomóc im, aby czuły się dobrze?*
*Zaakceptować ich uczucia!*
*Problem – rodzice zwykle nie akceptują odczuć swoich dzieci,*
*na przykład:*
*„Na pewno nic ci nie jest."*
*„Mówisz tak, bo jesteś zmęczony."*
*„Nie ma powodu, aby się tak niepokoić."*
*Zdecydowane zaprzeczanie odczuciom dziecka wprawia je w zakło-*

*potanie i doprowadza do wściekłości. Taka postawa powoduje również, że dziecko nie potrafi prawidłowo ocenić swoich uczuć – nie wierzy im.*

Po prelekcji myślałam: „Może inni rodzice tak postępują, ja nie." Jednak zaczęłam zwracać uwagę na swoje odpowiedzi. A oto przykłady konwersacji z mojego domu, tylko z jednego dnia.

**DZIECKO:** Mamo, jestem zmęczona.
**JA:** Nie jesteś zmęczona tylko zaspana.
**DZIECKO:** *(głośniej)* Ale ja jestem zmęczona.
**JA:** Nie jesteś. Jesteś tylko trochę senna. Ubieramy się.
**DZIECKO:** *(płacząc)* Nie, ja jestem zmęczona.

**DZIECKO:** Mamo, tutaj jest gorąco.
**JA:** Jest zimno. Nie zdejmuj swetra.
**DZIECKO:** Ale mnie jest gorąco.
**JA:** Powiedziałam, nie zdejmuj swetra.
**DZIECKO:** Mnie jest gorąco.

**DZIECKO:** Ten program telewizyjny był nudny.
**JA:** Nie, był bardzo interesujący.
**DZIECKO:** Był głupi.
**JA:** Był pouczający.
**DZIECKO:** Był do kitu.
**JA:** Nie wyrażaj się tak!

Otóż i to! Nasza rozmowa obracała się w kółko. Nie tylko nie zdołałam wyjaśnić, o co mi chodzi, ale również uporczywie nie pozwalałam dziecku na wyrażenie jego spostrzeżeń, a w zamian starałam się przeforsować własne zdanie.

Skoro tylko uświadomiłam to sobie, postanowiłam się zmienić. Nie byłam jednak pewna, jak się do tego zabrać. W rezultacie najbardziej pomogło mi to, że wczułam się w sytuację dziecka. „Załóżmy – pomyślałam – że jestem zmęczonym, rozbawionym lub znudzonym dzieckiem, i przypuśćmy, że chcę, aby wszystkie ważne dla mnie dorosłe osoby wiedziały, co czuję..."

Przez cały następny tydzień starałam się wczuwać w doznania moich dzieci. Kiedy mi się to udawało, odpowiednie słowa nasuwały się same. Nie dopasowałam się do żadnych wzorców. Rzeczywiście, byłam o tym przekonana, kiedy mówiłam: „Więc jesteś ciągle zmęczona, pomimo że dopiero się przebudziłaś", albo: „Mnie jest zimno, a tobie jest tutaj gorąco", lub: „Widzę, że nie zaciekawił cię zbytnio ten program". Dzięki temu byliśmy osobami posiadającymi dwa różne zdania i odczucia na ten temat. Żadne z nas ani nie miało racji, ani się nie myliło.

Od tego momentu mój nowy sposób postępowania okazał się bardzo pomocny. Zauważyłam znaczne zmniejszenie ilości sporów pomiędzy mną a dziećmi. Pewnego dnia moja córka zakomunikowała mi: „Nienawidzę babci" (mówiła o mojej matce). Nie wahałam się ani chwili: „To straszne, co mówisz", i dodałam oschle: „Wiesz, że tak nie myślisz. Nie chcę już nigdy więcej słyszeć czegoś takiego z twoich ust".

Ta nagła reakcja nauczyła mnie czegoś jeszcze o sobie samej. Potrafię zaakceptować większość odczuć moich dzieci, ale niech tylko jedno z nich powie mi coś, co wprawi mnie w złość, lub obudzi mój sprzeciw, natychmiast powacam do starego sposobu reagowania.

Przekonałam się, że moja reakcja nie jest wyjątkowa. Poniżej znajdują się inne przykłady wypowiadanych przez dzieci zdań, które są automatycznym sprzeciwem wobec rodziców.

Przeczytaj każde zdanie i zanotuj, co według ciebie rodzic mógłby powiedzieć, nie godząc się z odczuciami dziecka.

1. **DZIECKO:** Nie lubię mojej małej siostrzyczki.

   **RODZIC:** (*zaprzeczając uczuciom*) ..........................................

   ..........................................................................

   ..........................................................................

2. **DZIECKO:** Miałem nieciekawe przyjęcie urodzinowe (*a w rzeczywistości przygotowanie uroczystości kosztowało cię sporo wysiłku*).

   **RODZIC:** (*zaprzeczając uczuciom*) ..........................................

   ..........................................................................

   ..........................................................................

3. **DZIECKO:** Już więcej nie będę nosić mojego aparaciku. On mnie uciska. Nie obchodzi mnie, co mówi ortodonta.

   **RODZIC:** (*zaprzeczając uczuciom*) ..........................................

   ..........................................................................

   ..........................................................................

4. **DZIECKO:** Ale jestem wściekły! Za to, że dwie minuty spóźniłem się na gimnastykę, nauczyciel wykluczył mnie z drużyny.

RODZIC: *(zaprzeczając uczuciom)* ..................................................
..........................................................................................
..........................................................................................

Czy twoje odpowiedzi są podobne do niżej podanych?

*„To nie tak. Wiem, że w głębi serca ją kochasz".*
*„O czym ty mówisz? Miałeś wspaniałe urodziny – lody, tort, balony. W takim razie było to ostatnie przyjęcie".*
*Twój aparacik na pewno tak strasznie cię nie uciska. Wydaliśmy na niego tyle pieniędzy, że będziesz go nosił, czy ci się to podoba, czy nie".*
*„Nie masz racji, że jesteś zły na nauczyciela. To twoja wina. Powinieneś być punktualny".*

W jakiś dziwny sposób ten styl mówienia przychodzi nam bardzo łatwo. Ale jak czują się dzieci, kiedy to słyszą? Aby przekonać się, jak to jest, kiedy nie zważa się na czyjeś odczucia, proponujemy następujące ćwiczenie:

Wyobraź sobie, że jesteś w biurze. Pracodawca prosi cię o wykonanie dodatkowej pracy. Chce, żeby była gotowa pod koniec dnia. Masz zamiar zabrać się do niej natychmiast, ale z powodu łańcucha nagłych zdarzeń zupełnie o tym zapominasz. Sprawy są tak nie cierpiące zwłoki, że z ledwością starcza ci czasu na lunch.

Kiedy ty i kilku współpracowników szykujecie się do domu, przychodzi twój szef i prosi o to, co należało wykonać. Szybko starasz się wytłumaczyć mu, jak trudno ci było zrobić cokolwiek więcej. On ci przerywa. Głośno, wściekłym głosem krzyczy: „Nie ciekawią mnie te tłumaczenia! Co u diabła sobie wyobrażasz, że płacę ci za siedzenie"? Kiedy otwierasz usta, żeby coś powiedzieć, on mówi: „Dyskusja skończona", wraca do windy.

Twoi współpracownicy udają, że nic nie słyszą. Kończysz zbierać swoje rzeczy i opuszczasz biuro. W drodze do domu spotykasz przyjaciela, nie ukrywasz zdenerwowania i opowiadasz mu, co cię spotkało.

Twój przyjaciel próbuje ci pomóc na sto różnych sposobów. Po przeczytaniu każdej odpowiedzi określ krótko swoją reakcję i zanotuj ją. (Nie ma złych ani dobrych reakcji. Ważne jest to, co czujesz.)

**1. Zaprzeczenie uczuciom:**

*„Nie ma się co martwić i tak się przejmować. To było prawdopodobnie po prostu zmęczenie, a ty wyolbrzymiasz całą sprawę. Na*

*pewno nie jest tak źle. No, uśmiechnij się. Tak ładnie wyglądasz, kiedy się uśmiechasz".*

Twoja reakcja: ..........................................................................

..........................................................................................

**2. Odpowiedź filozoficzna:**

*„No cóż, takie jest życie. Sprawy nie zawsze układają się tak, jak chcemy. Musisz się nauczyć przyjmować życie takie, jakim jest. Na tym świecie nic nie jest doskonałe".*

Twoja reakcja: ..........................................................................

..........................................................................................

..........................................................................................

**3. Rada:**

*„Wiesz, co myślę? Jutro rano idź prosto do biura twojego szefa i powiedz: »Przyznaję, to był błąd«. Potem usiądź i skończ rozpoczętą pracę. Nie przejmuj się zaistniałą sytuacją, a jeśli zależy ci na utrzymaniu tej posady, zrobisz wszystko, aby podobna sprawa nie zdarzyła się nigdy więcej".*

Twoja reakcja: ..........................................................................

..........................................................................................

..........................................................................................

**4. Pytania:**

*„Co to były za sprawy nie cierpiące zwłoki, które przeszkodziły wykonać ci specjalne polecenie twojego szefa"?*
*„Czy nie było oczywiste, że będzie zły, jeżeli nie wykonasz tego natychmiast"?*
*„Czy zdarzyło ci się przedtem coś podobnego"?*
*„Dlaczego nie przyszło ci do głowy, by pójść za nim i zaraz mu wszystko wyjaśnić"?*

Twoja reakcja: ..........................................................................

..........................................................................................

..........................................................................................

**5. Obrona drugiej osoby:**

*„Rozumiem reakcję twojego szefa. Żyje prawdopodobnie w ogromnym napięciu. Masz szczęście, że częściej nie traci cierpliwości".*

Twoja reakcja: ..........................................................................

..........................................................................

..........................................................................

**6. Żal:**

*„Biedactwo. To okropne. Jest mi tak przykro, że chce mi się płakać".*

Twoja reakcja: ..........................................................................

..........................................................................

..........................................................................

**7. Psychoanalityk–amator:**

*„Czy nie wydawało ci się nigdy, że prawdziwym powodem twojego zdenerwowania jest to, iż szef przypomina ci osobę twojego ojca? Jako dziecko przypuszczalnie ogarniał cię lęk, by nie zdenerwować ojca, i kiedy szef cię zbeształ, wróciły znowu twoje dziecięce zahamowania. Czy mam rację"?*

Twoja reakcja: ..........................................................................

..........................................................................

..........................................................................

**8. Odpowiedź empatyczna:***

*Kiedy próbujesz dostosować się do nastroju drugiej osoby: „Istotnie, to było przykre doświadczenie. Być narażonym na taki atak w obecności innych ludzi, szczególnie po tak wielkim napięciu; to musiało być trudne do zniesienia".*

Twoja reakcja: ..........................................................................

..........................................................................

..........................................................................

Znasz już swoje reakcje na te dość typowe wypowiedzi. Teraz chciałabym wyznać, jak sama reaguję w niektórych przypadkach. Kiedy jestem zdenerwowana lub ktoś mnie zrani, ostatnią rzeczą, którą chciałabym usłyszeć, jest rada czy to filozoficzna, czy psychologiczna lub formułowana z punktu widzenia innych. Takie wypowiedzi sprawiają, że czuję się jeszcze gorzej niż poprzednio. Współczucie powoduje, że patrzę na siebie jak na pożałowania godną, pytania spychają mnie do defensywy, a najbardziej irytujące jest usły-

* empatia – uczuciowe utożsamianie się z inną osobą i wywoływanie w sobie uczucia, które ona przeżywa (Red.)

szeć, że właściwie nie mam powodu, aby czuć się tak, jak się czuję. Moja wymijająca odpowiedź na większość z tych zdań brzmi: „Nie ma sprawy. Nie ma sensu się nad tym rozwodzić".

Kiedy jednak ktoś rzeczywiście mnie wysłucha, kiedy doceni mój wewnętrzny ból i da mi możliwość porozmawiania o tym, co mnie trapi, wtedy zdenerwowanie ustępuje. Jestem mniej speszona, bardziej zdolna do poradzenia sobie z moimi odczuciami i problemami.

Mogę nawet sobie powiedzieć: „Mój szef zwykle postępuje sprawiedliwie. Myślę, że powinnam była wykonać ten raport natychmiast. Jednak ciągle nie mogę darować mu tego, co zrobił. Pojadę więc jutro wcześniej do biura i najpierw zrobię ten raport, a kiedy zaniosę mu go, powiem, jak mnie zdenerwował, odzywając się do mnie w ten sposób. Powiem mu także, że od tej chwili, gdyby miał do mnie jakieś krytyczne uwagi, byłabym zobowiązana, żeby powiedział mi to w cztery oczy."

Ten proces jest zupełnie taki sam w przypadku naszych dzieci. One również potrafią same sobie pomóc, jeśli tylko znajdą przychylne ucho i otrzymają odpowiedź empatyczną. Jednak język empatii nie jest naszą naturalną cechą, nie jest bowiem częścią naszego ojczystego języka, gdyż większość z nas wyrasta z tradycji zaprzeczania uczuciom. Aby móc z łatwością stosować ten nowy język akceptacji, musimy się go nauczyć i przyswoić sobie jego metody.

A oto pewne sposoby ułatwiające dzieciom radzenie sobie z własnymi uczuciami:

## Aby pomóc dziecku, by radziło sobie z własnymi uczuciami:

1. Słuchaj dziecka bardzo uważnie.
2. Zaakceptuj jego uczucia słowami: „Och", „mmm", „rozumiem".
3. Określ te uczucia.
4. Zamień pragnienia dziecka w fantazję.

Na następnych kilku stronach zwróć uwagę na różnicę pomiędzy tymi metodami a najczęściej stosowanymi odpowiedziami, jakie dajemy dziecku, gdy ma kłopot.

ZAMIAST SŁUCHAĆ JEDNYM UCHEM

Można się zniechęcić, próbując dotrzeć do kogoś, kto tylko udaje, że słucha.

SŁUCHAJ DZIECKA BARDZO UWAŻNIE

Dużo łatwiej podzielić się swoimi kłopotami z ojcem, który rzeczywiście słucha. Nie musi wtedy nawet nic mówić. Często współczujące milczenie jest tym, czego oczekuje dziecko.

# ZAMIAST PYTAŃ I RAD

Dziecku trudno jest myśleć jasno i konstruktywnie, kiedy ktoś pyta, gani lub radzi.

ZAAKCEPTUJ JEGO UCZUCIA SŁOWAMI: „Och", „mmm", „rozumiem"

Bardzo pomocne jest zwyczajne: "Och", "mmm", "rozumiem". Takie słowa w połączeniu z wytężoną uwagą zachęcają dziecko do wyrażenia własnych uczuć i myśli oraz szukania własnych rozwiązań.

## ZAMIAST ZAPRZECZAĆ UCZUCIOM

To dziwne. Kiedy usiłujemy nakłonić dziecko, aby odsunęło od siebie złe myśli, wydaje się ono jeszcze bardziej wytrącone z równowagi.

OKREŚL TE UCZUCIA

Rodzice zwykle nie rozmawiają w ten sposób, ponieważ boją się, że rozmawiając z dzieckiem o jego odczuciach, mogą jeszcze pogorszyć sprawę. Prawda jest wręcz przeciwna. Dziecko, słysząc słowa o tym, czego doświadczyło, jest w pełni zadowolone. Czasem pragnie wyrazić swoje głębokie przeżycie.

## ZAMIAST WYJAŚNIEŃ I UZASADNIEŃ

Czasami samo zrozumienie czyni rzeczywistość łatwiejszą do zniesienia.

## ZAMIEŃ PRAGNIENIA DZIECKA W FANTAZJĘ

Jeżeli dziecko domaga się czegoś, czego nie może otrzymać, dorośli zwykle logicznie tłumaczą, że tego nie mają. Często im usilniej tłumaczą, tym dzieci mocniej protestują.

To były cztery możliwe sposoby udzielenia pierwszej pomocy dziecku posiadającemu kłopot: słuchanie go z pełną uwagą, określenie jego uczuć, zaakceptowanie ich oraz wyrażenie dziecka pragnień w formie fantazji.

Dużo ważniejsze od słów jest jednak nastawienie do dziecka. Jeżeli nasza postawa nie będzie otwarta, wtedy cokolwiek byśmy powiedzieli, będzie przez nie traktowane jako nieszczere i sztuczne. Dzieje się tak, kiedy nasze słowa nie tchną prawdziwym uczuciem i nie trafiają prosto do serca dziecka.

Z tych czterech sposobów, które zostały przedstawione, prawdopodobnie najtrudniej wsłuchać się w dziecięcy wylew uczuć i określić te uczucia. Wymaga to doświadczenia i koncentracji, przeniknięcia psychiki dziecka, aby zrozumieć, co mówi, i rozszyfrować, co może czuć. Wreszcie ważne jest, że uczymy nasze dzieci słownictwa określającego ich wewnętrzną rzeczywistość. Skoro umieją nazwać swoje doznania, zaczną radzić sobie z nimi same.

Następne ćwiczenie zawiera listę sześciu zdań, które dziecko może powiedzieć do rodziców. Proszę, przeczytaj każde z nich i napisz:

1. Jeden lub dwa wyrazy, które określają, co dziecko mogłoby czuć.
2. Zdanie, które przekona dziecko, że rozumiesz jego uczucia.

## OKREŚLENIE UCZUĆ

| Dziecko mówi: | Słowo, które określa, co ono mogłoby czuć: | Użyj to słowo w zdaniu, okazując, że rozumiesz te uczucia (nie zadawaj pytań i nie dawaj rad): |
|---|---|---|
| PRZYKŁAD: | | |
| „Kierowca autobusu wrzasnął na mnie i wszyscy się śmiali". | Zawstydzenie | Wygląda na to, że cię zawstydził.<br>(lub)<br>Musiało ci być wstyd? |
| 1. „Mam ochotę dać Michaelowi w nos!" | ................................ | ................................<br>................................<br>................................ |
| 2. „Z powodu małego deszczu moja nauczycielka nie chce zrobić wycieczki. Ona jest głupia". | ................................ | ................................<br>................................<br>................................<br>................................ |

3. „Mary zaprosiła mnie na przyjęcie, ale nie wiem..." .................................... ....................................
....................................
....................................
....................................

4. „Nie wiem, dlaczego nauczyciele tyle zadają na weekend". .................................... ....................................
....................................
....................................
....................................

5. „Ćwiczyłyśmy dzisiaj grę w koszykówkę i ani razu nie udało mi się strzelić kosza". .................................... ....................................
....................................
....................................
....................................

6. „Janey wyjeżdża, a to jest moja najlepsza przyjaciółka". .................................... ....................................
....................................
....................................
....................................

Czy widzisz, jak wiele wysiłku i zastanowienia wymaga przekonanie dziecka, że rozumiesz jego uczucia? Dla większości z nas nie było łatwo sformułować zdania:

*„Wygląda na to, że jesteś wściekły".*
*„Musiało to być dla ciebie przykre".*
*„Hmm. Wydaje mi się, że masz jakieś wątpliwości, czy iść na to przyjęcie".*
*„Widzę, że jesteś rozgoryczony z powodu tych lekcji".*
*„Och, to musiało być frustrujące".*
*„Wyjazd drogiego przyjaciela musi wytrącić z równowagi".*

Zdania tego typu dają dziecku zadowolenie i wyzwalają w nim siłę do przezwyciężenia problemów. (A propos: nie obawiaj się używać wielkich słów. Najłatwiejszą drogą do poznania nowego wyrazu jest używanie go w odpowiednim kontekście.)

Możesz myśleć: „Zgoda, z tego ćwiczenia wynika, że umiem zacząć rozmowę, potrafię zrozumieć swoje dziecko. Jednak dokąd ta rozmowa może zaprowadzić? Jak ją kontynuować? Czy można później dawać rady?"

Wstrzymaj się z dawaniem rad. Wiem, jak bardzo cię kusi rozwiązanie dziecięcego problemu natychmiastową radą:

„Mamo, jestem zmęczony".
*„To połóż się i odpocznij".*
„Jestem głodny".
*To zjedz coś".*
„Nie jestem głodny".
*„To nie jedz".*

Porzuć pokusę chwilowego „zrobienia lepiej". Zamiast dawać rady, zachowaj się tak jak poprzednio, uznając i akceptując uczucia dzieci.

A oto przykłady, co mam na myśli. Jeden z ojców w naszej grupie opowiedział, że jego mały syn przyszedł wzburzony do domu i oświadczył dokładnie to, co zawiera pierwsze zdanie naszego ćwiczenia: „Mam ochotę dać Michaelowi w nos".

Ojciec mówił: Normalnie sytuacja wyglądałaby w ten sposób:

SYN: Mam ochotę dać Michaelowi w nos!

OJCIEC: Dlaczego? Co się stało?

SYN: Rzucił mój zeszyt na ziemię.

OJCIEC: Rozumiem, a czy zrobiłeś mu coś przedtem?

SYN: Nie.

OJCIEC: Jesteś pewien?

SYN: Przysięgam, nigdy go nie tknąłem.

OJCIEC: No cóż, Michael jest twoim kolegą. Przyjmij moją radę i zapomnij o całej sprawie. Nie jesteś święty, wiesz o tym. Czasami ty zaczynasz, a winisz kogoś innego – tak jak to jest z twoim bratem.

SYN: Nieprawda. On zaczął pierwszy. Oj, z tobą nie warto rozmawiać.

Ponieważ ojciec właśnie brał udział w kursie na temat pomagania dzieciom w radzeniu sobie z ich własnymi uczuciami, oto jak naprawdę wyglądała rozmowa:

SYN: Mam ochotę dać Michaelowi w nos.

OJCIEC: Wygląda na to, synu, że jesteś zły.

SYN: Miałbym ochotę uderzyć go w tę tłustą twarz.

OJCIEC: To jesteś a ż t a k wściekły na niego.

**SYN:** Czy wiesz, co ten osioł zrobił? Wyrwał mi zeszyt na przystanku autobusowym i rzucił go na ziemię. Zupełnie bez powodu.

**OJCIEC:** Hmm!

**SYN:** Założę się, że on myślał, iż ja byłem jednym z tych, którzy rozbili jego głupiego glinianego ptaka w pracowni plastycznej.

**OJCIEC:** Tak myślisz?

**SYN:** Tak, cały czas kiedy płakał, patrzył na mnie.

**OJCIEC:** Och.

**SYN:** Ale ja tego nie zrobiłem. Nie.

**OJCIEC:** Ty w i e s z, że tego nie zrobiłeś.

**SYN:** No, nie zrobiłem tego celowo. Nie mogę za to, że ten głupi Debby pchnął mnie na tablicę.

**OJCIEC:** A więc Debby cię pchnął.

**SYN:** Tak. Wiele rzeczy spadło, ale zbił się tylko ten ptak. Nie chciałem go zniszczyć. Był ładny.

**OJCIEC:** Rzeczywiście nie chciałeś go zbić?

**SYN:** Nie, ale on mi nie uwierzy.

**OJCIEC:** Czy sądzisz, że nie uwierzyłby ci, gdybyś powiedział mu prawdę?

**SYN:** Nie wiem. W każdym razie powiem mu bez względu na to, czy uwierzy mi, czy nie. Ale myślę, że powinien przeprosić mnie za rzucenie mojego zeszytu na ziemię.

Ojciec był bardzo zdziwiony. Nie zadawał pytań, a dziecko opowiedziało mu całe zdarzenie. Nie dał żadnej rady, a syn sam wypracował własne rozwiązanie. Trudno było mu uwierzyć, że tak pomógł synowi, słuchając tylko i akceptując jego uczucia.

Robienie pisemnych ćwiczeń i czytanie wzorów to jedna sprawa, a wprowadzanie w życie umiejętności słuchania swoich dzieci, to druga. Rodzice z naszych grup twierdzili, że pomocną jest zabawa z podziałem na role i rozgrywanie pewnych sytuacji w domu.

Poniżej znajdują się ćwiczenia z podziałem na role do wykonania z przyjaciółmi lub współmałżonkiem (-ą). Zdecydujecie, które z was będzie grało rolę dziecka, a które rodzica. Wtedy każdy czyta tylko swoją część.

## Widziane oczami dziecka

(zabawa z podziałem na role)

1. Lekarz powiedział, że masz uczulenie i co tydzień musisz dostać zastrzyk, jeżeli chcesz pozbyć się kataru. Czasami zastrzyki są bolesne, a czasem nie czujesz ich wcale. Dzisiejszy zabieg należał do wyjątkowo bolesnych. Po opuszczeniu gabinetu, chciałbyś powiedzieć rodzicom, co czułeś. Rodzice odpowiadają ci na dwa różne sposoby.

Za pierwszym razem zaprzeczają twoim uczuciom, jednak nadal usiłujesz ich przekonać, aby ci wierzyli. Kiedy rozmowa dobiegnie końca, zastanów się, jakie były twoje odczucia i podziel się refleksjami z osobą grającą przeciwną rolę.

Zacznij scenę od rozcierania ręki i powiedz:

*„Lekarz o mało mnie nie zabił tym zastrzykiem".*

2. Sytuacja jest ta sama, tylko że tym razem rodzice akceptują twoje uczucia. I znowu, gdy konwersacja kończy się, zastanów się nad swoimi odczuciami i podziel się nimi.

Zacznij tę scenę w ten sam sposób, mówiąc:

*„Lekarz o mało mnie nie zabił tym zastrzykiem".*

Kiedy będziecie tę scenę odgrywali dwukrotnie, być może zechcecie zamienić się rolami, aby przećwiczyć punkt widzenia rodzica.

## Widziane oczami rodzica

(zabawa z podziałem na role)

1. Co tydzień musisz zabierać dziecko do zastrzyku przeciw uczuleniu. Chociaż wiesz, że twój mały się boi, zdajesz sobie sprawę, że w większości przypadków zastrzyk jest bolesny tylko małą chwilę. Dzisiaj, opuściwszy gabinet, twoje dziecko gorzko się skarży.

Zagrajcie tę scenę dwukrotnie. Za pierwszym razem staraj się uspokoić dziecko, zaprzeczając jego odczuciom. Użyj następujących zdań (jeżeli chcesz, możesz sam wymyślić inne):

*„No przestań, to nie mogło tak boleć".*
*„Robisz wielki hałas o nic".*
*„Twój brat nigdy nie narzeka, kiedy dostanie zastrzyk".*
*„Zachowujesz się jak dziecko".*
*„Lepiej, żebyś się już przyzwyczaił do tych zastrzyków.*
*„Mimo wszystko będziesz je musiał dostawać co tydzień".*

Gdy rozmowa dobiegnie końca, zastanów się, jakie były twoje odczucia i podziel się uwagami z osobą, która grała drugą rolę.

2. Odegrajcie tę samą scenę, tylko że teraz ty będziesz uważnie słuchać. Twoje odpowiedzi będą wskazywały na to, że nie tylko słuchasz, ale i akceptujesz uczucia wyrażone przez dziecko. Na przykład:

*„Wygląda na to, że rzeczywiście cię bolało".*
*„To musiało naprawdę boleć".*
*„Mmmm, było aż tak źle!"*
*„Pewnie takiego bólu nie życzyłbyś najgorszemu wrogowi".*
*„To niełatwo dostawać zastrzyki co tydzień. Założę się, że będziesz szczęśliwy, kiedy się skończą".*

Kiedy konwersacja się skończy, pomyśl, jakie były tym razem twoje wrażenia i podziel się nimi. Możecie odegrać tę scenę dwukrotnie, zamieniając się rolami, oraz przećwiczyć ją z punktu widzenia dziecka.

Czy grając rolę dziecka, którego odczucia były ignorowane lub negowane, czuliście wzrastającą w was złość? Czy na początku nie byliście zdenerwowani otrzymanym zastrzykiem, a później nie przerodziło się to we wściekłość na rodziców?

Czy grając rolę rodzica, który próbuje uspokoić skarżące się dziecko, nie łapaliście się na tym, że jesteście coraz bardziej zirytowani na swoje „nierozsądne" dziecko?

Tak to zwykle wygląda, gdy zaprzecza się odczuciom. Rodzice i dzieci stopniowo zaczynają być wrogo do siebie nastawieni.

Występując w roli rodzica, gdy z akceptacją odnosiliście się do odczuć swego dziecka, czy zrozumieliście, jaką walkę musicie stoczyć o własną przemianę wewnętrzną? Czy doświadczyliście swojej siły, że możecie być autentycznie pomocni swojemu dziecku?

Występując w roli dziecka, kiedy wasze uczucia były akceptowane, czy czuliście się bardziej dowartościowani? Czy nie czuliście, że bardziej kochacie swoich rodziców? Czyż nie łatwiej wam było znieść ból, kiedy ktoś wiedział, że bardzo cierpicie? Czy potraficie stawić czoła temu ponownie w przyszłym tygodniu?

Kiedy uznamy uczucia dziecka, wyrządzimy mu wielką przysługę. Zetkniemy go z jego własnymi przeżyciami wewnętrznymi. A kiedy będzie miało jasny ich obraz, zbierze w sobie siły, aby stawić im czoła.

## Zadanie do wykonania

1. Co najmniej raz w tygodniu przeprowadź z dzieckiem rozmowę, w której będziesz akceptować jego uczucia. W pozostawione poniżej miejsce wpisz, co zostało w twej pamięci z waszej rozmowy.

**DZIECKO:** ..............................................................................................

..............................................................................................................

**RODZIC:** ..............................................................................................

..............................................................................................................

**DZIECKO:** ..............................................................................................

..............................................................................................................

**RODZIC:** ..............................................................................................

..............................................................................................................

**DZIECKO:** ..............................................................................................

..............................................................................................................

**RODZIC:** ..............................................................................................

..............................................................................................................

**DZIECKO:** ..............................................................................................

**DLA SZYBKIEGO PRZYPOMNIENIA...**

## Jak pomóc dzieciom, aby radziły sobie z własnymi uczuciami

Dzieci potrzebują tego, aby ich uczucia były akceptowane i doceniane.

1. Słuchaj dziecka spokojnie i z uwagą
2. Zaakceptuj jego uczucia słowami:
   *„Och, mmmm, rozumiem".*
3. Określ te uczucia
   *„To frustrujące".*
4. Zamień pragnienia dziecka w fantazję
   *„Pragnę wyczarować dla ciebie natychmiast całą kiść bananów".*

*

Wszystkie uczucia można zaakceptować.
Pewne działania należy ograniczyć.
*„Widzę, jak jesteś zły na brata.
Powiedz mu, co chcesz, słowami, nie pięściami".*

Uwaga: Może wygodne byłoby zrobienie kopii tego i innych przypomnień i umieszczenie ich w domu we wszystkich strategicznych miejscach.

Część II

# Pytania, zalecenia i relacje rodziców

## *Odpowiedzi na pytania rodziców*

### 1. Czy to ważne, aby zawsze wczuwać się w przeżycia dziecka?

Nie. Wiele naszych rozmów z dziećmi jest przypadkową wymianą zdań. Jeżeli dziecko mówi: „Mamo, dzisiaj po szkole idę do Davida" – nie wydaje się konieczne, aby należało odpowiedzieć: „A więc postanowiłeś, że odwiedzisz przyjaciela dzisiaj po południu". Zwykłe: „Dobrze, że mi to mówisz" – będzie wystarczającą odpowiedzią. Okazją do „wczuwania się" jest moment, kiedy dziecko chce ci powiedzieć, co czuje. Odwzajemnienie jego pozytywnych uczuć nie stanowi większego problemu. Nie jest trudno odpowiedzieć na dziecięcy okrzyk: „Dostałem dzisiaj 97 punktów z testu z matmy!" – z równym entuzjazmem: „97! Musisz być bardzo szczęśliwy!"

Natomiast negatywne emocje dziecka wymagają o wiele większej zręczności. Dlatego musimy pozbyć się naszych starych ciągotek do ignorowania, zaprzeczania, moralizowania itd. Jeden z ojców powiedział, że tym, co pomogło mu stać się bardziej wrażliwym na emocjonalne potrzeby jego syna, było porównanie zmaltretowanych, nieszczęśliwych chłopięcych uczuć z fizycznymi ranami. Czasami wyobrażenie sobie skaleczenia pozwoliło mu zdać sobie sprawę, iż jego syn wymaga takiej samej wytężonej uwagi z powodu swych zranionych uczuć, jakiej potrzebowałby, mając zranione kolano.

### 2. Co jest złego, gdy pytamy dziecko wprost: „Dlaczego tak to odczuwasz?"

Niektóre dzieci potrafią powiedzieć, że się boją, są złe lub nieszczęśliwe. Dla wielu jednak pytanie „dlaczego?" tylko powiększa ich problem. Do pierwotnego zmartwienia dochodzi jeszcze to, że dziecko musi teraz analizować przyczynę i dać rozsądne wyjaśnienie. Bardzo często dzieci nie wiedzą, dlaczego tak się czują, jak się czują. Innym razem nie mają chęci odpowiedzieć, ponieważ czują, że w oczach dorosłych to, co powiedzą, może wydać się nie dość przekonujące. („To *dlaczego* płaczesz"?).

Dużo bardziej pomocne dla nieszczęśliwego malca jest, gdy usłyszy: „Widzę, że coś cię smuci", niż pytanie: „Co się stało"? „Dlaczego tak to odczuwasz?"

Łatwiej rozmawiać z kimś, kto akceptuje twoje uczucia, niż z kimś, kto zmusza cię do wyjaśnień.

### 3. Czy powinniśmy dawać dzieciom do zrozumienia, że zgadzamy się z ich uczuciami?

Dzieci nie potrzebują, abyśmy podzielali ich uczucia; one chcą być rozumiane. Zdanie: „Masz zupełną rację", może być satysfakcjonujące przez chwilę, ale jednocześnie przeszkadza dziecku w przemyśleniu spraw.

***Przykład:***

**DZIECKO:** Nauczycielka powiedziała, że odwołuje przedstawienie klasowe. Ona jest wstrętna.

**RODZIC:** Po tych wszystkich przygotowaniach i próbach? Zgadzam się z tobą. Ona musi być wstrętna jeżeli, robi coś takiego.

*Rezultat:* Koniec rozmowy.

Zauważ, o ile łatwiej jest dziecku myśleć konstruktywnie, kiedy jego uczucia są akceptowane.

**DZIECKO:** Nauczycielka powiedziała, że odwołuje przedstawienie klasowe. Ona jest wstrętna.

**RODZIC:** Musisz być bardzo rozczarowany. Oczekiwałeś go z taką niecierpliwością.

**DZIECKO:** Tak. To dlatego, że dzieciaki rozrabiały na próbie. To i c h wina.

**RODZIC:** (*Słucha w milczeniu*)

**DZIECKO:** Ona jest wściekła też dlatego, że nie nauczyliśmy się jeszcze ról.

**RODZIC:** Rozumiem.

**DZIECKO:** Powiedziała, że jeżeli się poprawimy, to da nam jeszcze jedną szansę. Lepiej pójdę powtórzyć moją rolę. Czy przesłuchasz mnie wieczorem?

*Konkluzja:* Tym czego człowiek – w każdym wieku – potrzebuje najbardziej, gdy ma kłopoty, jest nie zgodność z jego zdaniem lub jej brak, lecz zrozumienie wobec przebytych doświadczeń.

**4. Jeżeli takie ważne jest pokazanie dziecku, że je rozumiemy, to co złego jest w prostym powiedzeniu: „Wiem, co czujesz"?**

Problem z powiedzeniem: „Wiem, co czujesz", polega na tym, że niektóre dzieci po prostu ci nie uwierzą. Odpowiedzą: „Nie, nie wiesz". Jeśli jednak potraktujesz kłopot dziecka jako wyjątkowy („Pierwszy dzień w szkole musi być straszny, do tylu nowych rzeczy trzeba się przyzwyczaić"), wtedy ono wie, że ty rzeczywiście je rozumiesz.

**5. Przypuśćmy, że staram się identyfikować z uczuciami dziecka, lecz okazuje się, że się mylę. Co wtedy?**

Żadna szkoda. Twoje dziecko szybko to sprostuje.

***Przykład:***

DZIECKO: Tato, nasz test został przełożony na następny tydzień.
OJCIEC: Pewnie poczułeś ulgę.
DZIECKO: Nie, byłem wściekły. Teraz będę się znowu uczył tego samego w następnym tygodniu.
OJCIEC: Rozumiem. Miałeś nadzieję, że będziesz miał to już za sobą.
DZIECKO: Tak.

Byłoby zarozumiałością twierdzić, że zawsze wiadomo, co druga osoba czuje. Możemy jednak, a nawet powinniśmy próbować zrozumieć uczucia naszych dzieci. Nie zawsze nam się to uda, ale nasze wysiłki zostaną jednak docenione.

**6. Wiem, że powinienem akceptować uczucia, ale trudno zachować spokój, gdy słyszę od własnego dziecka: „Jesteś podły!" lub „Nienawidzę cię!"**

Jeżeli „Nienawidzę cię!" sprawia ci przykrość, możesz powiedzieć dziecku: „Nie lubię, gdy tak mówisz. Jeżeli jesteś o coś zły, powiedz mi to w inny sposób. Wtedy być może będę mógł ci pomóc".

**7. Czy jest jakiś inny sposób pomocy zmartwionemu dziecku, aniżeli dawanie mu do zrozumienia, że rozumiemy jego uczucia? Mój syn bardzo łatwo poddaje się frustracjom. Czasami, kiedy „rozszyfruję" go, udaje mi się mu pomóc słowami np.: „To musi być bardzo frustrujące", ale zwykle jest on w takim stanie, że w ogóle nie słyszy, co mówię.**

Rodzice z naszej grupy odkryli, że kiedy ich dziecko jest w najwyższym stopniu wytrącone z równowagi, czasem aktywność fizyczna może przynieść ulgę. Usłyszeliśmy wiele opowiadań o rozzłoszczonych dzieciach, które uspokoiły się po ciśnięciu poduszką, porąbaniu skrzyni od jarzyn, tłuczeniu lub układaniu cegieł, ryczeniu jak lew, rzucaniu strzałkami do tarczy. Jednak czynnością, która wydaje się najwygodniejsza dla rodziców (również w celu prowadzenia obserwacji) oraz najbardziej satysfakcjonująca dla dziecka – jest przedstawienie uczuć na rysunku. Dwa opisane niżej zdarzenia miały miejsce w odstępie tygodnia.

Właśnie wróciłam do domu z naszego spotkania, gdy zobaczyłam mego trzyletniego syna leżącego na podłodze w napadzie złości. Mój mąż stał obok wzburzony. Powiedział: „A więc, specjalistko od dzieci, zobaczymy, czy potrafisz postawić go na nogi". Poczułam, że mam okazję stawić czoło prawdziwej sytuacji. Spojrzałam na Joshuę, który kopał nogami i krzyczał. Chwyciłam ołówek i papier leżący obok telefonu. Wtedy uklękłam, wręczyłam ołówek i papier synowi i powiedziałam: „Trzymaj, pokaż mi, jaki jesteś zły. Narysuj na kartce swoje uczucia".

Joshua zerwał się natychmiast i wściekle zaczął kreślić koła. Potem pokazał mi, co narysował i powiedział: „Taki jestem zły". Odpowiedziałam: „Ty rzeczywiście j e s t e ś zły" i wyrwałam następną kartkę z bloku. „Narysuj mi więcej" – powiedziałam. Z furią rysował po papierze, więc znowu powiedziałam: „Chłopiec, b a r d z o z ł y!" Tę sytuację powtórzyliśmy jeszcze raz. Kiedy wręczyłam mu czwartą kartkę papieru, był zupełnie spokojny. Patrzył na mnie długą chwilę. Potem powiedział: „Teraz pokażę ci, jaki jestem szczęśliwy" – narysował koło z dwoma oczami i uśmiechniętą buzią. To było nie do uwierzenia. W ciągu dwóch minut histerię zastąpił uśmiech i to tylko dlatego, że kazałam mu pokazać, co czuje. Chwilę później mąż powiedział: „Chodź dalej na spotkania tej swojej grupy".

Na następnym spotkaniu inna mama opowiedziała nam o swoich doświadczeniach, gdy posłużyła się tym samym sposobem.

Kiedy usłyszałam w zeszłym tygodniu o Joshui, moją pierwszą myślą było: „Jak mogłabym sama zastosować tę metodę"? Mój syn Todd ma również trzy lata, ale cierpi na porażenie mózgowe. Wszystko, co innym dzieciom przychodzi bez wysiłku, dla niego jest wielkim problemem – stanie, trzymanie sztywno głowy. Uczynił wprawdzie wielki postęp, jednak ciągle tak łatwo się denerwuje. Za każdym razem, kiedy usiłuje coś zrobić i nie może, krzyczy bez końca. Nie ma żadnego sposobu, żeby do niego dotrzeć. Najgorsze jest to, że kopie mnie i usiłuje bić. Mam wrażenie, że w jakiś sposób obwinia mnie o swój stan i uważa, że powinnam temu jakoś zaradzić. Prawie zawsze jest zły.

Wracając do domu po zeszłotygodniowym spotkaniu myślałam: „A gdybym tak zadziałała, z a n i m Todd dostanie napadu wściekłości?" Tego popołudnia bawił się nową układanką. Była to prosta układanka z kilku dużych części. Jednak nie mógł dopasować ostatniego kawałka. Po kilku próbach jego twarz zaczęła nabierać znanego mi wyrazu. Pomyślałam: „Och, zaraz się zacznie". Podbiegłam do niego i krzyknęłam: „Uważaj!... Trzymaj się!... Nie ruszaj się!... Mam coś dla ciebie!..." Spojrzał zaskoczony. Gorączkowo przetrząsałam jego półkę z książkami i znalazłam duży czerwony ołówek i kartkę papieru. Usiadłam na podłodze obok niego i powiedziałam: „Czy to aż tak czujesz się zły?" – i zapełniłam kartkę zygzakami w górę i w dół. „Aha" – powiedział i wyrwał mi ołówek z ręki. Zaczął kreślić na kartce dzikie linie, a potem kłuć papier tak długo, aż cały podziurawił. Podniosłam kartkę pod światło i powiedziałam: „A więc taki jesteś zły. Jesteś po prostu wściekły". Wyrwał mi ponownie papier i płacząc podarł go na strzępy. Kiedy skończył, spojrzał na mnie i powiedział: „Kocham cię, mamo". Pierwszy raz powiedział coś takiego.

Od tej pory próbowałam tego sposobu dość często, ale nie zawsze mi się udawało. Zdawałam sobie sprawę, że muszę znaleźć jakiś inny sposób wyładowania się, jakieś uderzenie w worek lub coś podobnego. Zaczynam jednak rozumieć, że najważniejsze jest obserwowanie go, gdy bije, tłucze czy rysuje, i dawanie mu do zrozumienia, że nawet wtedy, gdy jest najbardziej zły, jest rozumiany i akceptowany.

**8. Jeżeli zaakceptuję wszystkie uczucia mojego dziecka, czy nie przyjdzie mu do głowy, że wszystko, co robi, podoba mi się? Nie chcę pozwalać mu na wszystko.**

My również baliśmy się zbytniej pobłażliwości. Jednak stopniowo przekonaliśmy się, że zbliżenie do dziecka jest możliwe tylko wtedy, gdy wszystkie uczucia są dozwolone. Na przykład: „Widzę, że sprawia ci frajdę kreślenie widelcem wzorów na maśle". Nie znaczy to, że musisz pochwalać dziecko za takie zachowanie, które nie podoba ci się. Jeżeli odsuniesz masło, dasz odczuć młodemu „artyście", że masło nie jest do zabawy. „Jeżeli chcesz malować, weź farby".

Stwierdziliśmy, że kiedy akceptujemy nasze dzieci, one łatwiej zgadzają się na ograniczenia, jakie im stawiamy.

**9. Dlaczego nie należy dawać dzieciom rady, kiedy mają problem?**

Kiedy dajemy dziecku radę lub natychmiastowe rozwiązanie, odbieramy mu możliwość radzenia sobie z własnymi problemami i szukania własnych rozwiązań.

A czy czasem można coś poradzić? Oczywiście.

Dokładne wskazówki, kiedy i jak dawać rady, znajdują się w dalszej części książki zatytułowanej: „Więcej o udzielaniu rad" (s. 173–175).

**10. Co można zrobić, jeżeli zorientuję się, że źle postępuję? Wczoraj moja córka przyszła ze szkoły bardzo wzburzona. Chciała opowiedzieć mi, że jakieś dzieci zaczepiały ją na podwórzu. Byłam zmęczona i zabiegana, więc zbyłam ją i powiedziałam, aby przestała płakać, że to jeszcze nie koniec świata. Wyglądała na bardzo nieszczęśliwą i poszła do swojego pokoju. Wiem, że pokpiłam sprawę, ale co mogę teraz zrobić?**

Zawsze w takim przypadku rodzic mówi do siebie: „Jestem pewien, że pokpiłem sprawę. Dlaczego nie powiedziałem..." – i automatycznie znajduje inne rozwiązanie. Obcowanie z dziećmi obfituje w wiele rozlicznych sytuacji, zawsze istnieje możliwość – godzinę później, dzień lub tydzień – żeby powiedzieć: „Myślałam o tym, co mi powiedziałaś przedtem, że musiało być to bardzo nieprzyjemne". Okazane współczucie – prędzej czy później – jest zawsze doceniane.

## Zalecenia

**1. Zazwyczaj dzieci sprzeciwiają się, kiedy odpowiadamy im ich słowami.**

***Przykład:***

DZIECKO: Nie lubię już Davida.

RODZIC: Nie lubisz już Davida.

DZIECKO: *(ze zniecierpliwieniem)* To właśnie powiedziałem.

To samo dziecko woli odpowiedź typu:

*„Coś ci się w Davidzie nie podoba".*

lub:

*„Wygląda na to, że on cię irytuje".*

**2. Są dzieci, które wolą nie rozmawiać, kiedy są zmartwione. W takich wypadkach zdarza się, że już sama obecność mamy lub taty jest wystarczająca.**

Jedna z mam opowiadała, że wszedłszy do pokoju zobaczyła swoją dziesięcioletnią córkę siedzącą na kanapie z oczami pełnymi łez. Mama usiadła obok niej, objęła ją ramieniem i wyszeptała: „Coś się stało". W milczeniu siedziała obok niej przez pięć minut. W końcu córka westchnęła i powiedziała: „Dziękuję, mamo. Już mi lepiej". Jej mama nigdy nie dowiedziała się, co się wydarzyło. Wiedziała jednak, że jej obecność miała dobroczynny wpływ i pomogła, gdyż godzinę później usłyszała, jak córka nuciła w swoim pokoju.

**3. Niektóre dzieci złoszczą się, gdy usiłując przedstawić swoje wzburzenie, spotykają się z poprawną, lecz chłodną odpowiedzią rodziców.**

Pewna nastolatka na jednym ze spotkań grupy opowiedziała nam, jak wróciła po południu do domu wściekła, ponieważ jej najlepsza przyjaciółka zdradziła jej osobisty sekret. Dziewczyna powiedziała o tym swojej mamie, a ta trzeźwo zauważyła: „Jesteś wściekła". Dziewczyna powiedziała, że nie mogła powstrzymać się od sarkastycznej odpowiedzi: „Nie podskakuję z radości".

Spytaliśmy ją, co chciałaby, żeby jej mama powiedziała. Chwilę zastanawiała się i odparła; „To nieważne, co powiedziała, ale jak powiedziała. To było tak, jakby mówiła o uczuciach kogoś, kto jej wcale nie interesuje. Myślę, że chciałabym, aby pokazała mi, że się ze mną zgadza. Gdyby powiedziała coś takiego, jak: „Moja mała Cindy, musisz być wściekła na nią", wtedy wyczułabym, że rozumie mnie".

**4. Dzieci nie lubią, gdy rodzice reagują z większym zaangażowaniem, niż tego wymaga sytuacja.**

***Przykład:***

NASTOLATEK: *(utyskując)* Steve kazał mi czekać na siebie na rogu ulicy pół godziny, a później wymyślił nieprawdziwą historyjkę.

MATKA: To niewybaczalne! Jak mógł zrobić ci coś takiego? On jest bezmyślny i nieodpowiedzialny. Pewnie nie spotkasz się z nim nigdy więcej.

Prawdopodobnie nigdy nie przyszłoby do głowy temu młodemu człowiekowi, aby reagować tak gwałtownie i wziąć tak drastyczny odwet.

Tym czego oczekiwał od matki, było zrozumienie i pokręcenie głową, wyrażające współczucie i zrozumienie dla swojej irytacji na zachowanie się przyjaciela. Nie jest mu potrzebne „podjudzanie", aby poradził sobie z własnymi przeżyciami.

**5. Dzieci nie lubią również, gdy rodzice powtarzają epitety, jakimi same się obrzucają.**

Kiedy syn mówi ci, że jest głupi, brzydki lub gruby, nie musisz odpowiedzieć: „Ach, więc myślisz, że jesteś głupi". Albo: „Naprawdę wydaje ci się, że jesteś brzydki". Nie używaj tych słów, gdy z nim rozmawiasz. Możesz zaakceptować jego rozżalenie bez powtarzania obraźliwych epitetów.

***Przykład:***

DZIECKO: Nauczyciel powiedział, że do zrobienia zadań z matmy wystarczy nam piętnaście minut. Mnie zajęło to całą godzinę. Muszę być osłem.

RODZIC: Można się zniechęcić, gdy praca zabiera nam więcej czasu niż zakładaliśmy.

***Przykład:***

DZIECKO: Wyglądam okropnie, kiedy się uśmiecham. U mnie mogą się podobać tylko moje szelki. Wyglądam okropnie.

RODZIC: Mówisz, że nie podobasz się sobie i pewnie ci to nie pomoże, jeżeli powiem, że dla mnie wyglądasz uroczo zarówno bez szelek, jak i z szelkami.

*

Mam nadzieję, że te „uwagi" nie były odstraszające. Jest teraz zapewne jasne, że radzenie sobie z uczuciami to sztuka, a nie nauka. Wierzę, opierając się na wieloletnich obserwacjach, że po okresie prób i błędów, możesz przyswoić sobie tę sztukę. Wtedy wyczujesz, co pomaga twemu dziecku, a co nie. Z czasem odkryjesz, co je złości, a co akceptują. Nic nie zastąpi twojej wrażliwości.

## Relacje rodziców

W każdej grupie uczymy tych samych podstawowych zasad. Jednak zawsze zaskakuje mnie oryginalność postępowania rodziców w rozmaitych sytuacjach, w których te zasady są stosowane. Każda z następujących historii jest przedstawiona tak, jak opisali ją rodzice. W wielu przypadkach imiona dzieci zostały zmienione. Zauważ, że nie zawsze postawa rodziców jest „modelowa". Jednak ich podstawowa chęć, aby słuchać, i ich postawa akceptacji – są najważniejsze.

Rodzice, którzy opowiedzieli dwie pierwsze historie, nie chcieli wierzyć, że kiedy zaprzestali dawania rad, dzieci rzeczywiście zaczęły postępować zgodnie z ich własnymi rozwiązaniami. Mama, która opowiedziała tę historię, zaczęła ją słowami: „Posłuchajcie, jak mało powiedziałam!"

Nicky, lat osiem, przychodzi ze szkoły do domu i mówi: „Chciałbym zbić Jeffreya".

**JA:** Jesteś *rzeczywiście* wściekły na Jeffreya.

**NICKY:** Tak. Zawsze kiedy gramy w piłkę i ja ją mam, on mówi: „Podaj mi, Nicky, jestem lepszy od ciebie". Czy to by każdego nie zezłościło?

**JA:** Tak.

**NICKY:** Ale Jeffrey naprawdę nie jest taki. W pierwszej klasie zawsze był fajny. Myślę, że kiedy Chris doszedł do nas w drugiej klasie, Jeffrey zaczął się przed nim po prostu popisywać.

**JA:** Rozumiem.

**NICKY:** Zawołajmy Jeffreya i zaprośmy go do parku.

*

Mój syn jest pierwszoklasistą. Nie jest agresywny i nie lubi wdawać się w bójki. Dlatego czasami mam tendencje do nadopiekuńczości, bo wydaje mi się taki bezradny. W poniedziałek wrócił ze szkoły i powiedział, że pewien trzecioklasista, dużo większy od niego, przysłał mu „posłańców" z wiadomością, że jutro zbije go na kwaśne jabłko. Moją pierwszą reakcją było obronić go: powiedzieć nauczycielowi, nauczyć go wieczorem chwytów samoobrony – cokolwiek, aby uchronić syna przed bólem i strachem.

Zamiast jednak okazywać mu swoje zaniepokojenie, postanowiłam uważnie go słuchać i odpowiadać tylko „ummm". Wtedy Douglas wygłosił długi monolog. Powiedział: „Tak więc ja przygotowałem trzy sposoby obrony. Po pierwsze, spróbuję z nim przedtem porozmawiać i przekonać go, aby zrezygnował z walki. Powiem mu, że nie powinien się bić, bo to prymitywne. Jeżeli to nie pomoże, założę moje okulary, ale (tu przerwał i zamyślił się na chwilę), jeżeli jest łobuzem, to go nie powstrzyma, a on musi być łobuzem, skoro chce mnie bić, a ja nigdy z nim nawet nie rozmawiałem. Więc jeżeli nic innego nie pomoże, poproszę Kenny'ego, aby go załatwił. Kenny jest taki silny, że ten łobuz, jak tylko go zobaczy, to się wystraszy". Byłam tak zaskoczona, że zaledwie, powiedziałam: „Hmm", a on odrzekł: „W porządku. Wszystko będzie dobrze. Zrobię tak, jak zaplanowałem" – i wyszedł odprężony.

Poczułam się, jakbym wygrała milion dolarów. Następnego dnia cały mój wysiłek skoncentrowałam na tym, aby go nie spytać, co się wydarzyło w szkole. W czasie obiadu syn zagadnął: „Mamo, zgadnij, co się stało. Ten łobuz w ogóle nie przyszedł dzisiaj na gimnastykę". Byłam zemocjonowana. On sam poradził sobie z własnym problemem, był z siebie dumny i teraz wiem, że mogę pozwolić mu na swobodę dorastania.

Wierzę, że uniknięcie jednego czy drugiego ciosu (uniknięcie z powodu mojej interwencji lub ochrony) nie jest tego warte. Mogę teraz pozwolić mu decydować samemu za siebie. On jest zwycięzcą.

*

Wielu rodziców nie ukrywało swojego zdumienia faktem, jak pożądane efekty dawały ich akceptujące zdania! Natomiast powiedzenia: „Uspokój się" lub „Dosyć tego" – jeszcze bardziej zaostrzały sytuację. Rodzice przekonali się sami, że kilka słów zrozumienia może ukoić najbardziej wzburzone uczucie i diametralnie zmienić nastrój. Pierwszy przykład pochodzi od ojca.

Moja córka, Holly, weszła do kuchni i powiedziała:

– Pani G. wrzeszczała dziś na mnie na gimnastyce.

– Och.

– Krzyczła na mnie.

– Była rzeczywiście wściekła.

– Ona wrzeszczała: „W siatkówce tak nie odbija się piłki. To się robi w ten sposób". Skąd mogłam wiedzieć. Nigdy nie mówiła nam, jak uderzać piłkę.

– Byliście zbulwersowani jej zachowaniem.

– Ona mnie zezłościła.

– To bardzo przykre zostać skrzyczanym bez powodu.

– Ona nie miała racji

– Nie powinna była tak krzyczeć na ciebie, prawda?

– Jestem na nią taka wściekła! Mogłabym ją wdeptać w ziemię, zrobić coś, aby cierpiała.

– Powiesić ją za kciuki.

– Smażyć w oleju.

– Przenicować

W tym momencie Holly uśmiechnęła się, ja również. Zaczęła się śmiać. Wtedy przypomniała sobie, że pani G. bardzo głupio z nią postąpiła. Powiedziała: „Jestem pewna, że teraz wiem, jak należy odbić piłkę, aby nauczycielka była zadowolona". Zwykle powiedziałabym: „Prawdopodobnie zrobiłaś coś źle, dlatego cię skrzyczała. Następnym razem słuchaj, gdy nauczyciel cię poprawia, a będziesz wiedziała, jak to wykonać". Ona prawdopodobnie trzasnęłaby drzwiami i myślałaby w swoim pokoju, jakim idiotą jest jej ojciec razem z jej beznadziejną nauczycielką.

*

Miejsce akcji: kuchnia.

Właśnie uśpiłam dziecko. Evan wrócił z przedszkola bardzo podniecony, bo idzie do Chada bawić się.

**EVAN:** Cześć mamo, idziemy zaraz do Chada.

**MAMA:** Nina *(dziecko)* teraz śpi, ale pójdziemy później.

**EVAN:** *(zdenerwowany)* Ja chcę iść teraz. Powiedziałaś, że pójdziemy.

**MAMA:** A może zawiozłabym cię tam twoim rowerem?

**EVAN:** Nie, ja chcę, żebyś była ze mną *(zaczyna histerycznie płakać)*. Chcę iść teraz! *(Bierze rysunki, które właśnie przyniósł z przedszkola, zmiął je i wyrzucił do kosza).*

**MAMA:** *(moje czerwone światło zapala się)* Widzę, synu, że jesteś bardzo zły, tak bardzo, że aż wyrzuciłeś swoje rysunki. Musisz być rzeczywiście zdenerwowany. To faktycznie przykre. Cieszyłeś się na to spotkanie z Chadem, a tutaj Nina właśnie śpi. To może zdenerwować.

**EVAN:** Aha, ja rzeczywiście chciałem iść do Chada (*przestaje płakać*). Czy mogę oglądać telewizję, mamo?

**MAMA:** Oczywiście.

*

Sytuacja: ojciec wybiera się na ryby, a czteroletnia Danielle chce iść razem z nim.

**TATA:** Dobrze, kochanie, możesz iść ze mną, ale pamiętaj, będziemy nad wodą, bardzo, bardzo długo, a rano będzie zimno.

**DANIELLE** *(na jej twarzy widać niepewność, a potem odpowiada z wahaniem)*: Zmieniłam zdanie. Wolę zostać w domu.

Dwie minuty po wyjściu taty zaczyna płakać.

**DANIELLE:** Tatuś mnie zostawił, chociaż wiedział, że chcę z nim iść.

**MAMA:** *(bardzo zajęta w tym momencie, nie ma nastroju do tłumaczeń)* Danielle, obie wiemy, że to ty zadecydowałaś, aby pozostać w domu. Twój płacz doprowadza mnie do szału i nie chcę go więcej słyszeć. Jeżeli chcesz płakać, idź do pokoju.

Biegnie do pokoju, zanosząc się płaczem.

Minutę później mama decyduje się na nową metodę.

**MAMA:** *(idzie do pokoju Danielle i siada przy jej łóżku)* Bardzo chciałabyś być z tatusiem, prawda?

Danielle dalej płacze i kiwa głową.

**MAMA:** Byłaś zakłopotana, kiedy tata powiedział, że będzie zimno. Nie mogłaś się zdecydować.

W jej oczach zobaczyłam ulgę. Przytakując, ponownie wytarła oczy.

**MAMA:** Myślę, że miałaś zbyt mało czasu, aby podjąć decyzję...

**DANIELLE:** To prawda.

Wtedy przytuliłam ją. Ona zeskoczyła z łóżka i pobiegła się bawić.

*

Wydaje się, że dzieciom pomaga również uświadomienie, że mogą mieć dwa różne odczucia w tym samym czasie.

Kiedy urodziło się dziecko, zawsze mówiłam Paulowi, że on kocha nowego braciszka. Paul potrząsnął głową: „Nie", „nie!" W zeszłym miesiącu powiedziałam: „Wydaje mi się, Paul, że masz dwojakie uczucia do malca. Czasami jesteś zadowolony, że masz brata, jest zabawny, gdy się go obserwuje i fajnie się z nim bawi. A czasami nie lubisz go wcale. Chciałbyś, żeby go nie było".

Paulowi podobało się to. Przynajmniej raz w tygodniu prosi mnie: „Powiedz o moich dwojakich uczuciach, mamo".

*

Niektórzy rodzice szczególnie cenili to, że zdobyli umiejętności radzenia sobie w sytuacjach, gdy dziecko jest w nastroju zniechęcenia lub rozpaczy. Byli zadowoleni wiedząc, że nie muszą przyjmować na siebie niepowodzenia swego dziecka i traktować go jak własny kłopot. Jedna z matek powiedziała: „Teraz zdaję sobie sprawę, jak niepotrzebnej presji poddawałam się, aby upewnić się, że moje dziecko cały czas jest szczęśliwe. Teraz dotarło do mnie, do jakich poświęceń byłam zdolna, aby mój czterolatek przestał płakać. Zrozumiałam też, jakim ciężarem obarczałam dzieci. No bo pomyślcie! Nie tylko były przejęte swoimi problemami, ale denerwowały się jeszcze bardziej, widząc mnie zmartwioną ich kłopotami. Moja matka postępowała ze mną tak samo i przypominam sobie moje poczucie winy – tak jakby było coś złego w tym, że nie jestem cały czas szczęśliwa. Chcę, żeby moje dzieci wiedziały, że mają prawo być nieszczęśliwe, bez dezaprobaty swojej matki".

*

Mój syn, Ron, wrócił cały zabłocony, ze spuszczoną głową.

**OJCIEC:** Widzę, że masz bardzo zabłocone spodnie.
**RON:** Ech, nie poszło mi w piłkę.
**OJCIEC:** Miałeś ciężki mecz.
**RON:** Aha, nie wyszła mi gra. Jestem za słaby. Nawet Jerry mnie przegonił.
**OJCIEC:** To bardzo nieprzyjemne, jeżeli ktoś jest lepszy.
**RON:** Tak, chciałbym się poprawić.
**OJCIEC:** Chciałbyś być taki jak Simpson.
**RON:** Ach, wtedy j a bym im pokazał.
**OJCIEC:** Mógłbyś przegonić twoich przeciwników?
**RON:** Muszę znaleźć miejsce do biegania.
**OJCIEC:** Możesz potrenować.
**RON:** Umiem dobrze podawać. Jestem dobry w „krótkich piłkach", ale gorzej z długimi.
**OJCIEC:** Więc umiesz biegać i podawać piłkę.
**RON:** Ja mógłbym grać lepiej.
**OJCIEC:** A więc umiesz grać lepiej.
**RON:** Następnym razem zamierzam się przyłożyć.
**OJCIEC:** Ty wiesz, że cię na to stać.

Normalnie uraczyłbym Rona uwagami w rodzaju: „Jesteś dobrym graczem. Miałeś po prostu zły dzień. Nie przejmuj się, następnym razem będzie lepiej". On prawdopodobnie sposępniałby i udał się do swojego pokoju.

Na tym spotkaniu zrobiłam ogromne odkrycie. Im bardziej próbujesz ochronić dziecko przed nieszczęśliwymi uczuciami, tym bardziej je w nie wpędzasz. Znacznie lepiej jest zaakceptować złe samopoczucie, gdyż łatwiej wtedy z nim się uporać. Myślę, że jeżeli chcesz mieć szczęśliwą rodzinę, musisz przygotować się na to, by pozwalać na okazywanie zmartwienia.

*

Hans przechodzi trudny okres. Ma nauczyciela, który jest bardzo wymagający i którego on nie lubi. Kiedy jest najbardziej nieszczęśliwy i pogrążony w czarnych myślach (zwykle wtedy, gdy nie radzi sobie w szkole i swoje kłopoty przynosi do domu), mówi o sobie „głupi", czuje, że nikt go nie lubi, bo jest głupi, mówi, że jest najgłupszy z klasy itp.

Pewnego wieczora mój mąż usiadł obok niego i zaczął rozmowę, uważnie dobierając słowa:

**FRANK:** (*łagodnie*) Hans, ty nie jesteś głupi.

**HANS:** Jestem okropnie głupi. Jestem głupi głupek.

**FRANK:** Ależ Hans, nie jesteś głupi. Przeciwnie, jesteś najsprytnieszym ośmioletnim chłopcem, jakiego znam.

**HANS:** Nieprawda. Jestem głupi.

**FRANK:** (*ciągle łagodnie*) Nie jesteś głupi.

**HANS:** Jestem.

W kółko to samo. Nie chciałam się wtrącać, nie mogłam też dłużej słuchać, więc wyszłam z pokoju. Całe szczęście, że Frank nie stracił opanowania, jednak Hans poszedł do łóżka w nastroju przygnębienia, ciągle powtarzając, że jest głupi.

Przemogłam się. Poszłam do niego, mimo że całe popołudnie i wieczór grał mi na nerwach i byłam pewna, że nie zniosę tego dłużej. Ale on leżał tam w łóżku przygnębiony i twierdził, że jest głupi, że wszyscy go nienawidzą, więc poszłam. Nawet nie wiedziałam, co mam powiedzieć. Nagle przypomniało mi się zdanie, które powtarzaliśmy w grupie i powiedziałam je prawie mechanicznie: „Każdy przeżywa ciężkie chwile". Hans przestał powtarzać, że jest głupi i zamilkł na minutę. Wtedy odpowiedział: „Tak". Coś dodało mi sił, aby ciągnąć dalej. Zaczęłam mówić chaotycznie o miłych i szczególnych rzeczach, które zrobił lub powiedział w ciągu lat. Słuchał przez chwilę i sam zaczął brać udział w tych wspomnieniach. Powiedział: „Pamiętam, że kiedy zgubiłaś kluczyki samochodowe i przeszukiwałaś cały dom, ja powiedziałem, żebyś zajrzała do samochodu i one tam były". Po dziesięciu minutach mogłam ucałować chłopca na dobranoc; chłopca, który odzyskał wiarę w siebie.

*

Niektórzy rodzice byli bardzo zadowoleni z pomysłu rekompensowania dzieciom poprzez wyobraźnię tego, czego nie mogli im dać w rzeczywistości. Dużo łatwiej było rodzicom powiedzieć: „Szkoda, że tego nie masz...", niż toczyć bitwę o to, kto ma rację i dlaczego.

**DAVID:** (*lat dziesięć*) Potrzebuję nowy teleskop.

**OJCIEC:** Nowy teleskop? Dlaczego? Przecież ten, który masz, jest zupełnie dobry.

**DAVID:** (*z podnieceniem*) To jest dziecięcy teleskop.
**OJCIEC:** On jest doskonały dla chłopca w twoim wieku.
**DAVID:** Nieprawda. Ja potrzebuję teleskop powiększający dwieście razy.
**OJCIEC:** (*Wiedziałem, że zanosiło się na wielką bitwę. Postanowiłem zmienić metodę.*) A więc rzeczywiście potrzebujesz teleskop o dwustokrotnym przybliżeniu.
**DAVID:** Tak, bo wtedy mógłbym dojrzeć kratery.
**OJCIEC:** Bardzo chciałbyś obejrzeć je z bliska.
**DAVID:** Właśnie.
**OJCIEC:** Wiesz, co ja bym chciał? Gdybym miał dosyć pieniędzy, chciałbym kupić ci taki teleskop. Nie, z twoim zainteresowaniem astronomią powinieneś mieć teleskop powiększający czterysta razy.
**DAVID:** Albo sześćset razy.
**OJCIEC:** Nawet osiemset razy.
**DAVID:** (*z entuzjazmem*) Powiększający tysiąc razy.
**OJCIEC:** A...
**DAVID:** (*podniecony*) Wiem, wiem. Gdybyś mógł, kupiłbyś mi jeden z tych na Mount Palomar!

Roześmialiśmy się obaj. Wiedziałem, co spowodowało tę zmianę. Jednym ze sposobów działania na wyobraźnię jest puszczenie jej wodzy bez ograniczeń. Nawet jeżeli David wiedział, że prośba nie może być spełniona, wydawał się doceniać to, że potraktowałem jego marzenia poważnie.

*

Mój mąż i ja zabraliśmy Jasona i jego starszą siostrę, Leslie, do muzem przyrodniczego. Bardzo nam się podobało, a dzieci były zachwycone. Jednak idąc do wyjścia, musieliśmy przejść obok sklepu z pamiątkami. Jason, nasz czterolatek, bardzo zapalił się do upominków, które zobaczył. Wszystko było bardzo drogie, ale w końcu kupiliśmy mu mały zbiór skał. Wtedy mały zaczął domagać się modelu dinozaura. Starałam się wytłumaczyć, że już wydaliśmy więcej niż zamierzaliśmy. Ojciec prosił go, aby przestał lamentować, gdyż powinien się cieszyć z tego, co j u ż dostał. W końcu mąż powiedział mu, aby przestał nalegać, i że zachowuje się jak małe dziecko. Jason rzucił się na podłogę i płakał jeszcze głośniej.

Wszyscy na nas patrzyli. Byłam tak zawstydzona, że najchętniej zapadłabym się pod ziemię. Nagle przyszła mi do głowy pewna myśl. Wyjęłam z mojej torby ołówek i papier i zaczęłam pisać. Jason zapytał, co robię. Powiedziałam: „Piszę, że Jason bardzo chciałby mieć dinozaura". Malec utkwił we mnie wzrok i powiedział: „Graniastosłup też". Zapisałam: „Graniastosłup też".

Wtedy zrobił coś, co zupełnie zbiło mnie z tropu. Podbiegł do swojej siostry, która widziała całą scenę i powidział: „Leslie, powiedz mamie, co byś chciała. Ona zapisze to także dla ciebie". I – nie do wiary – to zakończyło całą sprawę. Jason poszedł spokojnie do domu.

Od tej pory wielokrotnie posługiwałam się tym pomysłem. Ile razy jestem w sklepie z zabawkami z Jasonem, który biega wokoło i wskazuje na wszystko, co chce, wyjmuję ołówek i kartkę papieru i zapisuję całą „listę życzeń". To mu wystarcza. I nie znaczy to, że muszę kupić mu którąś z tych rzeczy – być może aż do szczególnej okazji. Myślę, że wiem, co Jasonowi podoba się w tej „liście życzeń" – to, że ja nie tylko wiem, co on chce, ale także że traktuję to poważnie.

*

Ta ostatnia historia mówi sama za siebie.

Przeżyłam właśnie najbardziej koszmarne doświadczenie mojego życia. Moja sześcioletnia córka, Susan, miała już poprzednio dławiec, ale nigdy takiego ataku jak ten. Byłam przerażona. Nie mogła oddychać i zaczynała sinieć. Nie mogłam wezwać karetki, więc sama musiałam zawieźć ją na pogotowie. Był ze mną syn Brian i moja matka, która tego dnia nas odwiedziła. Mama wpadła w histerię. Ciągle powtarzała: „O mój Boże! Ona nie może oddychać. Nie poradzimy sobie z tym! Co zrobiłaś z dzieckiem!"

Starając się mówić głośniej, niż moja matka, powiedziałam: „Suzie, ja wiem, że masz kłopoty z oddychaniem. Wiem, że to straszne. Jedziemy teraz po pomoc. Wszystko będzie dobrze. Jeżeli chcesz, możesz trzymać się mojej nogi w czasie jazdy". Susan przylgnęła do mojej nogi.

W szpitalu otoczyło nas kilka pielęgniarek i dwaj lekarze. Moja matka ciągle biadoliła i odchodziła od zmysłów. Brian pytał mnie, czy Suzie rzeczywiście umrze, tak jak mówi babcia. Nie miałam czasu odpowiedzieć, gdyż lekarze właśnie próbowali usunąć mnie z gabinetu, a wiedziałam, że córka potrzebuje mnie przy sobie. Wyczytałam z jej oczu, że się boi.

Dostała zastrzyk adrenaliny. Powiedziałam: „To boli, prawda?" Pokiwała głową. Następnie podłączyli jej do gardła rurę. Powiedziałam: „Wiem, że taka rura musi sprawiać ból, ale to ci pomoże".

Ciągle nie oddychała normalnie, więc umieścili ją w namiocie tlenowym. Powiedziałam: „Musisz czuć się dziwnie, cała otoczona plastikiem". Włożyłam rękę do namiotu przez otwór zamka, ujęłam jej dłoń i dodałam: „Nie zostawię cię, będę tu z tobą, nawet kiedy zaśniesz. Będę tak długo, jak tylko będziesz mnie potrzebowała".

Oddech córki stawał się się lżejszy, jednak jej stan nadal był krytyczny. Byłam z nią przez siedemdziesiąt dwie godziny, praktycznie bez snu. Dzięki Bogu, wyszła z tego.

Wiem, że bez tych kursów zachowałabym się zupełnie inaczej. Ogarnęłaby mnie panika. Mówiąc do niej w powyższy sposób, dając jej do zrozumienia, że wiem, co przechodzi, przyniosłam jej ulgę. Dlatego nie sprzeciwiała się lekarzom.

Jestem przekonana, że pomogłam uratować życie mojej Suzie.

## Część III

# Doświadczenia rodziców polskich

Tak było za każdym razem, w każdej grupie...

Kiedy spotkaliśmy się po raz pierwszy, kilkanaście obcych sobie ludzi, stanowiliśmy grupę matek i ojców pragnących znaleźć metodę, jakiś cudowny sposób na rozwiązanie problemów stwarzanych nam przez nasze dzieci. Byliśmy nimi tak umęczeni, że zdecydowaliśmy się na ryzyko pracy w grupie, chociaż każdy z nas, na swój sposób, zmagał się z lękiem, wstydem, zażenowaniem...

Byli wśród nas rodzice latami wysłuchujący skarg na złe zachowanie dzieci w szkole, udręczeni agresją i nieposłuszeństwem lub przeciwnie – niesamodzielnością i płaczliwością swoich pociech; tacy, którzy przeżyli dramat ucieczki dziecka z domu, i tacy, którzy czuli, że narastający i coraz bardziej bolesny konflikt z ich dorastającymi córkami i synami może przerodzić się w tragedię... Prawie wszystkie nasze dzieci miały kłopoty z nauką i nie lubiły szkoły, a większość nas – rodziców – dostawała gęsiej skórki na samą myśl o odrabianiu prac domowych.

Bez wątpienia jednak każdy z nas kochał swoje dzieci i był przekonany, że musi znaleźć się sposób, który pomoże je „zmienić", „naprawić".

Po pierwszym spotkaniu, na którym doświadczyliśmy, jak pomocne i kojące jest to, gdy ktoś nas słucha – spokojnie i z uwagą, i gdy akceptuje nasze uczucia (wszystkie! takie jakie są!) – wracaliśmy do naszych domów z nadzieją rodzącą się z przekonania, że oto otrzymaliśmy klucz do rozwiązania naszych problemów.

Po samodzielnej pracy nad rozdziałem, który właśnie przeczytaliśmy, orzekliśmy jednak, że jest to bardzo trudne; mieliśmy kłopoty z uważnym słuchaniem swoich dzieci, wielu z nas odkryło, że nie potrafi rozpoznać i nazwać nie tylko uczuć dziecka, ale i swoich własnych, i że rzeczywiście – nie akceptujemy negatywnych uczuć. Odkryliśmy też – początkowo ze wstydem i poczuciem winy – że nie mamy jednakowych i stałych uczuć do naszych dzieci, chociaż wierzyliśmy do tej pory, że tak właśnie jest; że „zawsze" je kochamy.

A oto parę wypowiedzi rodziców na ten temat.

*

Odkryłam, że córkę czasem kocham, a czasem nie mogę znieść jej obecności w pokoju... Raczej czuję troskę o nią, a kocham syna.

*

Ciężko jest wprowadzać w życie takie rzeczy i w kółko mówić: „Tak... Hmm... Widzę, że jesteś zdenerwowany..." Wiem, że powinienem tak reagować, ale w konkretnej sytuacji myślę tylko o tym, kiedy ten chłopak przestanie ryczeć. Trudno pogodzić się z faktem, że mój syn (8-letni!!!) jest takim mazgajem. Kiedy usiłuję dowiedzieć się o przyczynie płaczu, Bartek ryczy jeszcze głośniej:

– Nie pytajcie mnie tak ciągle!

Kiedy tłumaczę, dlaczego nie powinien płakać, on zaczyna na mnie wrzeszczeć... O! Trudno być kompresem, kiedy człowiek jest rozczarowany swoim synem.

*

Najtrudniej mi zrezygnować z własnej złości. Wstyd mi przyznać się (nawet samej przed sobą), że najczęściej reaguję na moje dzieci złością i gniewem, nawet wtedy, gdy czuję niepokój, lęk czy smutek. To co im pokazuję, to moja wściekłość. Na dodatek nazywałam ją do tej pory... zdenerwowaniem, co mnie – w moich oczach – całkowicie rozgrzeszyło.

Odkryłam, że nie akceptuję ich uczuć, bo sama nie akceptuję swoich. Oczywiście, tych negatywnych! My, rodzice, nie dajemy sobie prawa być „jawnie" rozzłoszczonymi, smutnymi, przerażonymi, niepokojącymi się, więc i naszym dzieciom nie przyznajemy prawa do tych uczuć: muszą być zawsze szczęśliwe i grzeczne... Jesteśmy opętani poczuciem nieszczęsnego obowiązku i hiperodpowiedzialności pod tytułem: m u s z ę je wychować, co najczęściej sprowadza się do: ja muszę, ono musi, ono powinno, ja powinnam, to wolno, a to zabronione...

*

Kocham swojego synka, chcę mu pomóc, bo jest taki zagubiony, nieporadny. Rozwija się wolniej od swoich rówieśników, ma większe problemy i w szkole, i w zabawie na podwórku. Zrezygnowałam z pracy zawodowej, by być stale przy nim; chciałam być dobrą matką, a teraz widzę, że swoim ochranianiem, „kwokowaniem" ubezwłasnowolniłam go. Zobaczyłam, że t o j a muszę się zmienić... I podjęłam decyzję – najpierw zajmę się sobą i swoimi lękami o synka. Wierzę, że będzie to dobre dla mojego Krzysia.

*

Jestem wstrząśnięta odkryciem, że w naszych emocjonalnych kontaktach z dziećmi jesteśmy tak niechlujni! Jak człowiek kontroluje swój stosunek do dzieci, to inaczej zaczyna słuchać ludzi. Kiedy bardziej uważałam na to, co mówię do dzieci, zaczęłam inaczej rozmawiać nawet z mężem...

*

Mój 8-letni Maciuś zbroił coś na podwórku i nie chciał wrócić do domu. Tłumaczył się potem:

– Bałem się, że ta pani przyjdzie na skargę i tobie będzie wstyd. Czy... byłoby ci, mamo, wstyd?

Ja lawirowałam, bo nie umiałam odpowiedzieć. Czy mogę powiedzieć dziecku, co naprawdę czuję? Czy mogę przyznać się przed nim, że się wstydzę, boję?

*

Byli wśród nas i tacy rodzice, którzy po tygodniu zmagań ze sobą, podręcznikami i swoimi dziećmi, przyszli na kolejne spotkanie sfrustrowani i pełni gniewu: „Nie akceptuję pani Faber w ogóle, bo mnie wkurza! Życie jest inne niż te obrazki w książce! Co mam zrobić z negatywnymi zachowaniami mojego syna? Czy je akceptować?! Trudno z nim nawiązać kontakt. Jest agresywny do mnie, do matki, dziadka, swoich kolegów..."

*

Nie daję sobie rady, nie mogę „przeskoczyć" siebie i swojego nastawienia! Cały czas obserwuję (a to znaczy – śledzę i osądzam) siebie i syna. Dlaczego ja mam naginać się do niego? Dlaczego ja mam się liczyć z uczuciami 11-letniego dzieciaka, kiedy on nie liczy się z moimi? Największy problem to uruchomienie jego ambicji szkolnych! Chcę zrozumieć jego uczucia, ale dlaczego on nie chce się uczyć?! Czy to normalne, aby dzieciak mówił: „Ja mam tego dosyć! Jestem zmęczony! Mamo, ty mnie nie rozumiesz?!"

*

Ujawnienie przez rodziców ich negatywnych uczuć było pomocne w naszej pracy; sprowokowało sformułowanie kilku ważnych pytań, zachęciło do głęboko poruszających wypowiedzi i refleksji. Chcemy się nimi podzielić w nadziei, że będą pomocne w zadumaniu się nad sobą, w poszukaniu zrozumienia dla samego siebie oraz zachęcą do odważnych korekt dotychczasowych przekonań i poglądów.

Najważniejsza refleksja dotyczyła naszej pierwotnej motywacji poszukiwania pomocy dla naszych dzieci; teraz zaczęliśmy dostrzegać, że zachowanie dzieci jest zależne od naszego zachowania, a więc – jeśli chcemy zmiany w postępowaniu dzieci – musimy najpierw dokonać jej w sobie. Trzeba zacząć od siebie.

Konieczność spełnienia tego warunku wywołuje nasz sprzeciw, budzi opór, gdyż jesteśmy obciążeni nieszczęsnym dziedzictwem fałszywych dogmatów o wychowaniu, dzieciach i powinnościach dorosłych; dogmatów, które czas już odrzucić, by wychowanie dzieci przestało być rodzicielską zmorą, lecz ukazało się nam jako fascynująca szansa osobistego rozwoju każdego człowieka, – matki, ojca, dziecka.

Pytania, które sobie zadaliśmy brzmiały:

1. Dlaczego tak trudno zmienić sposób komunikowania się ze swoim dzieckiem?

2. Dlaczego wydaje się nam ważniejsze to, *jak* się dziecko *zachowuje*, od tego, *co ono przeżywa*? Chodzi tu o takie sytuacje, kiedy – na przykład – karcimy dziecko za śmiech i głupie miny, lekceważąc maskowane w ten sposób przerażenie, zażenowanie czy wręcz śmiertelny strach; albo oskarżamy dziecko o nieczułość, brak sumienia i serca, niewdzięczność, ponieważ (w naszej

ocenie) przybrało lekceważącą pozę lub bezczelny wyraz twarzy, podczas gdy ono właśnie w tym momencie nie umie sobie poradzić z przygniatającym poczuciem winy, wstydu czy nawet z odbierającym chęć do życia zwątpieniem...?

3. Dlaczego gotowi jesteśmy nawet z małym i słabym dzieckiem, które ujawnia złość, przestrach, lęk, niezadowolenie, rozgoryczenie, smutek, rozżalenie – raczej długo i zażarcie walczyć (o to, żeby nie czuło tego, co czuje), niż po prostu pomóc mu uporać się z trudnymi uczuciami, okazując zrozumienie i współczucie?

4. Dlaczego z taką łatwością i „dla dobra dziecka" gotowi jesteśmy obrzucić je obelgami: „Wstręciuch!" „Brudas!" „Mam cię dość!" „Jesteś okropny, nie kocham cię!"... – skoro wiemy, jak bardzo tego typu epitety *nas* uraziłyby, pozbawiłyby chęci do współpracy, wywołałyby gniew lub przygnębienie?

*Dlaczego?*

*

Nikt nas nie uczył wychowywać dzieci. Wynieśliśmy wypaczone wzory z domu, gdzie też nie liczono się z naszymi uczuciami i to się teraz wlecze... Nawet jeśli czułam, że źle robię, to nie wiedziałam, *jak* to zmienić. W szkole słyszałem tylko: „Pani musi coś z nią zrobić!"

*

Uważałem, że nie mam większych problemów z dziećmi, w przeciwieństwie do żony, która – w moich oczach – często przesadzała. Uświadomiłem sobie, że nigdy nie byłem skupiony na dzieciach i mało z nimi rozmawiałem. Uciekałem do swojej pracy i dużo angażowałem się społecznie. Teraz, kiedy próbuję się skupić, żeby posłuchać, co one mówią do mnie, czuję jakiego wysiłku wymaga uważne słuchanie. To mnie zaskoczyło...

*

Kiedy przyszłam do poradni pierwszy raz, powiedziałam: „Zróbcie coś z nim, bo już nikt nie może z moim synem wytrzymać; ani w domu, ani w szkole". Zaproszenie na kurs dla rodziców oburzyło mnie. Łatwiej było mi powiedzieć: „Z nim nie można nawiązać żadnego kontaktu", niż ujawnić swoją rozpacz, bezsilność i lęk. Tyle razy wzywali mnie do szkoły, że z czasem zaczęłam myśleć o moim synu tak jak inni: że jest zły i głupi, i będzie coraz gorszy.

Ten kurs obudził moją nadzieję, a nadzieja – odwagę próbowania nowych metod. Początkiem było zakwestionowanie dotychczasowych dogmatów na temat wychowania i usunięcia piętna, jakim naznaczyłam syna. Wielokrotnie w ciągu dnia powtarzałam sobie: mój syn jest dobrym i inteligentnym chłopcem, ale pogubił się w tym chaosie życia przez nas – dorosłych; potrzebuje pomocy. I wtedy zrobiłam drugi krok, przyznałam, że to ja nie potrafię nawiązać kontaktu ze swoim dzieckiem, ale mogę przecież tego się nauczyć. Pojawiła się szansa i nie chcę jej zmarnować.

*

Myślałam o sobie, że jestem bardzą dobrą matką, a problemy z dziećmi są wynikiem tego, że takie jest życie. Czasami miałam o to pretensje i żal do Boga, szkoły, teściowej, męża i innych zdemoralizowanych małolatów, ale nigdy do siebie.

Jestem zdumiona odkryciem, że agresja dzieci była odpowiedzią na moją agresję. Podzieliwszy uczucia na dobre i złe, przyznawałam dzieciom prawo do przeżywania tylko tych pierwszych. I to też nie zawsze, bo przecież gasiłam ich naturalną dziecięcą radość zjadliwym: „No i z czego się tak cieszysz?! Tylko głupiec śmieje się bez powodu! Jak można się tak cieszyć z oceny mierna plus?!"

Nie pozwalałam swoim dzieciom czuć tego, co czują, i przeżywać tego, co przeżywają, wrzeszcząc: „Przestań beczeć to nie boli!... Marsz do szkoły, nie ma się czego bać!... Przestań się złościć bez powodu!" Z typowym dla wszechmocnych rodziców poczuciem bezkarności mówiłam: „Co za potwór bez serca! Furiatka! Wariat! Tchórz!" I nie przyszło mi do głowy, że jestem matką, która stosuje... przemoc!

Teraz rozumiem, że nieposłuszeństwo, złość, irytujący i irracjonalny upór, kłamstwa moich dzieci były odpowiedzią na mój krzyk, obelgi, groźby.

Mówię to wam z ogromnym zażenowaniem i wstydem. Zawsze bałam się tego, co powiedzą ludzie. Ten strach mnie zaślepiał! Zdecydowałam się na głośną wypowiedź, bo nie chcę się już bać i nie chcę stosować – z tego powodu – przemocy wobec moich dzieci.

*

Ktoś powiedział, że jest wstrząśnięty... To dobre określenie; chciałbym je powtórzyć. Jestem wstrząśnięty!

Na co dzień nie myślałem o dziecku jako o człowieku, odrębnej i niepowtarzalnej osobie, która ma takie samo jak ja prawo do godności własnej, i której ja – ojciec - winienem szacunek. Może dlatego, że jesteśmy społeczeństwem hołdującym nieszczęsnej depersonifikującej maksymie, że dzieci i ryby głosu nie mają?

Wygląda na to, że traktowałem dzieci jak moją własność, jak samochód czy video. I naturalną koleją rzeczy interesowało mnie tylko, czy sprawnie funkcjonują nie sprawiają kłopotów, są źródłem mojej dumy i dobrze mi „służą". Kiedy zaczęło się coś „psuć", poszukałem specjalistów od „naprawniania" dzieci... Czasem walnąłem pięścią grożąc: „Ja jeszcze zrobię z ciebie człowieka!" Malcy zaczynali płakać, starszy trzaskał drzwiami wykrzykując: „Ja na świat się nie prosiłem!" Tak było u nas...

*

Chciałbym od dzisiaj pamiętać (choć to może zabrzmi zbyt patetycznie), że ja, człowiek, winien jestem szacunek drugiemu człowiekowi, mojej córce, i wtedy, kiedy domagam się, by buty nie leżały na środku przedpokoju i kiedy żądam, żeby nie dłubała w nosie, i kiedy reaguję na uwagę w dzienniczku, i gdy muszę zakwestionować pomysł kupienia ciucha wartego połowę mojej miesięcznej pensji.

*

Tysiące razy mówiłam mojej córce, że nie ma ważniejszej osoby w moim życiu niż ona. A tymczasem wystarczy, że przyjdzie do nas córka sąsiadów... Jak zasadniczo inaczej – spokojniej i grzeczniej!!! – zwracam jej uwagę na niestosowne lub niebezpieczne zabawy, o ileż cześciej mówię: „Nie martw się, nie ma sprawy", gdy coś się zepsuje lub stłucze... Zrozumiałam, dlaczego moja córka twierdziła, że ja inne dzieci, obce, kocham bardziej niż ją...

I przypomniałam sobie swoje wątpliwości z dzieciństwa: też zastanawiałam się, czy moja mama mnie kocha, skoro ciągle krzyczy, ciągle krytykuje, nawet jeśli bardzo się staram.

*

Gnębiły mnie kłamstwa córki i z tego powodu przyszedłem na kurs. Teraz jednak uświadomiliśmy sobie z żoną, że to między nami jest niedobrze; co innego czujemy, a co innego robimy, czy mówimy. Okłamujemy siebie nawzajem. Postanowiliśmy uporządkować nasze sprawy, a dzieci... Zupełnie inaczej je spostrzegam. Kiedy dowiedziały się, że chodzimy na kurs dla rodziców, żeby nauczyć się lepiej je słuchać, doceniły to: córka wsunęła mi nawet liścik z serduszkiem i zdaniem: „Kocham cię". Nie wiem, dlaczego tak zrobiła.

*

Odkryłem taki paradoks: nie potrafię nazwać uczuć dziecka wtedy, kiedy nie nazywam swoich uczuć. Nie potrafię zaakceptować uczuć dziecka, gdy nie akceptuję swoich. Zaprzeczam uczuciom dziecka, gdy nie chcę przyznać się do własnych.

Typowym przykładem jest sytuacja nazbyt częsta w moim domu. Czuję złość, ponieważ żądanie pomocy w lekcjach przerywa mi oglądanie dziennika TV. Chcę jednak być we własnych oczach dobrym ojcem, więc udaję, że złości nie czuję. Ale ona we mnie jest i poprzez moje kąśliwe uwagi doprowadza do tego, że syn ucieka ode mnie i rzuca książki w kąt. Boli mnie, że syn tak bardzo się mnie boi, ale w takim momencie nie potrafię dostrzec ani jego lęku, ani dobrej woli. Widzę tylko, że jest tępy jak but, i że ja w jego wieku... Aż dziw, że nie przyszło mi prędzej do głowy takie proste zdanie: „Dobrze, synu, ale po dzienniku".

Albo sytuacja gdy pokłócę się z żoną... Nie mogę powstrżymać się, by nie warczeć na córkę, która wtedy nie śpiewa, ale „wyje", zaczynam wymyślać synowi od „głupich pajaców", a jest on tylko pogodnym i skorym do żartów chłopcem, i – nie daj Boże, by w takim momencie wrócił z płaczem i rozbitym kolanem trzeci syn; mógłby nawet dostać w skórę. Postanowiłem z tym skończyć; jeśli pokłócę się z żoną czy z kimkolwiek innym – wywieszę na ścianie obwieszczenie: „Uwaga! Tatusia spotkała przykrość i jest wściekły. Proszę o ciszę! Nie podchodzić, bo porażę prądem".

*

W każdej grupie znajdowali się też rodzice, którzy od samego początku, bez żadnych zastrzeżeń próbowali nowych sposobów komunikowania się z dziećmi. Rezultaty, jakimi mogli pochwalić się, dawały nadzieję, że metody proponowane przez Autorki są wykonalne i rzeczywiście skuteczne.

*

Staram się w inny sposób rozmawiać z moimi synami. Już ich nie wypytuję po przyjściu ze szkoły, czy dostali dwóję, czy byli niegrzeczni i jest uwaga w dzienniczku... Wołam:

– Cześć! Mieliście dobry dzień? – A oni sami zaczynają mówić o wszystkim! Przedtem tylko burczeli: „Nie, nic nie było" (co najczęściej okazywało się kłamstwem), zamykali się w swoim pokoju lub uciekali na podwórko.

*

Ja cały czas krzyczałam. Teraz wracam do domu i dzieci dziwią się, że nie krzyczę na nie. Czasem – wskazując na kartki, które sobie rozwiesiłam w kuchni – pytają, co na nich napisałam, i... czy będą tam jutro i za tydzień. Za każdym razem, gdy o to proszą, czytam im te moje „hasła" głośno i z namaszczeniem, a one wpatrują się we mnie z nabożną powagą.

Pewnego dnia obiecałam im lody na koniec wyprawy po zakupy. Byliśmy tak objuczeni, że nie chciało mi się wracać do lodziarni. Uzgodniłam z dziećmi przełożenie przyjemności na jutro. Zgodziły się, ku mojemu zdziwieniu, bez awantur i łez, ale po południu na drzwiach pojawiła się kartka. Widniały na niej dwa ogromne lody ubabrane klejem i paluchami dzieci.

*

Normalnie kłóciłam się z córką kilka razy dziennie, a w tym tygodniu ani razu! Dawniej czułam się kompletnie bezsilna, a teraz mam poczucie panowania nad sobą i sytuacją; i radość, że nareszcie rozumiem swoją córkę.

Zmuszanie do odrabiania lekcji było zawsze takim problemem! Spróbowałam po nowemu. Kiedy Magda upierała się, żeby pójść na podwórko, powiedziałam naprawdę ż y c z l i w i e:

– Rozumiem, że cię wkurzają te lekcje, ale odrobić je trzeba.

Wtedy zaproponowała, że wróci o 17.00 i sama je zrobi. I tak też uczyniła.

*

Zareagowałam inaczej! Zwykle nie liczyłabym się ze zdaniem mojego syna, tylko broniłabym racji każdego dorosłego, skarżącego się na zachowanie mojego Wojtka. Tym razem zwróciłam uwagę na uczucia syna i to pozwoliło mi nie tylko zobaczyć racje dziecka, ale i obronić je przed niesłusznymi zarzutami. Dawniej bałam się bronić syna i zawsze widziałam tylko jego winę.

*

Bartuś siadł mi na kolana i płacze. Nie mogłem się powstrzymać od pytania, które było najczęstszym w moich „rozmowach" z synem:

– Dlaczego płaczesz?

– Nie chcę iść jutro sam do szkoły...

– Smutno ci? – zareagowałem „po nowemu", zamiast wygłaszać kazania na temat beczących mazgajów i mojego ojcowskiego wstydu.

Mały popatrzył na mnie i nagle powiedział:

– Ja zobaczę, może Artur idzie na tę samą godzinę. – Ale po chwili chlipał dalej. I znów zamiast kazania tylko go pogłaskałem, mrucząc:

– Tak, to bardzo smutne...

I wtedy Bartek naprawdę przestał płakać. Patrzył na mnie zdziwiony. A po chwili spokojnym głosem stwierdził:

– Ja na pewno kogoś spotkam, jak będę szedł do szkoły.

To wydarzenie sprawiło, że uwierzyłem pani Faber. Jest mi nadal wstyd, że mój 8–letni syn jest taką beksą, ale postanowiłem go za to nie potępiać.

*

Zwykle, gdy Krzysiu skaleczył się lub zrobił sobie jakąś krzywdę,wpadałam w panikę; tyle przecież kosztowało nas utrzymanie go przy życiu, gdy był malutki. Błagałam, krzyczałam, żeby nie powtarzał niebezpiecznej zabawy. Bez efektu; gdy tylko ból minął, robił to samo. Pewnego dnia znowu skakał po kanapie i... mocno uderzył się w głowę.

Płacze, wręcz krzyczy z bólu. Sadzam go sobie na kolanach i mocno przytulam. Tulę dość długo, bez słowa. Wreszcie trochę się uspakaja i płacząc mówi:

– Mamusiu, jak bardzo mnie boli! Ojej! Ojej! Ja mam chyba guza!

Głaszczę go i całuję po główce ze słowami:

– Tak, takie uderzenie naprawdę mocno boli.

– Myślałem, że głowa mi pękła – odpowiada pochlipując.

– Och, było aż tak źle? – dociekam ze spokojem.

– Ja tylko chciałem zrobić fikołka z rozbiegu na kanapie! – zapewnia mnie.

– Hmm... Rozumiem.

– Ale źle wycelowałem...

– Na pewno tak było.

– Już dzisiaj nie będę skakał – niespodziewanie zapewnił mnie mój syn. Doszedł do tego upragnionego wniosku sam, bez moich histerycznych spazmów i błagań.

Innego dnia Krzysiu wraca ze szkoły, wyjmuje z tornistra piórnik i nagle orientuje się, że nie ma w nim ukochanych naklejek. Jest zaskoczony i rozzłoszczony:

– O, ten głupi Marcin ukradł mi naklejki!

– Och!

– Dałem mu tylko obejrzeć! Miał mi zaraz oddać!

– Uhm...

– Ale wiesz, nasza pani zaczęła nam czytać książkę i ja zapomniałem mu odebrać.

– Rozumiem.

– A może on też zapomniał? Jak myślisz, mamo?

– Uhm...

– Jutro się go zapytam.

– Tak, zapytaj go – potwierdziłam decyzję syna. Byłam zdumiona, że tak szybko uporał się z własną złością.

Krzysiu był na podwórku. Jeździł na rowerze. Nagle wbiegł do domu. Głos mu się łamał:

– Chodź, mamusiu, zobacz! Rower mi się popsuł!

Zeszłam na dół i zobaczyłam celowo zablokowane przednie koło, zaciśnięte klocki hamulca ręcznego. Próbowałam odbić hamulec, ale nie puszczał.

– Ja nie wiem, jak to się stało. Przecież tylko jeździłem...

– Mhm...

– Tylko na chwilę położyłem rower i ktoś go chyba... nadepnął.

Milczałam.

– A może, jak się ganiałem z tym jednym chłopakiem, ten drugi mi popsuł rower? – dedukował Krzysiu.

– Może tak było... – Nie sprzeciwiałam się wywodom syna, ale i nie podejmowałam natchmiastowego śledztwa.

– Tak, na pewno tak było. Jeden z nich później się śmiał, jak rower mi nie chciał jechać!

– Mhmm...

– Chodź, mamusiu, nakrzycz na nich! – zaproponował mój syn.

Niewątpliwie zawsze mógł liczyć na moją interwencję w podobnych sytuacjach. Zastanawiałam się, jak tu zareagować „po nowemu".

– Widzę, że jesteś zły – stwierdziłam.

– Albo nie, ja też mu popsuję! – syn odkrył słodki smak zemsty.
– Jesteś aż taki zły? – ni to wykrzyknęłam, ni to zapytałam.
– Ale on nie ma roweru – przypomniał sobie ze smutkiem Krzyś.
– A... a może uda ci się naprawić? – spytał po chwili zadumy.
– Chyba tak! – podtrzymałam jego nadzieję.
– A będę mógł wtedy jeszcze troszkę pojeździć?
– *Będziesz.*
– Och, mamusiu, jak to dobrze! – skwitował całą sprawę mój syn, odzyskując dziecięcą radość z zabawy na podwórku.

Byłam dumna z siebie: udało mi się zachować spokój, nie ciągnęłam do domu zapłakanego syna, nie musiałam udowadniać mu, że kłamie i nie musiałam być interweniującym „policjantem".

*

Od pewnego czasu 4–letni Adaś zaczął chować się pod stołem w sposób, który budził nasz niepokój. Ponieważ zaczęliśmy z mężem uruchamiać „prywatną inicjatywę" pożerającą mnóstwo czasu, a dziećmi opiekowała się z tego powodu babcia, czuliśmy się winni i koniecznie chcieliśmy w „inteligentny" i „delikatny" – czyli okrężny – sposób dojść do przyczyn takiego zachowania. Bez rezultatu.

Po spotkaniu postanowiłam zapytać synka wprost:
– Adasiu, dlaczego chowasz się pod stołem, gdy nas nie ma?
– Bo ja jestem bardzo chory – odpowiedział mój zdrowy jak rydz syn.

Powtórzyłam pomysł z książki:
– Pokaż, narysuj mi, jak bardzo jesteś chory! Narysuj tu, na ścianie, ręką! – wykrzyknęłam. Syn rysował krechę przez długość całej ściany, a potem skomentował:
– O, stąd dotąd! Na taaakim odcinku jestem chory!

Zbaraniałam. Co tu robić? Co teraz zrobić? I nagle...
– To ja zmazuję ten odcinek! – powiedziałam stanowczo, „jadąc" ręką po wyimaginowanym śladzie na ścianie. Syn obserwował mnie w skupieniu, a kiedy dojechałam do końca, powiedział:
– No, to ja już nie będę się chował, bo już jestem zdrowy.

I przestał wchodzić pod stół. Cieszyliśmy się naszym sukcesem przez parę tygodni, ale właśnie problem wrócił.

Teraz też coś wymyślę... Coś specjalnego! Wygląda bowiem na to, że w ten sposób syn prosi nas o specjalną uwagę.

# Zachęcanie do współpracy 2

## Część I

Dzieci zwykle dają nam do zrozumienia – głośno i wyraźnie – kiedy coś je nudzi. Pamiętam, że w moim domu każdy dzień z dziećmi był jak wieczór w teatrze. Zgubiona zabawka, zbyt krótko obcięte włosy, zaświadczenie do szkoły, nowe niedopasowane dżinsy, bójka z bratem lub siostrą – każda z tych spraw mogła wywołać równie dużo łez i emocji, jak trzyaktowe przedstawienie. Nigdy nie narzekaliśmy na brak problemów.

Jedyna różnica w porównaniu z teatrem jest taka, że w teatrze kurtyna opada i publiczność rozchodzi się do domów. Rodzice nie mogą skorzystać z tego luksusu. Jakoś musimy dawać sobie radę z bólem, złością i frustracją, żeby zachować zdrowie psychiczne.

Wiemy, że stare metody nie sprawdzają się. Wszystkie nasze tłumaczenia i zapewnienia nie przynoszą ulgi dzieciom, a nas wykańczają. Nowe metody mogą również stwarzać problemy. Nawet jeżeli wiemy o tym, jak pokrzepiająca może być odpowiedź empatyczna. Nie jest jednak łatwo jej udzielić. Dla wielu z nas ten język jest nowy i dziwny.

Rodzice zwierzali mi się:

„Z początku czułam się niezręcznie i nieswojo, zupełnie jakbym grała jakąś rolę".

„Miałam wrażenie, że jestem sztuczna, ale musiałam robić to nieźle, gdyż mój syn, który do tej pory nie odzywał się inaczej, jak tylko półsłówkami, nagle zaczął do mnie mówić".

„Ja czułam się doskonale, ale dzieci wyglądały na zdziwione. Patrzyły na mnie podejrzliwie".

„Odkryłam, że nigdy przedtem nie słuchałam moich dzieci. Czekałam, aż skończą mówić, abym sama mogła powiedzieć, co chciałam. Prawdziwe słuchanie to ciężka praca. Musisz się skupić, jeżeli nie chcesz dać wymijającej odpowiedzi".

Ojciec opowiadał: „Próbowałem tego, ale nie skutkowało. Moja córka wróciła ze szkoły niedzielnej bardzo zasmucona. Zamiast zwykłego pytania: » Dlaczego jesteś taka kwaśna?« , powiedziałem: » Amy, wyglądasz na bardzo zmartwioną« . Ona wybuchnęła płaczem, pobiegła do swojego pokoju i zatrzasnęła drzwi".

Wytłumaczyłam temu ojcu, że nawet jeżeli wydaje się, że to nie skutkuje, to jednak skutkuje. Amy usłyszała tego dnia co innego niż zwykle, przede wszystkim to, że ktoś troszczy się o jej uczucia. Usilnie przekonywałam go, aby nie rezygnował z podjętych prób. Z czasem, kiedy Amy przekona się, że może liczyć na przychylną odpowiedź ojca, uzna, że może spokojnie porozmawiać z nim o sprawach, które ją martwią.

Chyba najbardziej zapamiętałam zdanie wypowiedziane przez pewnego nastolatka, który wiedział, że jego matka bierze udział w spotkaniach naszej grupy. Chłopiec ten wrócił ze szkoły do domu, mrucząc zeźlony: „Oni nie mieli prawa usuwać mnie dzisiaj z drużyny tylko dlatego, że nie miałem spodenek gimnastycznych. Musiałem siedzieć i przyglądać się całemu meczowi. To nie było w porządku!"

„To musiało być dla ciebie bardzo przykre" – powiedziała do niego z zatroskaniem matka.

Naskoczył na nią gwałtownie: „Och ty, ty zawsze musisz trzymać ich stronę!"

Potrząsnęła jego ramieniem: „Jimmy, myślę, że nie słyszałeś, co mówiłam". Ja powiedziałam: „To musiało być dla ciebie bardzo przykre".

Zamrugał oczami i spojrzał na nią ze zdumieniem. Po chwili powiedział: „Tata też powinien chodzić na ten kurs".

*

Do tej pory koncentrowaliśmy się na tym, w jaki sposób rodzice mogą pomóc dzieciom radzić sobie z ich negatywnymi uczuciami. Teraz chcielibyśmy skupić się na tym, jak pomóc rodzicom, aby umieli radzić sobie ze swoimi negatywnymi uczuciami.

Tym, co powoduje rodzicielskie frustracje, jest codzienne zmaganie się z dziećmi, aby skłonić je do zachowań akceptowanych przez nas i społeczeństwo. To irytująca, żmudna praca. Część tego problemu leży w niezgodności potrzeb. Dorośli potrzebują zewnętrznej czystości, porządku, uprzejmości i ustalonych form. Dzieci nie dbają o to wcale. Ile spośród nich, z własnej woli bierze kąpiel, mówi „proszę" i „dziękuję", albo zmienia bieliznę? Ile z nich chętnie nosi podkoszulki? Większość z rodzicielskich pasji koncentruje się na udzielaniu pomocy dzieciom w dopasowaniu się do norm społecznych. Zazwyczaj jednak im bardziej nalegamy, tym większy stawiają opór.

Wiem, że był czas, kiedy moje własne dzieci myślały o mnie jak o wrogu, o kimś, kto zawsze zmuszał je do robienia tego, czego nie chciały. „Umyjcie ręce". „Weźcie serwetkę". „Nie krzyczcie tak". „Powieście płaszcze". „Czy odrobiliście lekcje?" „Czy na pewno umyliście zęby?" „Proszę wrócić i spłukać ubikację". „Ubierzcie piżamy. Idźcie do łóżka". „Idźcie spać."

Byłam również tą, która zabraniała im robienia tego, co chciały: „Nie jedz palcami". „Nie kop w stół". „Nie wnoś błota". „Nie skacz po kanapie". „Nie ciągnij kota za ogon". „Nie kładź fasoli do nosa!"

Dzieci przybierały postawę przeciwną: „Zrobię, co będę chciał". Ja przybierałam postawę: „Zrobicie to, co ja powiedziałam" – i walka się zaczynała. Doszło do tego, że pieniłam się za każdym razem, kiedy musiałam poprosić dzieci o najprostszą sprawę.

Zastanów się teraz przez chwilę, co powoduje, że zmuszasz twoje dzieci do robienia lub nierobienia czegoś w ciągu typowego dnia. Potem zrób spis twoich dziennych osobistych „robić" i „nie robić" w miejscu pozostawionym poniżej.

MOJE DZIECI (DZIECKO) ZROBIŁY, CO NASTĘPUJE:

| RANO | PO POŁUDNIU | WIECZOREM |
|---|---|---|
| ........................................ | ........................................ | ........................................ |
| ........................................ | ........................................ | ........................................ |
| ........................................ | ........................................ | ........................................ |
| ........................................ | ........................................ | ........................................ |
| ........................................ | ........................................ | ........................................ |
| ........................................ | ........................................ | ........................................ |
| ........................................ | ........................................ | ........................................ |

MOJE DZIECI (DZIECKO) NIE ZROBIŁY, CO NASTĘPUJE:

| RANO | PO POŁUDNIU | WIECZOREM |
|---|---|---|
| ........................................ | ........................................ | ........................................ |
| ........................................ | ........................................ | ........................................ |
| ........................................ | ........................................ | ........................................ |
| ........................................ | ........................................ | ........................................ |
| ........................................ | ........................................ | ........................................ |
| ........................................ | ........................................ | ........................................ |
| ........................................ | ........................................ | ........................................ |

Obojętnie czy lista jest długa, czy krótka, czy twoje wymagania są realistyczne, czy nie, każdy zapis na tej liście określa twój czas, twoją energię i zawiera wszystkie przesłanki uzasadniające wywołanie konfliktu.

Czy jest jakieś wyjście?

Spójrzmy najpierw na pewne metody najczęściej stosowane przez dorosłych, aby skłonić dzieci do współdziałania. Kiedy będziesz czytać przykłady ilustrujące każdą metodę, cofnij się w czasie i wyobraź sobie, że jesteś dzieckiem słuchającym, co mówi rodzic. Pozwólmy słowom płynąć. Jakie jest ich działanie na ciebie? Kiedy znajdziesz odpowiedź, zapisz ją. (Innym sposobem wykonania tego ćwiczenia jest głośne czytanie każdego przykładu przez drugą osobę, podczas gdy ty słuchasz z zamkniętymi oczami.)

**1. Obwinianie i oskarżanie:**

*„Ślady twoich brudnych palców są znowu na drzwiach! Dlaczego zawsze to robisz? Co się z tobą dzieje? Czy nigdy nie możesz zrobić czegoś dobrze? Ile razy mam ci mówić, że masz używać klamki? Cały kłopot polega na tym, że nigdy nie słuchasz".*

Jako dziecko odczuwam ..............................................................

......................................................................................................

......................................................................................................

**2. Przezywanie:**

*„Dzisiaj taki mróz, a ty zakładasz letnią kurtkę. Jak możesz być tak głupi? Chłopcze, to naprawdę idiotyczne, co robisz".*

*„Daj, naprawię ten rower. Sam wiesz, jaki z ciebie mechanik od siedmiu boleści".*

*„Ale z ciebie flejtuch. Taki brud w pokoju. Żyjesz jak zwierzę".*

Jako dziecko odczuwam ..............................................................

......................................................................................................

......................................................................................................

**3. Straszenie:**

*„Jeżeli jeszcze raz dotkniesz tej lampy, dostaniesz klapsa".*

*„Jeżeli zaraz nie wyplujesz gumy, sama ci ją wyjmę".*

*„Jeżeli nie skończysz się ubierać, kiedy doliczę do trzech, idę bez ciebie".*

Jako dziecko odczuwam.........................................................................

.....................................................................................................

.....................................................................................................

**4. Rozkazy:**

*„Natychmiast masz uprzątnąć swój pokój".*
*„Pomóż mi wnieść te paczki. Pośpiesz się".*
*„Ciągle nie wyniosłeś śmieci? Zrób to natychmiast!... Na co czekasz? Rusz się!"*

Jako dziecko odczuwam .........................................................................

.....................................................................................................

.....................................................................................................

**5. Wykłady i moralizowanie:**

*„Czy sądzisz, że to ładnie zabrać mi książkę? Widzę, że nie zdajesz sobie sprawy, jak ważne są dobre maniery. Musisz zrozumieć, że jeżeli oczekujemy od ludzi uprzejmości, musimy być także uprzejmi dla nich. Nie chciałbyś, aby ktoś wziął coś od ciebie, prawda? Nie powinieneś więc brać komuś innemu. Musimy tak postępować w stosunku do innych, jak chcielibyśmy, aby inni postępowali z nami".*

Jako dziecko odczuwam .........................................................................

.....................................................................................................

.....................................................................................................

**6. Ostrzeżenia:**

*„Uważaj, zapalisz się".*
*„Bądź ostrożny, samochód cię potrąci".*
*„Nie wspinaj się tam! Chcesz spaść?"*
*„Włóż sweter,bo nabawisz się przeziębienia".*

Jako dziecko odczuwam .........................................................................

.....................................................................................................

.....................................................................................................

**7. Postawa męczennika:**

*„Czy wy dwaj przestaniecie wrzeszczeć? Co wy chcecie ze mną zrobić? Chcecie, żebym zachorowała? Chcecie doprowadzić mnie do ataku serca?"*

*„Zaczekam, aż będziesz miała dzieci. Wtedy sama zobaczysz, jak to działa na nerwy".*

*„Czy widzisz te siwe włosy? To przez ciebie. Wpędzisz mnie do grobu".*

Jako dziecko odczuwam ........................................................

......................................................................................

......................................................................................

**8. Porównania:**

*„Dlaczego nie możesz być bardziej podobny do brata? On zawsze wykona swoją pracę przed czasem".*

*„Liza ma takie wspaniałe maniery. Nigdy nie złapiesz jej na jedzeniu palcami".*

*„Dlaczego nie ubierasz się tak jak Gary? On zawsze wygląda tak schludnie. Krótkie włosy, koszula schowana do środka. Miło patrzeć na niego".*

Jako dziecko odczuwam ........................................................

......................................................................................

......................................................................................

**9. Sarkazm:**

*„Wiedziałeś, że jutro masz test i zostawiłeś swoją książkę w szkole? Och, pięknie! To genialny pmysł!"*

*„Co ty na siebie zakładasz – kropki i kratkę? Świetnie, powinnaś dzisiaj zebrać mnóstwo komplementów".*

*„Czy to twoje zadanie domowe na jutro? Czyżby twój nauczyciel znał chiński, ja nie mogę tego przeczytać".*

Jako dziecko odczuwam ........................................................

......................................................................................

......................................................................................

**10. Proroctwa:**

*„Okłamałeś mnie w sprawie twojej karty ocen, prawda? Wiesz, co z ciebie wyrośnie? Ktoś komu nikt nigdy nie zaufa".*

*„Bądź takim egoistą nadal. Zobaczysz, nikt nigdy nie będzie chciał się z tobą bawić. Nie będziesz miał przyjaciół".*

*„Nic, tylko narzekasz. Nigdy nie próbujesz poradzić sobie sam. Widzę cię za dziesięć lat ciągle borykającego się z tymi samymi problemami, ciągle narzekającego".*

Jako dziecko odczuwam ........................................................

......................................................................................

......................................................................................

Teraz już wiesz, co, jako dziecko odczuwasz, słysząc podobne wypowiedzi. Może zaciekawią cię reakcje innych osób, którzy wykonywali to ćwiczenie. Były one różne. A oto niektóre z nich:

**Obwinianie i oskarżanie:**
*„Drzwi są ważniejsze ode mnie". „Skłamię i powiem, że to nie ja". „Jestem osłem". „Jestem beznadziejny". „Mam ochotę powiedzieć jej, co myślę". „Mówisz, że nigdy nie słucham, a więc nie będę".*

**Przezywanie:**
*„Ona ma rację. Jestem głupi i nieudolny". „Po co próbować?" „Zrobię jej na złość. Następnym razem w ogóle nie założę kurtki". „Nienawidzę jej". „Ojej... znowu zaczyna!"*

**Straszenie:**
*„Właśnie, że będę dotykać lampę, kiedy nie będzie patrzeć". „Chce mi się płakać". „Zostaw mnie w spokoju".*

**Rozkazy:**
*„Spróbuj mnie dotknąć". „Boję się". „Nie chce mi się ruszyć". „Nienawidzę jego ględzenia". „Cokolwiek bym zrobił, zawsze będzie źle". „Ciekawe, jak wyniesiesz ten wstrętny bagaż".*

**Wykłady i moralizowanie:**
*„Baju, baju... Kto by tego słuchał?" „Jestem głupi". „Nie jestem nic wart". „Chciałbym być daleko stąd". „Nudzi, nudzi, nudzi".*

**Ostrzeżenia**
*„Ten świat jest straszny, niebezpieczny". „Jak dam sobie radę? Cokolwiek zrobię i tak będzie źle".*

**Postawa męczenika:**
*„Czuję się winien". „Boję się. To moja wina, że ona źle się czuje". „Kto jej dogodzi?"*

**Porównania:**
*„Ona wszystkich kocha bardziej niż mnie". „Nienawidzę Lizy". „Czuję się jak nieudacznik". „Nienawidzę też Gary'ego".*

**Sarkazm:**
*„Nie lubię, gdy ktoś ze mnie kpi. Ona jest głupia". „Czuję się poniżony, zmieszany". „Po co się starać". „Mam ją w nosie". „To jasne, cokolwiek zrobią i tak nie wygram". „Kipię ze złości".*

**Proroctwa:**

*„Ona ma rację. Nigdy nie będzie ze mnie pociechy". „Mnie też można zaufać. Udowodnię mu, że się myli". „Nie ma sensu". „Rezygnuję". „Jestem i tak z góry skazany".*

Jeżeli my, jako dorośli, doświadczaliśmy takich doznań, tylko czytając słowa na papierze, to jak musi się czuć dziecko w prawdziwych sytuacjach? Czy jest jakaś alternatywa? Czy jest sposób, aby osiągnąć współdziałanie z dziećmi bez gwałcenia ich poczucia godności osobistej lub pozostawiania w wirze złych uczuć? Czy są inne metody, które nie wymagałyby od rodziców większego poświęcenia?

Chciałabym podzielić się tu pięcioma metodami, które były pomocne rodzicom z naszych grup. Nie wszystkie są skuteczne w każdym przypadku.

## Aby zachęcić dziecko do współpracy:

1. Opisz. Opisz, co widzisz, lub przedstaw problem.

2. Udziel informacji.

3. Powiedz to jednym słowem.

4. Porozmawiaj o swoich uczuciach.

5. Napisz liścik.

# OPISZ, CO WIDZISZ, LUB PRZEDSTAW PROBLEM

ZAMIAST

OPISZ

ZAMIAST

Trudno jest robić to, co należy, kiedy jest się oskarżonym.

OPISZ

Dużo łatwiej skoncentrować się na problemie, kiedy ktoś ci go po prostu przedstawi.

# OPISZ, CO WIDZISZ, LUB PRZEDSTAW PROBLEM

ZAMIAST

OPISZ

ZAMIAST

OPISZ

Kiedy dorośli przedstawiają problem, dają dziecku szansę zastanowienia się, co robić.

# UDZIEL INFORMACJI

ZAMIAST

UDZIEL INFORMACJI

ZAMIAST

UDZIEL INFORMACJI

Informacja jest dużo łatwiejsza do przyjęcia niż oskarżanie.

## UDZIEL INFORMACJI (cd.)

ZAMIAST

UDZIEL INFORMACJI

ZAMIAST

UDZIEL INFORMACJI

Kiedy dzieciom udziela się informacji, zwykle same dochodzą do tego, co należyzrobić.

## POWIEDZ TO JEDNYM SŁOWEM

Spójrz na różnicę pomiędzy reakcją na długie kazanie, a reakcją na pojedyncze słowo.

ZAMIAST

W tym przypadku „mniej" znaczy „więcej"

# POWIEDZ TO JEDNYM SŁOWEM (cd.)

ZAMIAST | POWIEDZ TO JEDNYM SŁOWEM

ZAMIAST | POWIEDZ TO JEDNYM SŁOWEM

Dzieci nie lubią słuchać wykładów i kazań, długich tłumaczeń. Dla nich im krótsze przypomnienie, tym lepsze.

# POROZMAWIAJ O SWOICH UCZUCIACH

Nie wypowiadaj się na temat charakteru czy osobowości dziecka

ZAMIAST

POROZMAWIAJ O SWOICH UCZUCIACH

ZAMIAST

POROZMAWIAJ O SWOICH UCZUCIACH

Dzieci są przygotowane na słuchanie szczerych wypowiedzi rodziców. Przez opisywanie tego, co czujemy, jesteśmy wiarygodni i nie przynosi nam to ujmy.

# POROZMAWIAJ O SWOICH UCZUCIACH (cd.)

Zauważ, że kiedy rodzice starają się pomóc dziecku, mówią tylko o swoich odczuciach. Używają słów „ja" lub „ja czuję.

ZAMIAST

POROZMAWIAJ O SWOICH UCZUCIACH

ZAMIAST

POROZMAWIAJ O SWOICH UCZUCIACH

Jest zupełnie możliwa współpraca z kimś, kto wykazuje irytację lub złość tak długo, dopóki nie atakuje ciebie.

# NAPISZ LIŚCIK

Czasami nic nie przyniesie takiego efektu, jak słowo pisane. Poniższy liścik napisał ojciec zmęczony czyszczeniem umywalki, zapchanej włosami córki.

Przed pójściem do pracy matka przytwierdziła do telewizora kartkę z takim napisem:

## NAPISZ LIŚCIK (cd.)

Ten liścik został zawieszony na drzwiach sypialni. Była to dwustronnie zapisana wywieszka, która dawała zmęczonym rodzicom dodatkową godzinę snu w niedzielę rano. Kiedy wstawali, odwracali wywieszkę na drugą stronę.

## NAPISZ LIŚCIK (cd.)

Ten ojciec zmęczył się upominaniem i w końcu postanowił napisać parę słów, mówiących za niego.

Mama puściła samolocik z papieru z poleceniem dla syna i jego kolegi, z których żaden nie umiał czytać. Malcy przybiegli z pytaniem, co znaczą te słowa, kiedy dowiedzieli się, poukładali swoje zabawki.

Podałam pięć sposobów, które zachęcają do współpracy i nie pozostawiają złych doznań.

Jeżeli zdarzy się, że twoje dzieci są teraz w szkole lub w łóżku, albo zdarzy się cud i bawią się cicho, masz wtedy okazję poświęcić parę minut na ćwiczenia. Możesz wyostrzyć swoje umiejętności na jakichś wymyślonych dzieciach, zanim twoje własne znowu cię „nie dopadną".

**Ćwiczenie pierwsze:**

Wchodzisz do sypialni i widzisz, że dziecko tuż po kąpieli rzuciło na twoje łóżko mokry ręcznik.

A. Napisz typowe zdania, które mogłyby być wypowiedziane do dziecka, a które nie pomogłyby rozwiązać sytuacji.

.............................................................................................

.............................................................................................

B. Znajdując się w tej samej sytuacji, pokaż, jak każda z umiejętności wymienionych wcześniej, mogłaby być użyta, aby zachęcić dzieci do współpracy.

1. Opisz:
(Opisz, co widzisz, lub przedstaw problem)

.............................................................................................

.............................................................................................

2. Udziel informacji:

.............................................................................................

.............................................................................................

3. Powiedz to jednym słowem:

.............................................................................................

.............................................................................................

4. Porozmawiaj o swoich uczuciach:

.............................................................................................

.............................................................................................

5. Napisz liścik:

.............................................................................................

.............................................................................................

W następnych sytuacjach wybierz jedną możliwość, która twoim zdaniem da najlepszy efekt w przypadku twojego dziecka.

**Ćwiczenie drugie:**

Sytuacja A. Masz zamiar zawinąć paczkę i nie możesz znaleźć swoich nożyczek. Twoje dziecko ma własne nożyczki, ale ciągle pożycza twoje i nie zwraca ich.

Zdanie nie pomagające rozwiązać sytuacji:

..............................................................................................

..............................................................................................

Odpowiedź zręczna:

..............................................................................................

..............................................................................................

Użyty sposób:

..............................................................................................

..............................................................................................

Sytuacja B. Twój syn ciągle zostawia trampki w przejściu do kuchni.

Zdanie nie pomagające rozwiązać sytuacji:

..............................................................................................

..............................................................................................

Odpowiedź zręczna:

..............................................................................................

..............................................................................................

Użyty sposób:

..............................................................................................

..............................................................................................

Sytuacja C. Twoje dziecko właśnie powiesiło mokrą pelerynę w ubikacji.

Zdanie nie pomagające rozwiązać sytuacji:

..............................................................................................

..............................................................................................

Odpowiedź zręczna:

..............................................................................................

..............................................................................................

Użyty sposób:

..................................................................................................

..................................................................................................

Sytuacja D. Zdajesz sobie sprawę, że twój syn nie myje ostatnio zębów.

Zdanie nie pomagające rozwiązać sytuacji:

..................................................................................................

..................................................................................................

Odpowiedź zręczna:

..................................................................................................

..................................................................................................

Użyty sposób:

..................................................................................................

..................................................................................................

Pamiętam moje własne doświadczenie, kiedy po raz pierwszy eksperymentowałam tymi sposobami. Byłam tak święcie przekonana, że wprowadzę te nowe sposoby do mojej rodziny, że wróciwszy do domu ze spotkania grupy i potknąwszy się o tenisówki córki w holu, powiedziałam słodko: „Tenisówki zostawia się w ubikacji". Myślałam, że jestem wspaniała. Kiedy córka spojrzała na mnie obojętnie i wróciła do czytania książki, uderzyłam ją.

Od tego czasu nauczyłam się dwóch rzeczy:

1. Ważne jest to, by być autentycznym. Udawanie cierpliwości, gdy jestem zła, może działać przeciwko mnie. Nie tylko tracę możliwość prawdziwego porozumienia się, ale również, ponieważ byłam „zbyt miła", odbieram sobie możność ujawnienia tego później. Byłoby bardziej celowe, gdybym krzyknęła: „Tenisówki zostawia się w ubikacji!". To mogłoby „ruszyć" moją córkę.

2. Nawet jeżeli nie zakończyłam sprawy pomyślnie za pierwszym razem, nie znaczy to, że powinnam powrócić do starych metod. Mam do dyspozycji więcej niż jeden sposób. Mogę użyć ich w kombinacji i, jeżeli będzie to konieczne, ze zwiększonym naciskiem. Na przykład w przypadku mokrego ręcznika mogę zacząć od spokojnego wytłumaczenia córce: „Ten ręcznik moczy mi koc".

Mogłabym to połączyć z: „Mokre ręczniki należy zostawiać w łazience". Jeżeli jest zatopiona w marzeniach i chcę sprowadzić ją na ziemię, mogę dodać: „Jill, ręcznik!"

Przypuśćmy, że ona ani drgnie, a ja czuję wzrastającą złość. Mogę powiedzieć głośniej: „Jill, nie chcę spać całą noc w zimnym, mokrym łóżku!"

Mogę chcieć oszczędzać swój głos. Mogłabym więc pomyśleć o zostawieniu paru słów w jej ulubionej książce: „Mokre ręczniki w moim łóżku irytują mnie".

Mogłabym nawet wyobrazić sobie, że ogarnia mnie taka złość, że mówię do niej: „Nie lubię, gdy mnie ignorujesz. Odkładam twój mokry ręcznik na miejsce i jestem na ciebie obrażona!"

Istnieje wiele sposobów, aby dostosować informację do nastroju.

Możesz odnieść te umiejętności do sytuacji w twoim własnym domu. Jeżeli tak, to rzuć jeszcze raz okiem na twoją codzienną listę „robić", „nie robić" na poprzednich stronach. Jest możliwe, że niektóre z zaleceń na tej liście mogłyby być przedstawione łatwiej poprzez użycie tych przykładów, które przerabialiśmy powyżej. Być może umiejętności z rozdziału pierwszego, na temat jak akceptować dziecięce negatywne uczucia, mogłyby również pomóc w rozwiązaniu sytuacji. Pomyśl nad tym i zapisz sposoby, które twoim zdaniem można wypróbować w tym tygodniu.

| PROBLEM | SPOSOBY, KTÓRE MOŻNA ZASTOSOWAĆ |
|---|---|
| .................................... | .................................................. |
| .................................... | .................................................. |
| .................................... | .................................................. |
| .................................... | .................................................. |
| .................................... | .................................................. |
| .................................... | .................................................. |

Niektórzy z was mogą myśleć: „Przypuśćmy, że moje dziecko ciągle nie reaguje, co wtedy?" W następnym rozdziale mowa będzie o bardziej zaawansowanym sposobie nawiązania współpracy z naszymi dziećmi, a także o rozwiązywaniu problemów i alternatywach stosowania kar. Zadanie wyznaczone na nadchodzący tydzień pomoże ci okrzepnąć i przyswoić sobie dotychczasowe informacje. W tym czasie, mam nadzieję, myśli zawarte w tym rozdziale pozwolą ci łatwiej przeżyć nadchodzące dni.

## Zadanie do wykonania

**1. Słowa, których udało mi się nie powiedzieć w tym tygodniu.** (Czasami to, czego nie mówimy, może być tak samo pomocne, jak to, co mówimy):

Sytuacja: ..............................................................................

..............................................................................................

..............................................................................................

Udało mi się nie powiedziedzieć: ..................................................

..............................................................................................

..............................................................................................

**2. Dwie nowe umiejętności zastosowane w tym tygodniu:**

Sytuacja 1. ..........................................................................

..............................................................................................

Użyty sposób: ......................................................................

Reakcja dziecka: ..................................................................

Moja reakcja: ......................................................................

Sytuacja 2. ..........................................................................

..............................................................................................

Użyty sposób: ......................................................................

Reakcja dziecka: ..................................................................

Moja reakcja: ......................................................................

**3. Napisany liścik:**

..............................................................................................

..............................................................................................

**DLA SZYBKIEGO PRZYPOMNIENIA...**

**Aby zachęcić dziecko do współpracy:**

1. Opisz, co widzisz, lub przedstaw problem.
   *„Na łóżku leży mokry ręcznik".*
2. Udziel informacji.
   *„Ten ręcznik moczy mój koc".*
3. Powiedz to jednym słowem.
   *„Ręcznik".*
4. Opisz, co czujesz.
   *„Nie lubię spać w mokrym łóżku".*
5. Napisz liścik.
   (powyżej wieszaka na ręczniki)
   *„Proszę, odwieś mnie na miejsce, abym mógł wyschnąć.*
   *Dziękuję!*
   *Twój ręcznik!"*

Część II

# Pytania, zalecenia i relacje rodziców

## Pytania

**1. Czy to, j a k mówisz do dziecka, nie jest tak samo ważne, jak to, c o mówisz?**

Oczywiście, że tak. Twa postawa, oprócz twoich słów, jest równie ważna, jak same słowa. Postawa dająca dziecku dobre samopoczucie ułatwia porozumienie się: „W rzeczy samej, jesteś sympatyczną, mądrą osobą. Właśnie teraz wystąpił problem, który wymaga uwagi. Kiedy o tym wiesz, pewnie postąpisz odpowiedzialnie".

Postawą, która „pokonuje" dziecko, jest zakomunikowanie mu: „Jesteś bardzo irytujący i niestosowny. Zawsze robisz wszystko źle i ten ostatni incydent jest kolejnym tego dowodem".

**2. Jeżeli postawa jest taka ważna, po co zawracać sobie głowę słowami?**

Sam wygląd oburzonego rodzica lub nuta pogardy może głęboko zranić. Ale jeżeli w dodatku dziecko obrzucone jest słowami typu: „głupi", „niedbały", „lekkomyślny", „nigdy się nie nauczysz" – jest ono podwójnie zranione. W jakiś sposób słowa te zapadają na długo w sercu i zatruwają umysł. Najgorsze jest to, że dzieci często przypominają je sobie w późniejszym czasie i używają ich jako narzędzia przeciw sobie samym.

**3. Co złego jest w powiedzeniu „proszę" do dziecka, jeżeli chcesz, aby coś zrobiło?**

Oczywiście, prosząc o drobną przysługę, jak: „proszę, podaj mi sól" lub „proszę, przytrzymaj drzwi", słowo „proszę" jest zwykłą uprzejmością, sposobem na złagodzenie szorstkiego polecenia: „podaj sól" czy „przytrzymaj drzwi".

Mówimy „proszę" do dzieci, aby pokazać im społecznie akceptowany sposób wyrażania drobnych próśb. Jednak „proszę" doskonale spełnia swoje zadanie tylko w bardziej relaksowych momentach. Kiedy jesteśmy rzeczywiście zdenerwowani, grzeczne „proszę" może prowadzić do kłopotów. Zwróć uwagę na następujący dialog:

MAMA: (*usiłuje być miła*) Proszę, nie skacz po tapczanie.

DZIECKO: (*nadal skacze*).

MAMA: (*głośniej*) Proszę, nie rób tego!

DZIECKO: (*znowu skacze*).

MAMA: (*wymierza mu nagle mocnego klapsa*) Powiedziałam „proszę", prawda?

Co się stało? Dlaczego matka w ciągu kilku sekund przeszła od uprzejmości do użycia siły? Prawda jest taka, że jeżeli okazujesz uprzejmość i spotykasz się z ignorancją, złość następuje szybko. Będziesz myśleć: „Jak ten dzieciak śmie lekceważyć mnie, przecież zachowuję się wobec niego bardzo grzecznie. Ja mu pokażę!"

Jeżeli chcesz, aby coś było zrobione natychmiast, lepiej mów z naciskiem, aniżeli z prośbą. Głośne, stanowcze: „Kanapa nie służy do skakania", spowoduje wykonanie polecenia dużo szybciej. Jeżeli malec nie zareaguje, może być zawsze szybko z niej usunięty wraz z powtórzeniem: „Kanapa nie jest do skakania".

**4. Czy jest jakiś sposób wytłumaczenia faktu, że czasami moje dzieci reagują, kiedy je o coś proszę, a czasami nic do nich nie dociera?**

Spytałam kiedyś grupę dzieci szkolnych, dlaczego czasami nie słuchają swoich rodziców. A oto, co powiedzieli:

„Kiedy wracam ze szkoły do domu, jestem zmęczony i jeżeli mama prosi mnie o zrobienie czegoś, udaję, że jej nie słyszę".

„Czasem jestem taki pochłonięty zabawą lub oglądaniem telewizji, że rzeczywiście jej nie słyszę".

„Czasem jestem wściekły z powodu czegoś, co wydarzyło się w szkole, i nie mam ochoty robić tego, co ona mi mówi".

Do tych dziecięcych wypowiedzi dodać można pewne pytania, które być może zadajesz sobie, kiedy czujesz, że nie możesz nic wskórać:

Czy moja prośba ma sens, zważywszy na wiek i zdolności mojego dziecka? (Oczekuję od ośmioletniego dziecka, aby doskonale umiało zachować się przy stole.)

Czy on nie sądzi, że moje prośby są nierozsądne? („Dlaczego mama zmusza mnie do mycia się za uszami? Przecież tam nie widać".)

Czy mogę dać córce wybór, kiedy ma coś wykonać, czy kategorycznie domagać się zrobienia tego natychmiast. („Czy weźmiesz kąpiel przed, czy po programie telewizyjnym?")

Czy mogę pozostawić jej wybór, jak ma coś zrobić? („Czy chcesz się kąpać z lalką, czy z łódką".)

Czy potrzebne są jakieś zmiany w domu w celu rozwinięcia współdziałania? (Może wieszaki w ubikacji mogłyby być umieszczone niżej, aby wyeliminować zmaganie się z zawieszonym przedmiotem? Może jakieś dodatkowe półki w dziecięcym pokoju ułatwiłyby utrzymanie porządku?)

Czy większość czasu, który poświęcam dziecku, nie sprowadza się do pytań, czy „zrobiło to lub tamto?", czy też poświęcam mu czas, żeby po prostu być z nim razem?

**5. Muszę się przyznać, że w przeszłości mówiłam do mojej córki wszystko to, czego byście się nie spodziewali. Teraz staram się zmienić, a ona odwzajemnia mi się pięknym za nadobne. Co mogę zrobić?**

Dziecko, które było nadmiernie krytykowane, może być przeczulone. Nawet grzeczne „twój obiad" może być potraktowane jako jedno więcej oskarżenie dla jego „pamiętliwej natury". To dziecko może potrzebować przymykania oczu na wiele spraw, aby odczuć naszą aprobatę, zanim usłyszy najlżejszy cień braku akceptacji. W dalszej części tej książki znajdziesz sposoby ułatwiające ci bardziej pozytywne patrzenie na swoje dziecko. Ten czas będzie prawdopodobnie okresem przejściowym, w którym może ono reagować z podejrzliwością, a nawet wrogo na nowe próby zbliżenia.

Nie pozwól jednak, aby negatywna postawa twojej córki zniechęciła cię. Wszystkie sposoby postępowania, z jakimi dotąd się zapoznałaś, pokazują, jak okazać szacunek drugiej osobie. Większość ludzi w końcu to odwzajemni.

**6. W przypadku mojego syna najlepiej skutkuje humor. Uwielbia on, kiedy proszę go o coś w zabawny sposób. Czy dobrze robię?**

Jeżeli potrafisz pozyskać syna, znając jego słaby punkt, to twój zysk! Nie ma nic lepszego niż trochę humoru w celu pobudzenia dzieci do czynu i ożywienia nastroju w rodzinie. Problemem wielu rodziców jest to, że ich naturalne poczucie humoru ulatuje wraz z codzienną irytacją, którą przynosi obcowanie z dziećmi.

Jeden z ojców wyznał, że punktem wyjściowym do wprowadzenia elementów zabawy i osiągnięcia celu było użycie innego głosu lub akcentu. Ulubionym przez jego dzieci był głos robota: „Tu – RC3C – następna – osoba – która – wyjmie – lód – i – nie –napełni – pojemnika – wodą – zostanie – wysłana – w – przestrzeń – kosmiczną. Proszę – podjąć – odpowiednie – działanie".

**7. Czasem łapię się na tym, że w kółko powtarzam to samo. Nawet kiedy korzystam z nowych sposobów, ciągle wydaje mi się, że zrzędzę. Czy jest jakiś sposób, aby tego uniknąć?**

Powtarzanie jest spowodowane tym, że dziecko postępuje tak, jak gdyby nas nie słyszało. Jeżeli kusi cię, żeby przypomnieć dziecku o czymś drugi lub trzeci raz, powstrzymaj się. Zamiast tego, dowiedz się od niego, czy słyszało cię. Na przykład:

MATKA: Billy, za pięć minut wychodzimy.
BILLY: (*nie odpowiada i dalej czyta komiksy*)
MATKA: Czy możesz mi powtórzyć, co powiedziałam?
BILLY: Powiedziałaś, że wychodzimy za pięć minut.
MATKA: Dobrze, teraz wiem, że ty wiesz i nie będę ci więcej przypominać.

**8. Mój problem polega na tym, że gdy proszę o pomoc mojego syna, on odpowiada: „Oczywiście tato, później", a potem nigdy tego nie robi. Co mam wtedy zrobić?**

A oto przykład, jak jeden z rodziców poradził sobie z tym problemem:

OJCIEC: Steven, trawnik nie był koszony już dwa tygodnie. Chciałbym, żebyś zrobił to dzisiaj.
SYN: Oczywiście, tato, później.
OJCIEC: Czułbym się lepiej, gdybym wiedział, kiedy dokładnie planujesz zabrać się do tego.
SYN: Jak tylko skończy się program.
OJCIEC: Kiedy to będzie?
SYN: Mniej więcej za godzinę.
OJCIEC: Dobrze. Teraz wiem, że mogę liczyć na to, że skosisz trawnik mniej więcej za godzinę. Dziękuję, Steve.

## Uwagi, zalecenia i przykłady do każdego sposobu

**1. Opisz.** Opisz, co widzisz, lub przedstaw problem.

Największa korzyść używania języka opisowego polega na tym, że nie wskazuje on winnego i pozwala każdemu skupić się na tym, co należy zrobić.

*„Mleko jest rozlane. Potrzebna jest ścierka".*
*„Słój się zbił. Potrzebna jest miotła".*
*„Piżama się podarła. Potrzebna jest igła i nitka".*

Możesz spróbować użyć każde z powyższych zdań, mówiąc jednak tym razem przez „ty". Na przykład: „Rozlałeś mleko". „Zbiłeś słój". „Podarłeś piżamę". Czy zauważasz różnicę?
Wielu ludzi utrzymuje, że forma „ty" wywołuje u nich uczucie winy i przejście do defensywy. Kiedy opisujemy zdarzenie (zamiast mówić: „ty zrobiłeś"), ułatwiamy dziecku zrozumienie problemu i poradzenie z nim sobie.

*

Wpadłam we wściekłość, kiedy moi dwaj synowie przyszli na obiad pokryci zieloną farbą, ale postanowiłam nie tracić opanowania i nie krzyczeć na nich. Spojrzałam na moją listę sposobów, którą przytwierdziłam do drzwi spiżarni, i zastosowałam metodę pierwszą: „Opisz, co widzisz". A oto co wydarzyło się potem.

JA: „Widzę dwóch chłopców z zieloną farbą na rękach i twarzach!"

Spojrzeli jeden na drugiego i pobiegli do łazienki, aby się umyć.
Kilka minut później weszłam do łazienki i byłam znów gotowa do krzyku. Kafelki były posmarowane farbą! Kurczowo trzymałam się jednak mojego sposobu.

JA: „Widzę zieloną farbę na ścianach łazienki!"

Mój starszy chłopiec pobiegł po szmatę mówiąc: „Ja to zetrę". Pięć minut później zawołał mnie, abym przyszła zobaczyć.

JA: (*trzymając się opisów*) „Widzę, że ktoś starł zieloną farbę ze ścian łazienki!"

Mój starszy syn promieniał. Nagle młodszy piskliwie zawołał: „A teraz ja umyję umywalkę!"
Gdybym tego nie widziała, nie uwierzyłabym.

U w a g a! Istnieje możliwość, że posługiwanie się tym sposobem może wywołać irytację. Na przykład jeden z ojców opowiadał, że pewnego zimnego dnia, stojąc obok drzwi frontowych, zwrócił uwagę synowi, który właśnie wszedł: „Drzwi są otwarte". Chłopiec odparował: „To dlaczego ich nie zamkniesz?"
Rodzice z naszej grupy doszli do wniosku, że chłopiec potraktował opisowe zdanie, jak: „Ja cię nauczę, jak się postępuje".
Stwierdzili również, że zdania opisowe działają najlepiej wtedy, kiedy dziecko czuje, że jego pomoc jest autentycznie potrzebna.

**2. Udziel informacji.**

Tutaj ważne jest to, że w pewnym sensie ofiarowujesz dziecku dar, z którego może zawsze skorzystać. Do końca swego życia musi ono wiedzieć, że „mleko kwaśnieje, kiedy nie jest w lodówce", że „skaleczenie musi być zdezynfekowane", że „płyty wyginają się pod wpływem ciepła", że „ciastka starzeją się, kiedy pudełko jest otwarte" i tak dalej. Rodzice powiedzieli mi, że metoda udzielania informacji nie jest trudna. To co jest trudne, twierdzili, to zaniechanie obelg na końcu wypowiedzi, takich jak: „Brudne rzeczy należy kłaść do kosza w pralni. Ty nigdy tak nie robisz".
Lubimy także dawać dzieciom informacje, ponieważ dziecko wydaje się traktować je jako akt zaufania do niego. Mówi do siebie: „Dorośli wierzą, że będę postępować rozsądnie, to pewne".

*

Monika wróciła do domu ze zbiórki harcerskiej. Była ubrana w mundurek. Zaczęła bawić się w ogrodzie. Musiałam krzyczeć na nią trzy lub cztery razy, aby zmieniła spodnie. Za każdym razem pytała: „Dlaczego?"
Ja odpowiadałam: „Podrzesz sobie mundurek".

W końcu stwierdziłam: „Spodnie są do zabawy w ogrodzie; mundurki są na spotkania harcerskie".

Ku mojemu zdziwieniu przerwała to, co robiła, i natychmiast poszła się przebrać.

*

Ojciec podzielił się doświadczeniami w postępowaniu ze swoim nowo adoptowanym pięcioletnim koreańskim synem:

Kim i ja poszliśmy odwiedzić sąsiada i oddać mu drabinę. Właśnie kiedy mieliśmy zadzwonić, grupa dzieci bawiących się na ulicy wrzasnęła, wskazując na Kima: „To jest Chinol! To jest Chinol!" Kim wyglądał na speszonego i wytrąconego z równowagi, chociaż w ogóle nie rozumiał, co te słowa znaczą.

Wiele myśli przemknęło przez moją głowę. „Oni nawet nie odgadnęli właściwego kraju, te małe tępaki". Miałem ochotę przepędzić smarkaczy i zbesztać ich rodziców, ale to rozpętałoby jeszcze więcej dyskusji o Kimie. Tak czy owak jest to przecież jego otoczenie i musi znaleźć sposób, aby w nim żyć.

Podszedłem więc do chłopców i spokojnie powiedziałem: „Przezywanie może bardzo zranić".

Wydawali się być zaskoczeni moimi słowami. (Pewnie myśleli, że będą skrzyczani.) Poszedłem do domu sąsiada, ale zostawiłem drzwi otwarte. Nie nalegałem na Kima, aby wszedł do środka. Pięć minut później wyjrzałem przez okno i zobaczyłem Kima bawiącego się z dziećmi.

*

Podniosłam głowę, aby zobaczyć, jak trzyletnia Jessica na swoim rowerku podąża za ośmioletnim bratem, który pedałował w dół ulicy. Szczęśliwie nie jechał żaden samochód. Zawołałam: „Jessica, po ulicy wolno jeździć tylko na rowerach o dwóch kołach. Rowerki o trzech kółkach jeżdżą tylko po chodniku".

Jessica zeszła z roweru, z namaszczeniem licząc kółka i zaprowadziła swój rower na chodnik, gdzie wznowiła jazdę.

Uwaga: Powstrzymaj się od udzielania dziecku informacji, które już zna. Na przykład mówienie do dziesięcioletniego dziecka: „Mleko kwaśnieje, gdy nie jest w lodówce", może doprowadzić do wniosku, że albo uważasz, że dziecko jest głupie, albo że jesteś złośliwa.

**3. Zdanie jednowyrazowe.**

Wielu rodziców przyznawało, że bardzo doceniają tę metodę. Twierdzą, że oszczędza czas, płuca i nudne wyjaśnienia.

Nastolatki, które nas słuchały, opowiadały, że wolą pojedyncze słowa: „Drzwi", „pies" lub „naczynia" i jest to dla nich wytchnienie od codziennych wykładów.

Wartość zdania jednowyrazowego polega na tym, że zamiast uciążliwych rozkazów, dajemy dziecku możliwość wykazania swojej inicjatywy i inteligencji. Kiedy słyszy, że mówisz: „pies", musi ono pomyśleć: „Co z tym psem? Och, nie byłem z nim jeszcze na spacerze po południu. Myślę, że lepiej zabrać go teraz".

Uwaga: Nie używaj imienia swojego dziecka, jako zdania jednowyrazowego. Kiedy dziecko słyszy, gdy wypowiadamy z dezaprobatą „Susie", często zaczyna ono kojarzyć swoje imię z niezadowoleniem.

**4. Porozmawiaj o swoich uczuciach.**

Większość rodziców z ulgą odkryło, że pomocne może być podzielenie się z dziećmi swoimi odczuciami, i że niekoniecznie muszą być bezustannie cierpliwi. Dzieci nie są aż tak bezradne. One są zdolne doskonale radzić sobie ze zdaniami w rodzaju:

„Nie jest to dla mnie najlepszy czas, aby spojrzeć na twoje wypracowanie. Jestem napięta i rozproszona. Po obiedzie będę mogła poświęcić mu tyle uwagi, na ile zasługuje".

„Lepiej poczekaj, trzymaj się teraz ode mnie z daleka. Jestem poddenerwowana i nie masz tu czego szukać".

Jedna matka samotnie wychowujaca dwoje małych dzieci powiedziała, że jest z siebie niezadowolona, gdyż brakuje jej cierpliwości. Ostatecznie zdecydowała, że spróbuje zaakceptować swoje uczucia oraz powie o nich swoim dzieciom w sposób dla nich zrozumiały. Zaczęła więc mówić tak: „Moja cierpliwość jest teraz wielkości arbuza". A chwilę później: „No więc teraz mam cierpliwość wielkości grejpfruta". A jeszcze później zakomunikowała: „Teraz jest wielkości ziarnka grochu. Myślę, że powinniście przestać, zanim wyschnie".

Wiedziała, że dzieci potraktowały ją poważnie, dlatego pewnego wieczoru jej syn powiedział: „Mamo, jakiej wielkości jest teraz twoja cierpliwość? Mogłabyś poczytać nam bajkę na dobranoc?"

Inni przedstawili swoje zaniepokojenie dotyczące wyrażania własnych uczuć. Jeżeli będą dzielić się z dziećmi swoimi prawdziwymi emocjami, czy nie odkryją wtedy swego słabego punktu? Przypuśćmy, że powiedzą do dziecka: „To mnie denerwuje", a dziecko odpowie: „A kogo to obchodzi?"

Przekonałam się, że dzieci, których uczucia są respektowane, prawdopodobnie będą szanować uczucia dorosłych. Jednak zdarzyć się może, że w tak zwanym okresie przejściowym możesz usłyszeć: „A kogo to obchodzi?" Jeżeli tak się zdarzy, możesz powiedzieć dziecku: „Mnie obchodzi, jak ty się czujesz. Myślę też, że właśnie w rodzinie wszyscy troszczą się o uczucia drugiego człowieka".

Uwaga: Niektóre dzieci bardzo przeżywają brak akceptacji swoich rodziców. Dla nich mocne zdania, takie jak: „Jestem zły" lub „To mnie wścieka" – to więcej niż mogą znieść. W odwecie odpowiedzą wojowniczo: „Dobrze, więc ja też jestem zły na ciebie". Dzieciom tym najlepiej jest po prostu przedstawić swoje oczekiwania. Na przykład, zamiast: „Jestem zły na ciebie za ciągnięcie kota za ogon" – bardziej pomocne będzie zdanie: „Oczekuję od ciebie, że będziesz dobry dla zwierząt".

**5. Napisz liścik.**

Większość dzieci uwielbia otrzymywać liściki – zarówno te dzieci, które umieją czytać, jak i te, które nie potrafią. Te małe zwykle emocjonują się otrzymaniem pisanej wiadomości od swoich rodziców. To zachęca je do pisania lub rysowania liścików zwrotnych do swoich rodziców.

Starsze dzieci także lubią otrzymywać liściki. Grupa nastolatków, z którą pracowałam, powiedziała, że otrzymanie listu może spowodować dobre samopoczucie („tak jakbyś otrzymał list od przyjaciela"). Byli wzruszeni tym, że ich rodzice troszczyli się o to i zadawali sobie trud, aby do nich pisać. Jeden młody człowiek powiedział, że najbardziej ceni w liścikach to, że „one nigdy nie podnoszą głosu".

Rodzice twierdzą, że oni również lubią posługiwać się liścikami. Mówią, że jest to szybka, łatwa droga dotarcia do dziecka, i jeszcze to, że zwykle pozostawia przyjemną atmosferę.

Jedna z mam powiedziała, że trzyma na kuchennym stole blok papieru i stary czajniczek pełen ołówków. Kilka razy tygodniowo znajduje się w sytuacji, kiedy albo powtarza te same polecenia tak często, że wreszcie dzieci zareagują, albo jest gotowa zrezygnować z ich pomocy i sama wykonać pracę.

W takich chwilach, mówi, że mniej kosztuje ją wzięcie ołówka do ręki niż otwarcie ust.

A oto przykłady niektórych jej liścików:

*Drogi Billy,*
*Od rana nie byłem na spacerze. Daj mi wytchnienie.*

*Twój pies*
*Harry*

*Droga Susan,*
*Kuchnia musi być doprowadzona do porządku.*
*Proszę, zrób coś z tym:*
*– Książki na piecu.*
*– Buty w przejściu.*
*– Kurtka na podłodze.*
*– Okruchy ciasta na stole.*
*Z góry dziękuję.*

*Mama*

*UWAGA!*
*Czytanie bajki dzisiaj o 19.30.*
*Zapraszamy wszystkie dzieci, które są w piżamach i mają umyte zęby.*

*Pozdrowienia*
*Mama i Tato*

Czułości nie są konieczne, ale często rzeczywiście pomagają. Czasami jednakże sytuacja nie jest zabawna i humor byłby niestosowny. Mam na myśli ojca, który zauważył, że córka zniszczyła jego zupełnie nową płytę, puszczając ją na swoim adapterze z tępą igłą. Powiedział on, że gdyby nie był zdolny dać upust swojej złości na papierze, ukarałby ją. Zamiast tego napisał:

*Alison,*
*Gotuję się ze złości!!!*
*Moja nowa płyta została zabrana bez mojej zgody, a teraz jest pełna rys i nie nadaje się do grania.*

*Wściekły Tata*

Trochę później ojciec otrzymał liścik od córki:

*Drogi Tatusiu,*
*Ja naprawdę przepraszam. Kupię ci nową płytę w sobotę i bez względu na to, ile będzie kosztować, zapłacę z mojego kieszonkowego.*

*Alison*

Nigdy nie przestajemy zdumiewać się, jak dzieci, które nie umieją czytać, potrafią „przeczytać" liścik od swoich rodziców. A oto wyznanie młodej pracującej matki:

Kiedy wracam z pracy do domu, potrzebuję dwudziestu minut, by przygotować obiad. W tym czasie dzieci biegają tam i z powrotem pomiędzy lodówką i skrzynką od chleba. To trudne dla mnie chwile. Do czasu, kiedy jedzenie pojawi się na stole, dzieci nie odstępuje apetyt.

W ostatni poniedziałek na drzwiach od kuchni napisałam węglem:

KUCHNIA ZAMKNIĘTA AŻ DO OBIADU

Mój czterolatek koniecznie chciał się dowiedzieć, co napisałam. Wytłumaczyłam mu każde słowo. Tak przejął się tym napisem, że nawet nie postawił stopy w kuchni. Bawił się z siostrą za drzwiami, aż zdjęłam napis i zawołałam ich do środka.

Następnego wieczoru umieściłam napis ponownie. Podczas gdy przygotowywałam hamburgery, usłyszałam, jak uczył dwuletnią siostrę, co znaczy każdy wyraz. Potem zobaczyłam ją, jak wskazywała na każdy wyraz i „czytała": Kuchnia... zamknięta... aż do... obiadu".

Najbardziej niezwykłe zastosowanie tego sposobu opowiedziała mama, która jeszcze dokształcała się. A oto jej historia:

W chwili słabości zaofiarowałam się zorganizować spotkanie w moim domu dla dwudziestu osób. Byłam bardzo nerwowa i aby zdążyć przygotować wszystko na czas, wyszłam ze szkoły wcześniej.

Kiedy przyszłam do domu, ogarnęłam wzrokiem pokoje i serce we mnie zamarło. To był jeden wielki śmietnik – sterta gazet, listów, książek, czasopism, brudna łazienka, łóżka nie zrobione. Miałam trochę więcej niż dwie godziny na uporządkowanie wszystkiego i zaczynałam wpadać w histerię. Dzieci miały przyjść do domu w każdej chwili i wiedziałam, że nie jestem w stanie poradzić sobie z żadnym żądaniem lub jakimś ich oporem.

Nie chciałam jednak rozmawiać i tłumaczyć. Zdecydowałam się napisać kartkę, ale nie było nie zagraconego kąta w domu, abym mogła cokolwiek tam położyć. Chwyciłam więc kawałek kartonu, zrobiłam dwie dziury, przycięłam sznurek i zawiesiłam na szyi napis:

BOMBA W LUDZKIEJ SKÓRZE!
PODRAŻNIONA LUB ZDENERWOWANA WYBUCHNIE!!!
NADCHODZĄCA KOMPANIO, POMOC PILNIE POTRZEBNA!

Wtedy z furią przystąpiłam do pracy. Kiedy dzieci wróciły do domu, przeczytały moją wywieszkę i same zaofiarowały się uporządkować swoje książki i zabawki. Potem, bez jednego mojego słowa, zrobiły swoje łóżka i moje też! Nie do uwierzenia.

Miałam właśnie zacząć sprzątać łazienkę, kiedy rozległ się dzwonek. Przez moment ogarnęła mnie panika, ale był to tylko człowiek, który przyniósł dodatkowe krzesła. Gestem zaprosiłam go do środka i zastanawiałam się, dlaczego się nie rusza. Jego wzrok utkwiony był w mojej wywieszce.

Spojrzałam w dół i zobaczyłam, że ciągle jeszcze ją noszę. Kiedy zaczęłam mu wyjaśniać, o co chodzi, powiedział: „Niech się pani nie przejmuje. Proszę się uspokoić. Proszę mi powiedzieć, gdzie mają stać te krzesła, a ustawię je pani".

*

Ludzie pytali mnie: „Jeżeli będziemy właściwie stosować te metody, czy nasze dzieci zawsze zareagują?" Moja odpowiedź brzmi: „Mam nadzieję, że nie. Dzieci nie są robotami, poza tym naszym celem nie jest wynalezienie sposobu mechanicznego manipulowania zachowaniem, tak aby dzieci zawsze reagowały.

Naszym celem jest zwrócenie uwagi na to, co jest najlepsze w naszych dzieciach – na ich inteligencję, inicjatywę, poczucie odpowiedzialności, poczucie humoru, uwrażliwienie na potrzeby innych. Chcemy położyć kres słowom, które ranią duszę, i znaleźć język, który pielęgnuje poczucie własnej i cudzej godności.

Chcemy stworzyć emocjonalny klimat, który zachęci dzieci do współdziałania, ponieważ one troszczą się o siebie, ale też dlatego, że troszczą się i o nas.

Chcemy zademonstrować sposób komunikacji wyrażający pełen szacunek i mamy nadzieję, że nasze dzieci będą stosowały go teraz, w latach dorastania i ostatecznie jako nasi dorośli przyjaciele.

## Część III

# Doświadczenia rodziców polskich

Jedno ze spotkań rozpoczęła matka samotnie wychowująca 11-letniego syna, uwikłana w bardzo trudne zależności od swoich rodziców, z którymi mieszka. Cierpiała z powodu swojego osamotnienia, grubiaństwa starego ojca, który pod wpływem alkoholu wulgarnie ubliżał domownikom, oraz sarkazmu matki. Podekscytowana relacjonowała:

Nareszcie zdałam sobie sprawę z tego, co mówię, i w jaki sposób to robię. Myślę, że jeszcze trochę czasu upłynie, zanim przestanę się wściekać, ale – coś mi się udało!
Kiedy syn wyprowadził mnie z równowagi (nigdy nie chce zmienić wyjściowego garnituru na domowe dresy, chociaż tak strasznie brudzi i niszczy swoje ubrania), zamiast jak dawniej wymyślać, powiedziałam mu o swoich uczuciach: „Nienawidzę cię za to, że muszę kilka razy prosić, żebyś wykonał polecenie!" Syn tym razem nie pyskował i nie wrzeszczał na mnie! Rozpłakał się i zmienił ubranie bez słowa...

Zmartwieliśmy. Matka Wojtka – zdziwiona grobową ciszą – wodziła oczami po naszych opuszczonych głowach. Milczeliśmy. Milczeliśmy bardzo długo. Wydawało się, że łkanie chłopca dotarło odległym echem do nas. Mama Wojtka też opuściła głowę. Płakała. Czy u s ł y s z a ł a swoje własne słowa, p o c z u ł a ból, jaki zadała synowi?
A potem byliśmy jej wdzięczni za szczerość wypowiedzi. Otworzyła nam oczy na nasze chore uczucia, na słowa, którymi kiedyś nas zraniono, i których bezwiednie używamy, raniąc innych.
Pomogła nam zrozumieć i odczuć różnicę między atakowaniem dziecka („nienawidzę cię za to, że mnie nie słuchasz"), a informowaniem o swoich uczuciach wywołanych konkretną sytuacją czy zachowaniem („złości mnie, kiedy moje polecenia są ignorowane").

*

Robiłam to spontanicznie i z fascynacją! Stałam w przedpokoju przy moim synku i mówiłam:

– Te buty mnie złoszczą. Złoszczą mnie te buty, kiedy tak leżą na środku przedpokoju!

– ...

– Wściekają mnie te buty!

Syn bez słowa podniósł but i odrzucił go na bok.

– Nie lubię, jak ktoś rzuca butami. – Specjalnie nie użyłam jego imienia.

– ...

– Marku, czy możesz przekonać mojego synka, że p o t r a f i ułożyć swoje buty na półkę? – użyłam przekornego fortelu, bo Marek to imię mojego syna.

– Mogę – odpowiedział i roześmiał się. Zawtórowałam także wybuchem śmiechu, podziękowałam Markowi i wyraziłam uznanie dla jego zdolności skutecznej perswazji.

Zastanawia mnie, że od tamtej pory skończyły się problemy z układaniem butów na miejsce. To są fakty. Normalnie gderałam lub wrzeszczałam na niego z kuchni, pokoju, łazienki, a cała rodzina potykała się o buty syna do momentu, aż je sama ułożyłam.

W tym tygodniu mówiłam często: „To mnie złości. Nie lubię tego". Tak mi to weszło w krew, że do innych też tak mówię. Jestem zachwycona! Nie muszę już „błagać" o zrobienie czegokolwiek, jaśniej też formułuję swoje oczekiwania.

*

Mój 8–letni synek nie potrafił przyznawać się do przewinień. Bolało mnie, że rośnie z niego tchórz i kłamca. I dlatego podjęłam nowe postanowienie: zrezygnuję z wymuszania od niego zeznań, a skoncentruję się na opisywaniu tego, co widzę. Oto rezultat:

– Och, zobacz Krzysiu, co się stało z tym tornistrem! Służył ci przez dziewięć miesięcy i nie zniszczył się. Szanowałeś go. A teraz jest taki jakiś obszarpany. Ach! Żeby tylko ci wytrzymał do końca roku...

– Yyy... Yyyy... Przepraszam, mamusiu, ja go sam tak obskubałem. Postaram się dalej go szanować, to może mi wytrzyma jeszcze dłużej...

– Tak, na pewno ci się uda! – wykrzyknęłam.

*

Moja 17–letnia córka ma ostatnio bzika na punkcie ostrego makijażu, który mnie potwornie razi. Wytykanie braku poczucia estetyki, krytykowanie i zmuszanie do zmycia pomadki – prowadziło do scysji, których bardzo się wstydziłam. Tym razem ograniczyłam się tylko do opisania tego, co widzę i udzielenia informacji bardzo lapidarnej:

– Widzę ostrą, niebieską, perłową pomadkę na powiekach i tusz na rzęsach, i bardzo, bardzo czarną konturówkę. Czuję też zapach moich najlepszych perfum. Musi ci dzisiaj bardzo zależeć na wyglądzie!

– Aha! – odpowiedziała moja piękność.

– Hmmm... Wydaje się, że ta konturówka, taka czarna i ostra, pomniejsza ci oczy.

W milczeniu kryło się zaintrygowanie.

– Wiesz, makijaż może dodawać urody lub podkreślać wady. Takie złudzenie optyczne: czarne pomniejsza, jasne powiększa. Możemy kiedyś poćwiczyć różne makijaże. Chcesz?

– Aha! – usłyszałam wycofującą się z kuchni córkę.
Przed wyjściem z domu „podfrunęła" z całusem i szepnęła:
– Kocham cię, mamo!
Zupełnie jak w amerykańskiej książce!
Z satysfakcją zauważyłam tylko jakąś delikatną smugę niebieskości na powiekach i nieco tuszu na rzęsach. Z przyjemnością spojrzałam sobie w odbite w lustrze oczy; siebie dzisiaj też nie musiałam się wstydzić.

Ojciec 15–letniego syna i 9–letniej córki skonstatował:

Ja nie mam kłopotów z nawiązywaniem współpracy, bo jej unikam. Robię tak, żeby trudne problemy z dziećmi załatwiała żona. Mnie z trudem przychodzi wymaganie od nich tego, czego sam nie robię. Nie mogę przecież wymagać od dzieci więcej niż od siebie samego, na przykład – utrzymywania porządku. Ale jednocześnie złości mnie, gdy córka wszystko niszczy, bałagani, gubi i... jeszcze cieszy się, że jest taka jak tatuś. Chciałbym, żeby dzieci były porządniejsze ode mnie, więc nie protestuję, gdy żona wrzeszczy na nas za bałagan.
Pomyślałem sobie, po przeczytaniu tego rozdziału, że chciałbym, aby żona zwracała mi uwagę w taki sam sposób, jak w książce, jak do dziecka. Byłoby mi łatwiej zabrać się do sprzątania, a może i naszym dzieciom taki przykład by pomógł...

Ja, moja żona i dzieci namiętnie piszemy liściki. Nieraz z żalem myślałem o nas, jak o ludziach szarych, nijakich i smutnych. Liściki wyzwoliły w nas poczucie humoru.

Każdego dnia, wielokrotnie, doświadczam pokusy, by myśleć: „Te metody nie pasują do mojej Anetki". Ale wtedy przypomina mi się wasza reakcja... Pamiętacie? Mówiłam: „Ja jeszcze zrobię człowieka z tego troglodyty". Nie ukrywaliście swojej dezaprobaty. Nie radziłam sobie z oporem 3–letniego dziecka przy karmieniu, ubieraniu, myciu itd. Posłuchajcie, co pomogło:
Na telewizorze powiesiłam kartkę: „Może mnie włączyć dziecko, które jest ubrane" – i problem ganiania po domu do południa z gołą pupą rozwiązał się sam.

Skorzystałam też z fantazji i po prostu – bardzo często – zamieniałam siebie w Królewnę Śnieżkę; mówiłam do Anetki takim bajkowym, słodkim głosem i bajkowym językiem. Skutkowało! Prośby Królewny Śnieżki były spełniane bez oporu.

Tak, dzięki książce i naszym spotkaniom zrozumiałam, że moje kłopoty z córką wynikały z faktu, że uczyniłam ją najważniejszą osobą w moim życiu. Zepchnąwszy męża na drugi plan zignorowałam jego miłość, a Anetkę obarczyłam brzemieniem nie do uniesienia; miała być żywym, perfekcyjnym dowodem mojej doskonałości. Z tego powodu po prostu bałam się stawiać jej najmniejsze wymagania i ograniczenia, nawet te konieczne dla zachowania bezpieczeństwa. Przed kursem szukałam psychiatry dla dziecka, teraz pragnę terapii dla siebie i mojego małżeństwa. Myślę coraz częściej, że moja córka jest wspaniałą dziewczynką, a moje małżeństwo można uratować.

*

Krystian „złapał gumę". Dawniej bym zrzędził: „Po co jeździsz po krawężnikach! Nie trzeba było szaleć jak wariat! Ile razy mam mówić, że nie jeździ się po krawężnikach?!", a on by mi tylko odpyskował. Teraz powiedziałem krótko:

– Trzeba rozebrać rower i stwierdzić, co się stało.

Mówiłem jednowyrazowo: klucz... puszka... W rezultacie Krystian sam zauważył:

– Taki mały kolec, a przebił gumę. Będą musiał ostrożniej jeździć!

Pisałem też wiele liścików. Skutkowały, ale nie zawsze według moich wyobrażeń. Na liścik: „Jak ja nie lubię być brudna! Umywalka" – zareagowała Gosia, a nie Basia, którą w ten sposób chciałem zmobilizować. W przyszłości będę wyraźniej adresować...

*

Zwykle mówiłam: „Czekaj, Robert, uczeszę cię... Wpuszczę ci koszulę... Tak nie możesz wyjść z domu!" Martwiło mnie i złościło, że 10-letni chłopak zupełnie nie zwraca uwagi na swój wygląd. Teraz spokojnie mówię: „Robert, koszula... włosy..." i myślę, że kiedy sam musi to zrobić, skuteczniej uczy się troszczyć o siebie i wyrabia właściwe nawyki.

*

Rozdział o nawiązywaniu współpracy zmusił mnie do refleksji na temat różnicy między rzetelną współpracą a nieuczciwymi manipulacjami.

Od dłuższego czasu mój chłopak marzy o rowerze BMX i wszystkie rozmowy sprowadzają się do tego samego:

– Bo ty nie chcesz mi go kupić! Inni chłopcy mają... Inni rodzice...

Uważam, że powinien mu wystarczyć na razie stary rower, który jest jeszcze w całkiem dobrym stanie. Na BMX-a mnie nie stać. Bałem się jednak powiedzieć synowi otwarcie, że nie mamy pieniędzy.

Pewnego razu – mając już dość tego jęczenia – powiedziałem obłudnie:

– Obiecuję, że dostaniesz BMX-a, jeśli będziesz miał bardzo dobrą ocenę ze sprawowania na świadectwie. – Wiedziałem, że jest to niewykonalne i nie grozi mi konieczność dotrzymania słowa.

Wtedy syn powiedział to, co chciałem usłyszeć:

– Eeee-tam! Stary rower jest jeszcze całkiem dobry. Nie potrzebuję żadnego głupiego BMX-a!!!

Czułem się okropnie! I on, i ja wiedzieliśmy, że moja zagrywka była podła i nieuczciwa. Chciałbym się jakoś zrehabilitować we własnych oczach i być fair wobec syna. Zbieram siły do uczciwej rozmowy i myślę, że nasze zajęcia i ta książka pomogą mi ją przeprowadzić; chciałbym nauczyć się rozmawiać z synem o jego i moich problemach szczerze i otwarcie.

# 3 Zamiast karania

## Część I

Kiedy zaczynamy stosować niektóre ze sposobów zachęcających dzieci do współdziałania, okazuje się, że wielu z nas musi ciągle uważać i kontrolować się, aby nie powiedzieć tego, co zwykle. Sarkazm, „kazania", ostrzeżenia, przezwiska i groźby są wplecione w język, który, dorastając, słyszymy. Nie jest łatwo z niego zrezygnować.

Rodzice często mówili na zajęciach, jak bardzo byli niezadowoleni, gdy nawet po uczestnictwie w naszym spotkaniu, ciągle łapali się na mówieniu dzieciom rzeczy, których nie chcieli. Z tą jednak różnicą, że teraz sami zdawali sobie z tego sprawę. W danej chwili „słyszenie siebie" zapowiada postęp. Jest to pierwszy krok do zmian.

Wiem z własnych doświadczeń, że proces zmian nie przyszedł łatwo. Słyszałam siebie używającą starych, nieprzydatnych napomień: „Co się z wami dzieje, dzieci? Nigdy nie pamiętacie o wyłączeniu światła w łazience". Wtedy złościłam się na siebie. Zarzekałam się, że nigdy nie powiem tego ponownie. I znowu to samo. Wyrzuty sumienia. „Nigdy się tego nie nauczę... Jak inaczej mogłabym to powiedzieć? Wiem... Powinnam była powiedzieć: »Dzieci, w łazience pali się światło« , albo jeszcze lepiej: »Dzieci, światło!« Potem martwiłam się, że nigdy nie będę miała szansy w ten sposób zareagować.

Nie miałam jednak o co się martwić. One zawsze zostawiały zapalone światło w łazience. Ale następnym razem byłam już gotowa: „Dzieci, światło". Ktoś pobiegł i wyłączył. Sukces!

Były też chwile, kiedy mówiłam same „dobre rzeczy" i wydawało się, że to nic nie skutkuje. Dzieci albo mnie ignorowały, albo – nawet gorzej – postępowały na przekór. Wtedy chciałam tylko jednego – u k a r a ć  j e!

Żeby lepiej zrozumieć, co zachodzi między osobami, kiedy jedna karci drugą, proszę przeczytać dwie sceny i odpowiedzieć na postawione pytania.

**Scena pierwsza:**

MATKA: Przestań biegać pomiędzy regałami. Chcę żebyś podczas zakupów trzymała się mamusi koszyka. Dlaczego wszystkiego dotykasz? Powiedziałam: Trzymaj się koszyka! Odłóż z powrotem te banany. Nie, nie kupimy ich; mamy dość w domu. Przestań dusić te pomidory! Ostrzegam cię, jeżeli nie będziesz trzymać się koszyka, to pożałujesz. Weź ręce od tego, słyszysz? Wyjmę lody. Znowu biegasz. Chcesz upaść?

O, widzisz, stało się! Czy wiesz, że o mało nie przewróciłaś tej starszej pani? Prosisz się, aby cię ukarać. Nie zasługujesz na to, żeby dostać choć jedną łyżkę lodów, które kupiłam na wieczór. Może to oduczy cię, byś przestała zachowywać się jak dzikie zwierzę!

**Scena druga:**

**OJCIEC:** Billy, czy używałeś mojej piły?

**BILLY:** Nie.

**OJCIEC:** Czy jesteś pewien?

**BILLY:** Przysięgam, nigdy jej nie dotknąłem!

**OJCIEC:** Skąd więc się wzięła na zewnątrz, pełna rdzy, obok wózka, który robiłeś z kolegą?

**BILLY:** Ach tak! Używaliśmy jej w zeszłym tygodniu. Zaczęło padać, więc weszliśmy do środka. Musiałem zapomnieć.

**OJCIEC:** A więc skłamałeś.

**BILLY:** Nie skłamałem. Ja naprawdę zapomniałem.

**OJCIEC:** Ech, tak samo jak zapomniałeś mojego młotka w zeszłym tygodniu i mojego śrubokręta dwa tygodnie temu!

**BILLY:** Ojej, tato. Nie miałem takiego zamiaru. Czasem po prostu zapomnę.

**OJCIEC:** Dobrze, a więc może to poprawi ci pamięć. Nie tylko nigdy nie będziesz miał możliwości korzystania z moich narzędzi, ale za okłamywanie mnie jutro zostaniesz w domu, podczas gdy my pójdziemy do kina!

Pytania: 1. Jaka była motywacja rodziców w każdej scenie, aby ukarać dzieci?

Scena pierwsza ....................................................................

..........................................................................................

..........................................................................................

Scena druga ..........................................................................

..........................................................................................

..........................................................................................

2. Jak myślisz, jakie mogą być odczucia ukaranych dzieci?

Scena pierwsza ..........................................................................

...................................................................................................

...................................................................................................

Scena druga ..............................................................................

...................................................................................................

...................................................................................................

Karać czy nie karać?

Kiedy tylko zaczynałam w naszej grupie rozmowę na ten temat, zazwyczaj pytałam: „Dlaczego? Dlaczego stosujemy kary?" A oto niektóre odpowiedzi rodziców:

*„Jeżeli ich nie ukarzę, dzieciaki mnie zamordują".*

*„Czasem jestem tak sfrustrowana, że nie wiem, co mam robić?"*

*„Jak dziecko dowie się o tym, że zrobiło źle i że nie powinno robić tego ponownie, jeżeli go nie ukarzę?"*

*„Ja stosuję kary u mojego syna dlatego, bo to jedyna rzecz, którą rozumie".*

Kiedy spytałam rodziców, czy pamiętają swoje własne odczucia, gdy byli karani, otrzymałam następujące odpowiedzi:

*„Nienawidziłam matki. Myślałam: Ona jest podła, a potem czułam się taka winna".*

*Myślałem: Mój ojciec ma rację. Jestem zły. Zasługuję na to, aby być ukarany".*

*„Wyobrażałam sobie, że bardzo się rozchorowałam i że wtedy będą bardzo żałować tego, co mi zrobili".*

*„Pamiętam swoje myśli: Oni są tacy podli. Ja ich urządzę. Zrobię to jeszcze raz, tylko że następnym razem mnie nie nakryją".*

Im więcej rodzice mówili, tym bardziej stawali się świadomi, że stosowanie kar prowadzi do uczuć nienawiści, odwetu, oporu, winy, bezwartościowości i rozczulania się nad samym sobą. Pomimo to ciągle jeszcze mieli wątpliwości:

*„Jeżeli zrezygnuję z kar, czy wtedy dzieci nie będą mną rządzić?"*

*„Obawiam się bezsilności i utraty ostatecznej nad nimi kontroli".*

Rozumiem ich niepokój. Pamiętam, jak pytano doktora Ginotta: „W jakim momencie dobrze jest ukarać dziecko, które cię ignoruje lub postępuje na przekór? Czy dziecko źle zachowujące się nie powinno ponieść konsekwencji?"

Doktor Ginott odpowiadał zawsze, że dziecko powinno odczuć konsekwencje swojego złego zachowania, ale nie w postaci kary. We wzajemnych stosunkach nie ma miejsca na kary.

*„Ale przypuśćmy, że dziecko nadal jest nieposłuszne. Czy można wtedy je ukarać?”*

Problem stosowania kar polega na tym – tłumaczył Ginott – iż sposób ten po prostu nie skutkuje, gdyż powoduje rozterkę duchową i dziecko – zamiast poczucia winy za to, co zrobiło oraz myślenia nad tym, jak to naprawić – oddaje się całkowicie myślom o odwecie. Innymi słowy, karząc dziecko, pozbawiamy je w tym samym momencie bardzo ważnych procesów wewnętrznych, unaoczniających mu złe zachowanie.

Ten sposób myślenia, że kara nie skutkuje, gdyż powoduje rozterkę, był dla mnie zupełnie czymś nowym. W rezultacie zaczęłam zadawać sobie pytanie: Co mogłam zrobić zamiast?

Zastanów się teraz przez chwilę, jak inaczej mogliby rodzice postąpić w dwóch scenach, o których była mowa wcześniej.

1. Jakie są możliwości – inne niż kara – uspokojenia dziecka w supersamie?

..............................................................................................
..............................................................................................
..............................................................................................
..............................................................................................
..............................................................................................
..............................................................................................

2. Jakie są możliwości – inne niż kara – rozwiązania sprawy dziecka, które wzięło narzędzia ojca i ich nie zwróciło?

..............................................................................................
..............................................................................................
..............................................................................................
..............................................................................................
..............................................................................................
..............................................................................................

Jestem zawsze pod wrażeniem pomysłowości rodziców. Daj im trochę spokoju i czasu do myślenia, a zwykle znajdą wiele innych niż stosowanie kar możliwości poradzenia sobie z problemem. Oto propozycje przedstawione tylko w jednej grupie:

„Mama i dziecko mogliby w domu zrobić próbę, posługując się dekoracjami przedstawiającymi sklep. Bawiąc się razem, mama może przypomnieć zasady dobrego zachowania się w sklepie."

„Mogliby napisać razem prostą książkę z rysunkami,np. *Johnny idzie do supersamu!* Książka mogłaby zawierać obowiązki Johnny'ego, jako aktywnego członka wyprawy po zakupy, tego, który pomaga pchać wózek, ładować, rozładowywać, układać."

„Johnny, z pomocą mamy, mógłby opracować listę zakupów – pisemnie lub rysując – w dziale warzywnym, wypisane towary musiałby następnie poszukać i włożyć do koszyka."

„Ojciec i syn mogliby opracować system kart jak w bibliotece, gdzie każde narzędzie byłoby kontrolowane i musiałoby być zwrócone, zanim inne byłoby pożyczone."

„Ojciec mógłby kupić synowi mały komplet narzędzi na jego następne urodziny. Może syn zacząłby dbać o własne narzędzia."

Zauważ, że wszystkie te sugestie kładą nacisk na prewencję. Czy nie byłoby cudownie, gdybyśmy zawsze mogli przewidzieć następstwa. Na te chwile, kiedy nie mamy ani pomysłu, ani energii, proponuję zamiast stosowania kar pewne inne metody, które mogą być wprowadzone natychmiast.

**Zamiast karania:**

1. Wskaż, w czym dziecko mogłoby ci pomóc.
2. Wyraź ostry sprzeciw (nie atakując charakteru).
3. Wyraź swoje uczucia i oczekiwania.
4. Pokaż dziecku, jak może naprawić zło.
5. Zaproponuj wybór.
6. Przejmij inicjatywę.
7. Daj dziecku odczuć konsekwencje złego zachowania.

# ZAMIAST KARANIA (cd.)

ZAMIAST

WSKAŻ, W CZYM DZIECKO MOGŁOBY CI POMÓC

ZAMIAST

WYRAŹ OSTRY SPRZECIW (BEZ ATAKOWANIA CHARAKTERU)

## ZAMIAST KARANIA (cd.)

ZAMIAST

ZAPROPONUJ WYBÓR

ZAMIAST

ZAREAGUJ (POŁÓŻ TEMU KRES,
POZBAW SWOBODY RUCHÓW)

Przypuśćmy jednak, że mały zachowuje się tak źle, że matka musi opuścić sklep. Co wtedy? Następnego dnia bez kazań i moralizowania można dać mu odczuć konsekwencje złego zachowania.

MAMO, DOKĄD IDZIESZ?
PO ZAKUPY
JA TEŻ CHCĘ IŚĆ.
DZISIAJ NIE.
DLACZEGO NIE?
TY MI POWIEDZ, DLACZEGO.
BO BIEGAŁEM PO SKLEPIE?
ZGADŁEŚ.
PRZEPRASZAM. DAJ MI JESZCZE JEDNĄ SZANSĘ.
BĘDZIESZ MIAŁ JESZCZE WIELE SZANS, BILLY. DZISIAJ IDĘ SAMA.

# ZAMIAST KARANIA (cd.)

WYRAŻ OTWARCIE SWOJE UCZUCIA　　WYRAŻ SWOJE OCZEKIWANIA

POKAŻ DZIECKU, JAK MOŻE NAPRAWIĆ ZŁO

Dla wielu dzieci takie podejście do sprawy będzie wystarczające, aby zachęcić je do bardziej odpowiedzialnych działań.

## ZAMIAST KARANIA (cd.)

Przypuśćmy jednak, że dziecko nadal pożycza i zapomina oddać przybory?

ZAPROPONUJ WYBÓR

A jeżeli nadal postępuje tak samo?

PRZEJMIJ INICJATYWĘ

A teraz spójrzmy na inny sposób, w jaki rodzice mogą radzić sobie z tym kłopotliwym problemem. Pod koniec zajęć grupy jedna z matek opisała trudności, jakie miała z synem Bobbym, który nie przychodził do domu na czas. Mówiła nam o ciągłych jego przeprosinach, złamanych przyrzeczeniach i popsutych zegarkach.

Domyśliliśmy się, że jej problem nie jest wyjątkowy.

Przed następnym spotkaniem przygotowałam ćwiczenie dla grupy. Posłużyłam się prawdziwą sytuacją i przedstawiłam ją inaczej, z punktu widzenia Bobby'ego. Napisałam trzy możliwe sposoby, przy pomocy których rodzice mogliby radzić sobie z chronicznym spóźnianiem się Bobby'ego.

Wykonaj teraz, proszę, to ćwiczenie. Po przeczytaniu historii Bobby'ego i reakcji każdego rodzica, napisz, jak twoim zdaniem mógł czuć się Bobby.

Opowiadanie Bobby'ego. *Po szkole lubię bawić się z kolegami na boisku szkolnym. Wiem, że w domu mam być około 5.45, ale czasem o tym zapominam. Wczoraj i przedwczoraj spóźniłem się. Mama była na mnie wtedy taka wściekła, że tym razem upewniłem się u kolegi, która godzina. Nie chciałem, żeby mama znowu na mnie krzyczała. Przyjaciel powiedział mi, że jest 6.15. Natychmiast przerwałem zabawę i całą drogę do domu biegłem. Tłumaczyłem mamie, że ja pamiętałem, by zapytać o to, która jest godzina, ale wtedy było już późno i biegłem do domu tak szybko, jak tylko mogłem.*

**Odpowiedź pierwszego rodzica:**

*Mam dosyć twoich tłumaczeń! Wiem teraz, że nie można ci wierzyć. Tym razem będziesz ukarany. W przyszłym tygodniu codziennie po powrocie ze szkoły zostaniesz w domu. I nie myśl, że będziesz na okrągło siedział przed telewizorem; powiem opiekunce, że nie możesz oglądać telewizji również wtedy, kiedy mnie nie będzie w domu. Możesz teraz iść prosto do swego pokoju, bo już jest po obiedzie.*

Co mógłby Bobby sobie pomyśleć?

..............................................................................................................

..............................................................................................................

..............................................................................................................

..............................................................................................................

**Odpowiedź drugiego rodzica:**

*Ojej, jesteś cały spocony. Zaraz wytrę ci twarz. Przyrzeknij mi, że nigdy więcej się nie spóźnisz.*

*Jestem przez ciebie kłębkiem nerwów. Wejdź; umyj ręce, pośpiesz się, proszę, bo obiad stygnie. Może odgrzeję ci go.*

Co mógłby Bobby sobie pomyśleć?

...................................................................................................................

...................................................................................................................

...................................................................................................................

...................................................................................................................

**Odpowiedź trzeciego rodzica:**

*Mówisz mi, że robiłeś wysiłki i to mnie cieszy, ale ciągle jestem zdenerwowany. Nie chcę już więcej martwić się z tego powodu. Oczekuję od ciebie, że kiedy powiesz: „Będę w domu o 5.45", to tak będzie.*

*Jedliśmy już. Nie ma więcej kurczaka, ale jeśli chcesz, możesz zrobić sobie kanapkę.*

Co mógłby Bobby sobie pomyśleć?

...................................................................................................................

...................................................................................................................

...................................................................................................................

...................................................................................................................

Oczywiście nie ma sposobu ustalenia, co naprawdę pomyślałby sobie Bobby, ale może zainteresują cię myśli rodziców w grupie, którzy robili to ćwiczenie. W ich odczuciach pierwszy rodzic był zbyt surowy. (Dziecko myślałoby: „Ona jest wstrętna. Zemszczę się".) Drugi rodzic był zbyt pobłażliwy. (Dziecko myślałoby: „Mogę pozwolić sobie na wszystko".) Trzeci rodzic był taki, jaki powinien. Nie dawał się wodzić za nos, ale nie był zbyt karcący. (Dziecko mogłoby pomyśleć: „Mama jest rzeczywiście wściekła. Będę od dzisiaj przychodził do domu na czas. Poza tym ona ma do mnie zaufanie. Nie mogę pozwolić, by je straciła. I nie lubię przygotowywać sobie kanapki".)

Pamiętając o tym ćwiczeniu, matka Bobby'ego wróciła do domu i wypróbowała ostatni sposób. Był skuteczny przez trzy tygodnie. Potem syn wrócił do złych przyzwyczajeń. Matka nie wiedziała, co począć. Kiedy opisała swoje frustracje, wiele pytań pojawiło się w grupie: „Co można zrobić w przypadku takim jak ten?" „Przypuśćmy, że rzeczywiście próbowałeś wszystkiego, a problem ciągle istnieje?" „Co możemy zrobić, kiedy wydaje się, że pozostała już tylko kara?"

Kiedy problem pozostaje nierozwiązany, zwykle zakładamy, że jest bardziej złożony, niż wydawał się początkowo. Problem złożony wymaga bardziej złożonych metod. Doradcy rodziców, konsultanci, doradcy małżeńscy opracowali szczegółowe metody rozwiązywania trudnych konfliktów. Oto wersja, którą zaprezentowałam grupie.

**Aby rozwiązać problem:**

Krok 1. Porozmawiaj o dziecięcych odczuciach i potrzebach.

Krok 2. Porozmawiaj o twoich odczuciach i potrzebach.

Krok 3. Wspólnie zastanówcie się nad znalezieniem obopólnie korzystnego rozwiązania.

Krok 4. Wypisz wszystkie pomysły bez oceniania ich.

Krok 5. Zadecyduj, który pomysł ci się podoba, który nie, a który planujesz wprowadzić w życie.

## ABY ROZWIĄZAĆ PROBLEM

KROK 1.

Porozmawiaj o dziecięcych odczuciach i potrzebach

KROK 2.

Porozmawiaj o twoich odczuciach i potrzebach

ABY ROZWIĄZAĆ PROBLEM (cd.)

KROK 3.

Wspólnie zastanówcie się nad znalezieniem obopólnie korzystnego rozwiązania

KROK 4.

Wypisz wszystkie pomysły bez oceniania ich

## ABY ROZWIĄZAĆ PROBLEM (cd.)

KROK 5.

Zadecyduj, który pomysł ci się podoba, który nie, a który planujesz wprowadzić w życie

Po przedstawieniu w grupie kolejnych etapów rozwiązywania problemu, zdecydowaliśmy, że byłoby wskazane, gdybyśmy zagrali tę sytuację z podziałem na role. Ja grałam matkę, a prawdziwa matka grała rolę swojego syna Bobby'ego. A oto zapisany dialog, który przeprowadziłyśmy tego wieczoru, zanotowany na taśmie magnetofonowej. Jak się okazuje,matka wczuła się w postać syna z całym sercem:

**MATKA:** Bobby, chciałabym z tobą o czymś porozmawiać. Czy to odpowiednia chwila?

**BOBBY:** (*podejrzliwie*) O key. O co chodzi?

**MATKA:** To w sprawie przychodzenia na czas do domu na obiad.

**BOBBY:** Mówiłem ci, próbowałem, ale ja zawsze muszę wychodzić w środku zabawy.

**MATKA:** Och.

**BOBBY:** Nikt inny nie musi iść tak wcześnie jak ja. Nikt!

**MATKA:** Hmm.

**BOBBY:** A ja ciągle muszę pytać wszystkich o czas. Mój głupi zegarek jest zepsuty, a oni zawsze mówią mi: „Zamknij się, utrapienie z tobą".

**MATKA:** Och, to może denerwować.

**BOBBY:** Aha! Ten Kenny nazywa mnie dzieckiem.

**MATKA:** Jeszcze to! Z tego co słyszę, jesteś pod presją innych dzieci.

**BOBBY:** No właśnie.

**MATKA:** Bobby, wiesz co o tym myślę?

**BOBBY:** Tak, chcesz bym był w domu o czasie.

**MATKA:** To jedna sprawa, ale przede wszystkim niepokoję się, kiedy się spóźniasz.

**BOBBY:** A więc przestań się niepokoić.

**MATKA:** Chciałabym się nie niepokoić. Wiesz co, zastanówmy się razem i spójrzmy na nowo na tę sprawę. Zobaczymy, czy potrafimy wymyślić jakieś rozwiązanie dobre dla każdego z nas. (*Matka bierze ołówek.*) Zaczynaj.

**BOBBY:** Przychodzę do domu później, a ty nie niepokoisz się.

**MATKA:** Dobrze. Zanotuję to. Co jeszcze?

**BOBBY:** Nie wiem.

**MATKA:** Mam pomysł. Mogłabym przyjść po ciebie na boisko.

**BOBBY:** Nie... to nie jest dobry pomysł.

**MATKA:** Zapisujemy wszystkie pomysły. Później zadecydujemy, który nam się podoba, a który nie. Co jeszcze?

**BOBBY:** (*długa przerwa*) Myślę, że mógłbym wyregulowć mój zegarek.

**MATKA:** (*pisze: „Wyregulować zegarek".*) Coś jeszcze?

**BOBBY:** Dlaczego zawsze musimy jadać razem? Nie mogłabyś po prostu zostawić dla mnie obiadu?

**MATKA:** (*pisze: „Zostawić obiad".*) Dni są teraz dłuższe. Myślę, że moglibyśmy jeść obiad piętnaście minut później.

**BOBBY:** Tylko piętnaście minut!

**MATKA:** Hmm... (*pisze: „Jeść piętnaście minut później".*) Są jeszcze jakieś pomysły, czy przejrzymy teraz naszą listę i zobaczymy, co chcemy skreślić, a co zatrzymać?

**BOBBY:** Zobaczymy.

**MATKA:** (*czyta*) Możliwe rozwiązania.

*Bobby przychodzi do domu później. Mama nie niepokoi się.*
*Przyjść po Bobby'ego na boisko.*
*Wyregulować zegarek.*
*Zostawić obiad w piecyku.*
*Jeść piętnaście minut później.*

**BOBBY:** Skreśl to, gdzie przychodzisz po mnie codziennie. Kenny bardzo by mi dokuczał, gdybyś to zrobiła.

**MATKA:** Dobrze... Ale muszę też skreślić *„Przychodzi do domu później"* dlatego, że ten fakt wywołuje mój niepokój. Ale spójrzmy na następny. Myślę, że mogłabym przesunąć obiad na szóstą piętnaście. Czy dodatkowe piętnaście minut pomoże?

**BOBBY:** Nie... No, może trochę.

**MATKA:** Powiedzmy, że czasami mogłabym zostawiać obiad w piecyku, jeżeli wcześniej uprzedziłbyś mnie.

**BOBBY:** Aha, pozostaw: *„Wyregulować zegarek"*.

**MATKA:** Dobrze, ale problem z tym jest taki, że już drugi raz ten zegarek się zepsuł i ostatnio znowu musiałam płacić za jego naprawę.

**BOBBY:** Mam zaoszczędzone pieniądze. Prawie cztery dolary. Czy to wystarczy na naprawę?

**MATKA:** Nie bardzo... ale ja oczywiście pomogę. Myślę, że tato i ja moglibyśmy dołożyć resztę.

**BOBBY:** Będę ostrożny, przysięgam. Zdejmę go, kiedy będziemy się z Kennym mocować... I będę spoglądał na zegarek podczas zabawy, żebym wiedział, kiedy wyjść.

**MATKA:** Naprawdę? Hmm... (*patrzy na listę*). A więc zobaczmy, co ustaliliśmy do tej pory. Przesunę obiad na szóstą piętnaście. To da ci piętnaście minut dodatkowej zabawy. Złożymy się i damy do naprawy zegarek. A czasami, kiedy uprzedzisz mnie wcześniej, zatrzymam dla ciebie obiad w piecyku. Jak ci to odpowiada?

**BOBBY:** Dobrze!

Na następnym naszym spotkaniu wszyscy natychmiast zapytaliśmy mamę Bobby'ego, czy spróbowała rozwiązać problem? Jak poszło? Uśmiechnęła się i powiedziała, że spróbowała jeszcze tego samego wieczora, a Bobby był zaintrygowany tym pomysłem. „To było prawie zabawne – powiedziała. – Nasza cała dyskusja sprowadziła się do tego, że on nienawidzi nosić zegarka, a jeśli rodzina mogłaby jeść obiad piętnaście minut później, słyszałby o szóstej gwizdek z remizy i to byłby dla niego sygnał do powrotu. I do tej pory – dodała – dotrzymuje słowa".

Nie wydaje się to trudne, prawda? Ale jest. Najtrudniejszą sprawą nie jest uczenie się każdego kroku. Przy odrobinie ćwiczeń można to osiągnąć. Najtrudniejszą rzeczą jest zmiana, jakiej musimy dokonać w naszym nastawieniu. Musimy zaprzestać myślenia o dziecku jak o problemie, który wymaga korekty. Musimy zrezygnować z przekonania, że ponieważ jesteśmy dorośli, zawsze mamy rację. Musimy przestać się obawiać, że jeżeli nie będziemy wystarczająco czujni, nasze dziecko nas oszuka.

Wymaga to wielkiego aktu wiary i zaufania. Jeżeli znajdziemy czas, usiądziemy i podzielimy się naszymi autentycznymi uczuciami z młodym człowiekiem – to dojdziemy razem do rozwiązań, które będą dobre dla obu stron. W tym sposobie patrzenia jest zawarte ważne przesłanie. Mówi ono: Kiedy pomiędzy nami zaistnieje konflikt, nie musimy mobilizować sił jeden przeciw drugiemu i martwić się, kto okaże się zwycięzcą, a kto pokonanym. Zamiast tego możemy naszą energię wykorzystać na poszukiwanie sposobów rozwiązań, które uwzględniają nasze indywidualne potrzeby. Uczymy nasze dzieci, że one nie muszą być naszymi ofiarami lub wrogami. Dajemy im narzędzia, które umożliwią im branie aktywnego udziału w rozwiązywaniu problemów, przed którymi staną – teraz, gdy są w domu, i w przyszłym trudnym świecie, który na nich czeka.

## Zadanie do wykonania

1. W nadchodzącym tygodniu zastosuj zamiast kary inny sposób. Jaka była reakcja dziecka? ..................................................................

..........................................................................................

..........................................................................................

..........................................................................................

..........................................................................................

..........................................................................................

2. Pomyśl o problemie, który regularnie pojawia się w twoim domu, a który mógłby być rozwiązany przy pomocy poznanych metod. Znajdź czas odpowiedni dla siebie i dziecka, stosowne miejsce i wspólnie rozwiążcie problem.

**DLA SZYBKIEGO PRZYPOMNIENIA...**

## Zamiast karania:

1. Wyraź swoje uczucia, nie atakując charakteru dziecka.
   *„Jestem wściekły, że moja nowa piła została na dworze i zardzewiała na deszczu".*
2. Określ swoje oczekiwania.
   *„Oczekuję, aby moje narzędzia zostały zwrócone po pożyczeniu ich".*
3. Wskaż dziecku, jak może naprawić zło.
   *„Piła potrzebuje teraz trochę szklanej waty i cienkiej warstwy oleju".*
4. Zaproponuj wybór.
   *„Możesz pożyczać moje narzędzia, ale musisz je zwracać, inaczej utracisz przywilej używania ich. Decyduj sam".*
5. Przejmij inicjatywę.
   DZIECKO: Dlaczego pudło z narzędziami jest zamknięte?
   OJCIEC: Ty mi powiedz dlaczego?
6. Wspólnie rozwiąż problem.
   *„Możemy ustalić, że będziesz używał moich narzędzi, kiedy zechcesz, ale ja chcę być pewien, że będą na swoim miejscu, kiedy będę ich potrzebował".*

Część II

# Pytania, zalecenia i relacje rodziców

## *Pytania dotyczące stosowania kar*

**1. Jeżeli małe dziecko, które jeszcze nie mówi, dotyka czegoś, czego nie powinno, czy można je uderzyć po rączce?**

To, że dzieci nie mówią, nie znaczy, że nie słuchają i nie rozumieją. Małe dzieci uczą się w każdej minucie każdego dnia. Rzecz w tym, czego się uczą. Rodzice mają wybór. Matka może wielokrotnie uderzać dziecięcą rączkę, dając dziecku do zrozumienia w ten sposób, że jedynym sposobem nauczenia go, czego nie należy robić, jest klaps. Może też potraktować dziecko jako pełnego godności małego człowieka, przekazując mu informacje, z których będzie korzystał teraz i do końca swego życia. Jeżeli postanowi sprzeciwić się dziecku, może powiedzieć mu surowo i wyraźnie:

„Noże nie są do lizania. Możesz lizać łyżkę, jeśli chcesz".

„Ten piesek z porcelany może się zbić. Twój wypchany piesek nie zbije się".

Czasem trzeba powtarzać tę samą informację wiele razy, ale powtórzona informacja dostarcza więcej treści niż powtórzony klaps.

**2. Jaka jest różnica pomiędzy karą a naturalnymi konsekwencjami? Czy nie są to po prostu różne słowa odnoszące się do tej samej rzeczy?**

Stosowanie kary to celowe odbieranie dziecku pewnej możliwości dysponowania własnym czasem lub sprawianie mu bólu. Natomiast konsekwencje są naturalnym wynikiem zachowania się dziecka. Ojciec w jednej z grup podzielił się z nami doświadczeniami, które podsumowują różnicę pomiędzy karą a konsekwencjami. A oto jego słowa:

Mój kilkunastoletni syn poprosił, abym mu pożyczył marynarski niebieski sweter, ponieważ pasowałby do jego nowych dżinsów. Powiedziałem mu: „W porządku, ale bądź ostrożny", i zapomniałem o całej sprawie. Tydzień później, kiedy chciałem założyć sweter, znalazłem go pod stertą płyt na podłodze w jego pokoju. Plecy były pokryte kredą, a przód był poplamiony czymś, co wyglądało jak sos od spaghetti.

Byłem wściekły, ponieważ zdarzyło się to nie pierwszy raz, i przysięgam, że gdyby w tym momencie wszedł, powiedziałbym mu, że może zapomnieć o pójściu ze mną na mecz w niedzielę, że bilet dam komuś innemu.

W każdym razie, kiedy zobaczyłem go później, byłem już trochę spokojniejszy, ale mimo to zwymyślałem go. Syn bąkał, że jest mu przykro, ale po tygodniu poprosił mnie ponownie o sweter. Powiedziałem: „Nic z tego". Żadnych kazań. Żadnych wykładów. Wiedział dlaczego.

Miesiąc później poprosił mnie o kraciastą koszulę na wycieczkę szkolną. Odpowiedziałem: „Słuchaj, zanim ci coś znowu pożyczę, potrzebuję ubezpieczenia – na piśmie – że zwrócisz koszulę w tym samym stanie, w jakim ją pożyczyłeś". Wieczorem znalazłem liścik na moim biurku.

*Drogi Tato,*

*Jeżeli pozwolisz mi pożyczyć swoją koszulę, zrobię wszystko, aby utrzymać ją w czystości.*

*Nie będę opierał się o tablicę. Nie będę wkładał długopisu do kieszeni. A kiedy będę jadł lunch, wezmę papierową chusteczkę.*

*Pozdrowienia*
*Mark*

Byłem tym zaskoczony. Sądzę, że napisanie liściku, tak samo jak dotrzymanie słowa nie było dla niego rzeczą łatwą.

Koszula została zwrócona i powieszona na wieszaku następnego wieczora, była czysta!

Ta historia pokazała nam naturalnie konsekwencje wydarzenia. Pierwszą naturalną konsekwencją zwrotu pożyczonej rzeczy w złym stanie było niezadowolenie właściciela. Inną naturalną konsekwencją było ociąganie się z pożyczeniem czegoś ponownie. Jest też możliwe, że właściciel zmieni zdanie, jeżeli otrzyma konkretny dowód, że historia się znowu nie powtórzy. Jednak odpowiedzialność za zmianę zdania zależy oczywiście od pożyczającego. Właściciel nie musi robić niczego, aby „dawać lekcję". Jest dużo łatwiej uczyć się na przykładzie reguł ludzkich reakcji, niż od osoby, która decyduje się ukarać „dla twego własnego dobra".

**3. W zeszłym tygodniu znalazłam stos skórek od pomarańcz na tapczanie. Kiedy spytałam moich chłopców: „Kto to zrobił?" – jeden wskazał na drugiego. Jeżeli nie jest to dobry sposób, ażeby dowiedzieć się, które dziecko jest winne i ukarać je, to co mogę zrobić?**

Pytanie: „Kto to zrobił?" zwykle powoduje automatyczną odpowiedź: „Ja nie", co w rezultacie prowadzi do stwierdzenia „więc jeden z was musi kłamać". Im bardziej próbujemy dotrzeć do prawdy, tym głośniej dzieci deklarują swoją niewinność.

Kiedy widzimy coś, co nas złości, bardziej pożyteczne jest wyrażenie tej złości, niż ustalenie winowajcy i ukaranie go:

„Wpadam w szał, kiedy widzę żywność na tapczanie! Skórki od pomarańcz mogą go poplamić nieodwracalnie".

W tym przypadku możesz usłyszeć chór: „Ale ja tego nie zrobiłem. On mnie sprowokował. To pies zrobił".

Jest to jednak okazja, aby powiedzieć wszystkim: „Nie interesuje mnie, kto to zrobił. Interesuje mnie to, żeby tapczan był czysty".

Nie obwiniając i nie karząc, wyzwalamy w dziecku zdolność skupienia się i wzięcia odpowiedzialności zamiast szukania odwetu.

„Teraz oczekuję od was obu pomocy w wyczyszczeniu tapczanu i usunięciu skórek i śmieci".

**4. Mówisz, że zamiast karania lepiej jest wyrazić swoje niezadowolenie. Kiedy to czynię, moje dziecko czuje się winne i jest tak nieszczęśliwe przez pozostałą część dnia, że jestem zaniepokojona. Czy to możliwe, abym posunęła się zbyt daleko?**

Rozumiem twój niepokój. Dr Selma Fraiberg w swojej książce *The Magic Years* pisze: „Dziecko powinno czuć czasem naszą dezaprobatę, ale gdy nasza reakcja jest tak silna, że dziecko czuje się bezwartościowe i lekceważone, to znaczy, że zrobiliśmy niewłaściwy użytek z naszej siły i stworzyliśmy możliwość wyolbrzymienia poczucia winy; niechęć do siebie może mieć znaczenie w rozwoju osobowości dziecka".

Dlatego też sądzę, że w chwili niezadowolenia, kiedy to tylko możliwe, rodzice powini ukazać dziecku sposób zadośćuczynienia. Po początkowych wyrzutach sumienia dziecko potrzebuje szansy, aby odzyskać dobre mniemanie o sobie samym, jako znowu poważanym, odpowiedzialnym członku rodziny.

Jako rodzice możemy dać mu tę szansę. Oto pewne przykłady:

„Jestem wściekła! Dziecko ładnie się bawiło, dopóki nie zabrałeś mu grzechotki. Mam nadzieję, że znajdziesz teraz jakiś sposób, aby je uspokoić!"

(Zamiast: „Znowu doprowadziłeś dziecko do płaczu. Dostaniesz w skórę".)

„Denerwuje mnie, kiedy wracam do domu i zastaję zlew pełen brudnych naczyń, podczas gdy dałeś słowo, że je umyjesz. Chcę, żeby były umyte i ułożone przed pójściem spać!"

(Zamiast: „Możesz pożegnać się z jutrzejszym wyjściem wieczorem. Może to nauczy cię dotrzymywać słowa".)

„Wysypałeś całe pudełko proszku na podłodze w łazience. Taki bałagan bardzo mnie złości. Proszek nie jest do zabawy! Chcę, aby zaraz został zmieciony i wsypany do czystej torebki".

(Zamiast: „Zobacz, ile przysporzyłeś mi pracy. Nie będzie dziś wieczorem oglądania telewizji".)

Zdania takie jak te mówią dziecku: „Nie lubię tego, co zrobiłeś i oczekuję od ciebie, że będziesz uważał". Mamy nadzieję, że w późniejszym życiu, jako dorosły, kiedy zrobi coś, czego będzie żałował, pomyśli raczej: „Co mogę robić, aby naprawić swój czyn", niż: „To co robiłem, dowodzi, że jestem osobą bezwartościową, która zasługuje na karę".

**5. Ja już nie stosuję kar. Teraz kiedy upominam mego syna za coś, co zrobił źle, mówi: „przepraszam". Ale następnego dnia robi znowu to samo. Co mogę z tym zrobić?**

Niektóre dzieci traktują „przepraszam", jako sposób na ułagodzenie zeźlonego rodzica. Natychmiast przepraszają i tak samo szybko powracają do złych nawyków. W takim przypadku powinniśmy je uświadomić, że nawet wtedy, kiedy autentycznie będą przepraszać, ich uczucie żalu może być potraktowane jako działanie pozorne. Temu „wiecznemu grzesznikowi" można powiedzieć:

*„Przepraszam – znaczy inne zachowanie".*

*„Przepraszam – znaczy wprowadzenie zmian".*

*„Cieszę się, że przepraszasz. To pierwszy krok. Natomiast teraz zastanów się, co z tym zrobić".*

## Eksperci wypowiadają się na temat stosowania kar

Od czasu do czasu pojawiają się wypowiedzi aprobujące i zachęcające do stosowania kar, a nawet instruujące, jak to robić. („Postrasz karą, zanim będzie za późno". „Karać tak szybko, jak to możliwe". „Dostosujmy karę do czynu".)

Często u nieswiadomych, bezradnych rodziców ten rodzaj zachęty znajduje zrozumienie. Poniżej przytaczamy cytaty zdań różnych specjalistów zdrowia psychicznego, którzy mają inny punkt widzenia na temat stosowania kar.

Karanie jest bardzo nieefektywną metodą utrzymania dyscypliny (...) Rzecz dziwna, kara często daje ten efekt, że uczy dziecko zachowywać się dokładnie odwrotnie, niż chcielibyśmy, aby się zachowywało! Wielu rodziców stosuje kary po prostu dlatego, że nikt nie nauczył ich lepszego sposobu utrzymania dyscypliny!

Fitzhugh Dodson, *How to Father*, Signet, 1974

Utrzymywanie dziecka w ryzach może być frustrujące. Jednakże należy podkreślić, że dyscyplina oznacza naukę. Dyscyplina jest dokładnie ułożonym programem, który pomaga ludziom rozwinąć wewnętrzną samokontrolę i skuteczność. Dyscyplina – aby skutkowała – wymaga wzajemnego uszanowania i zaufania. Natomiast stosowanie kary wymaga zewnętrznej kontroli nad osobą karaną poprzez używanie przemocy i przymusu. Zwolennicy karania rzadko ufają karanemu.

Brian G. Gilmartin, *The case Against Spanking*, „Human Behavior", February 1979, vol. 8, nr 2.

Przeglądając literaturę można wysnuć wniosek, że stosowanie przez rodziców kar fizycznych nie powstrzymuje agresji, a nawet do niej zachęca. Karanie bowiem frustruje dziecko i jednocześnie daje mu wzór do naśladowania i uczenia się zachowań agresywnych.

*Violence and the Struggle for Existence*, Work of the Committee on Violence of the Department of Psychiatry, Standford University School of Medicine, Edited by David N. Daniels, Marshall F. Gilula, and Frank M. Ochberg, Little, Brown and Company, 1970.

Zakłopotani i zdezorientowani rodzice mają fałszywą nadzieję, że kara przypuszczalnie przyniesie rezultat. Nie uświadamiają sobie, że ich metody prowadzą donikąd (...) Stosowanie kar tylko pomaga dziecku rozwinąć z większą siłą opór i nieposłuszeństwo.

Rudolf Dreikurs, *Children: The Challenge*, Hawthorn, 1964.

Stosowanie kar może prowadzić do przyswojenia sobie przez dziecko zachowań niezamierzonych przez rodziców. Może ono nauczyć się, jak z powodzeniem unikać poczucia winy za złe zachowanie poprzez ustalenie czasu, w którym kara anuluje „przestępstwo", i że potem – płacąc za psoty – dziecko może popełnić je znowu, bez poczuwania się do winy.

Dziecko, które robi wszystko, aby „dostać w skórę", nosi ukryty dług w rejestrze grzechów, który ma być starty przez rodziców przy pomocy bicia. Bicie jest właśnie tym, czego dziecko nie potrzebuje.

Selma H. Fraiberg, *The Magic Years*, Scribners, 1959

Naukowcy twierdzą, że jeden na pięciu rodziców doznaje przykrych upokorzeń od swoich dzieci: popychanie, szturchanie, gwałtowne, obraźliwe słowa... Jest to „jawny dowód", że fizyczne nadużycia stosowane przez rodziców są obecnie próbowane na ich plecach.

„Newsday", August 15, 1978

## Zamiast karania

(relacje rodziców)

Moja czteroletnia córka, Marnie, zawsze była bardzo trudnym dzieckiem. Doprowadza mnie do takiej furii, że tracę nad sobą kontrolę. W zeszłym tygodniu wróciłam do domu i odkryłam, że porysowała tapetę w swoim pokoju. Byłam tak wściekła, że dałam jej solidnie w skórę. Powiedziałam jej, że odbieram jej kredki, co też zrobiłam.

Następnego ranka obudziłam się i myślałam, że umrę. Mała wzięła moją szminkę i pobazgrała płytki w łazience. Miałam ochotę ją udusić, ale powstrzymałam się. Bardzo spokojnie spytałam: „Marnie, czy zrobiłaś to, bo byłaś zła na mnie, że zabrałam ci ołówki?"

Pokiwała głową.

Powiedziałam: „Marnie, ja jestem bardzo, ale to bardzo zła, kiedy ściany są tak popisane. Zmycie ich i doprowadzenie do czystości kosztuje mnie wiele pracy".

Czy wiecie, co córka zrobiła? Wzięła ścierkę i zaczęła ścierać szminkę. Pokazałam jej, jak używać mydła i wody, a ona pracowała przy kafelkach około dziesięciu minut.

Potem zawołała mnie i pokazała, że usunęła większość szminki. Podziękowałam jej i oddałam kredki oraz papier, na wypadek gdyby chciała rysować.

Byłam z siebie tak dumna, że odwołałam męża z pracy, aby opowiedzieć mu, co zrobiłam.

Minął już miesiąc i Marnie nie rysowała od tego czasu na ścianach.

*

Kiedy tylko przekroczyłam próg domu, po spotkaniu w zeszłym tygodniu, zadzwonił telefon. Była to nauczycielka od matematyki Donny'ego. Wydawało mi się, że jest bardzo zła. Powiedziała mi, że mój syn opuścił się w nauce i ma niedobry wpływ na klasę, że ciągle nie zna tabliczki mnożenia, że prawdopodobnie potrzebuje zwiększonej „dyscypliny" w domu. Podziękowałam jej za telefon, ale wewnętrznie dygotałam. Moją pierwszą myślą było: „Powinien być ukarany. Nie będzie w ogóle oglądał telewizji, aż nie nauczy się tabliczki mnożenia i nie zacznie lepiej zachowywać się w klasie".

Szczęśliwie miałam godzinę, aby ochłonąć, zanim syn wrócił ze szkoły. Potem miała miejsce następująca rozmowa:

JA: Pani K. dzwoniła dzisiaj i była bardzo zdenerwowna.

DONNY: Och, ona zawsze się czymś denerwuje.

JA: Sądzę, że musi to być poważna sprawa, skoro otrzymuję telefon ze szkoły. Ona powiedziała, że masz niedobry wpływ na klasę i że nie znasz tabliczki mnożenia.

DONNY: To Mitchell uderzył mnie w głowę swoim zeszytem. No, więc oddałem mu moim.

**JA:** Czy musisz rewanżować się?

**DONNY:** Co znaczy rewanżować się?

**JA:** Odpłacać się mu tym samym.

**DONNY:** Tak, właśnie. A czasami pisze do mnie liściki i rozprasza moją uwagę. A później kopie w moje krzesło tak długo, aż mu nie odpowiem.

**JA:** Nie ma wątpliwości, że nie nauczyłeś się.

**DONNY:** Umiem mnożyć do sześciu. Nie umiem tylko przez siedem i osiem.

**JA:** Hmmm... Donny, czy myślisz, że łatwiej byłoby ci się skoncentrować w klasie, gdyby Mitchell nie siedział obok ciebie?

**DONNY:** Nie wiem... Może... Mógłbym nauczyć się mnożyć przez siedem i osiem, gdybym się przyłożył.

**JA:** Myślę, że pani K. powinna o tym wiedzieć. Napiszemy do niej list. Zgadzasz się? (*Dony potakuje głową.*)

Wyjęłam pióro i napisałam:

„*Droga pani K.*

*Omówiłam naszą telefoniczną rozmowę z Donnym i on mówi...*"

**JA:** Donny, co ja powinnam jej napisać?

**DONNY:** Napisz jej, żeby posadziła mnie dalej od Mitchella.

**JA:** (*pisząc*) „*Mówi, że chciałby zmienić miejsce, by nie siedzieć zbyt blisko Mitchella*". Czy tak dobrze?

**DONNY:** Aha.

**JA:** Coś jeszcze?

**DONNY:** (*długa przerwa*) Napisz jej, że wykonam mnożenie przez siedem i osiem i nauczę się tego.

**JA:** (*piszę i czytam mu* ): „*Planuje on również wykonać mnożenie przez siedem i osiem i nauczyć się tego*". Jeszcze coś?

**DONNY:** Nie.

**JA:** Zakończę tak: „*Dziękuję za zainteresowanie się tą sprawą*".

Cały list przeczytałam ponownie Donny'emu. Oboje podpisaliśmy go i następnego dnia syn zaniósł list do szkoły. Wiem, że coś musiało się zmienić, gdyż kiedy wróciłam do domu pierwszą rzeczą, którą mi powiedział, było, że pani K. zmieniła mu miejsce i „była dla mnie dzisiaj miła".

*

Tę historię opowiedziała nam matka, która na kilku pierwszych spotkaniach siedziała ponura i potrząsała tylko głową. Na czwartym spotkaniu zaczęła się zwierzać:

Nie sądziłam, że to, co tutaj usłyszałam, trafiłoby do mojego dziecka. Van jest taki uparty, krnąbrny: jedyną rzeczą, której się boi, jest kara. W zeszłym tygodniu o mało nie zemdlałam, kiedy sąsiadka powiedziała mi, że widziala go przekraczającego ruchliwe skrzyżowanie w miejscu, gdzie było to surowo zakazane. Nie wiedziałam, co zrobić. Już wcześniej zabrałam mu rower i telewizor, kieszonkowe... Co mi pozostało? Zdesperowana postanowiłam wypróbować to, o czym mówiliśmy na spotkaniu grupy.

Kiedy przyszliśmy do domu, powiedziałam: „Van, mam pewien problem. Myślę, że wiem, co czujesz. Chcesz dostać się na drugą stronę ulicy, kiedy ci to odpowiada, bez proszenia kogokolwiek, aby ci pomógł przejść. Czy mam rację?" Pokiwał głową. „Powiem ci, co ja czuję. Martwię się, kiedy myślę o sześcioletnim chłopcu przechodzącym niebezpieczną ulicą, gdzie było tak wiele wypadków. Skoro zaistniał problem, trzeba go rozwiązać. Pomyśl nad tym i przy kolacji powiesz mi, co wymyśliłeś". Van natychmiast zaczął mówić. Powiedziałam: „Nie teraz. To bardzo poważna sprawa. Chciałabym, abyśmy oboje dobrze ją przemyśleli. Pomówimy o tym przy kolacji, kiedy będzie tatuś".

Tego wieczoru zawczasu „przygotowałam" męża, aby „tylko słuchał". Van umył ręce i natychmiast zajął swoje miejsce. Jak tylko ojciec wszedł do pokoju, mały powiedział z podnieceniem: „Znalazłem rozwiązanie! Każdego wieczoru, kiedy tatuś przyjdzie do domu, będziemy chodzić na skrzyżowanie i on będzie mnie uczył, jak poznawać światła i kiedy przechodzić". Zrobił chwilę przerwy i powiedział: „A na moje siódme urodziny przejdę ulicę sam".

Mój mąż o mało nie spadł z krzesła. Myślę, że oboje z mężem nie docenialiśmy naszego syna.

*

Nicky, lat dziesięć, powiedział mi (kiedy w wielkim pośpiechu przygotowywałam obiad, gdyż miałam wyjść), że z jego podręczników trzy zginęły i że muszę wysłać dziewięć dolarów. Doprowadziło mnie to do furii. W pierwszym momencie chciałam go uderzyć lub ukarać. Jednak, chociaż byłam na granicy wytrzymałości, w jakiś sposób udało mi się nad sobą zapanować i zaczęłam zdanie od „ja". Myślę, że mój krzyk był tak głośny, jak tylko jest to możliwe.

„Jestem wściekła! Za chwilę wyjdę z siebie! Trzy książki zgubione i teraz muszę wybulić za nie dziewięć dolarów! Jestem taka zła, że eksploduję! I mówisz to wszystko, kiedy spieszę się z obiadem, bo muszę wyjść, a na dodatek teraz muszę przerwać swoją pracę i zanotować przez telefon zadanie domowe! Chyba pęknę ze złości".

Kiedy przestałam krzyczeć, w drzwiach ukazała się skupiona twarz Nicky'ego: „Mamo, przepraszam. Nie musisz dawać tych dziewięciu dolarów, ja wezmę je z mojego kieszonkowego".

Myślę, że uśmiechnęłam się szeroko jak nigdy. Jestem pewna, że nigdy przedtem nie przestałam złościć się tak szybko i tak zdecydowanie. Jakie znaczenie ma kilka zgubionych książek dla osoby mającej syna, który rzeczywiście troszczy się o jej uczucia!

# Część III

# Więcej na temat rozwiązywania problemów

## *Zanim przystąpisz do rozwiązywania problemów*

Jest rzeczą ważną, aby – zanim przystąpimy do rozwiązywania problemów – przygotować się do tego psychicznie. Dlatego powiedzmy sobie:

„Muszę, jak to jest tylko możliwe, akceptować i dostosować się do uczuć mojego dziecka. Muszę wsłuchiwać się w informacje i uczucia, które przedtem były dla mnie nieważne".

„Muszę dawać jasne sądy, oceny i wypowiedzi. Nie będę przekonywać i namawiać!"

„Rozważę wszystkie nowe pomysły, nieważne jak dziwaczne!"

„Nie należy się spieszyć. Jeżeli nie znajdę natychmiastowego rozwiązania, znaczy to, że powinniśmy głębiej przemyśleć sprawę, dokładniej ją zbadać i lepiej ją omówić".

Kluczem do wszystkiego jest słowo „szacunek" – dla mojego dziecka i dla mnie – ze względu na nieograniczone możliwości, jakie mogą się zdarzyć, gdy dwoje ludzi dobrej woli będzie współpracować w rozwiązaniu problemu.

## Uwagi o każdym etapie procesu rozwiązywania problemów

Zanim zadasz sobie pytanie: „Czy ciągle podchodzę do spraw emocjonalnie, czy też mam dość wewnętrznego spokoju, aby rozpocząć cały ten proces?" (nie można rozwiązywać problemu, będąc w stanie wzburzenia), wybadaj, jaki jest nastrój twojego dziecka. Czy jest to odpowiednia chwila, aby zacząć z nim rozmowę? Jeżeli obie odpowiedzi będą twierdzące, wtedy:

**1. Porozmawiaj o uczuciach dziecka.**

(„Wyobrażam sobie, jak musisz się czuć...") Nie działaj pośpiesznie. Niech twoje nastawienie będzie takie: „Ja naprawdę staram się zrozumieć, jak ty to czujesz". Tylko wtedy, kiedy wsłuchasz się i zrozumiesz uczucia twego dziecka, będzie ono zdolne zrozumieć twoje uczucia.

**2. Porozmawiaj o swoich uczuciach.**

(„Powiem ci, jak ja to czuję".) Niech ta rozmowa będzie krótka i jasna. Dziecku trudno jest słuchać rodzica, który mówi i mówi o swoich obawach, złościach czy urazach.

**3. Zaproponuj dziecku znalezienie obopólnie korzystnych rozwiązań.**

Jeżeli to możliwe, pozwól dziecku przedstawić swoje pierwsze pomysły. Najważniejsze jest powstrzymanie się od oceny lub komentarza na temat któregoś z tych pomysłów. Nagłe przerwanie: „Nie, to nie jest dobre", kończy sprawę i cała robota na nic. Wszystkie pomysły powinny być mile widziane. Bardzo często najbardziej nieprawdopodobne koncepcje mogą prowadzić do wspaniałych, realnych rozwiązań. Zadaniem kluczowym jest: „Zapisujemy wszystkie pomysły". Pisanie nie jest niezbędne, ale przedstawienie każdego pomysłu w formie pisanej nadaje mu w jakiś sposób powagi, ważności. (Przypadkowo usłyszałam, jak jedno z dzieci mówiło: „Moja mama jest taka świetna. Zapisuje wszystkie moje pomysły".)

**4. Zadecyduj, które pomysły ci się podobają, a które nie, i które masz zamiar wprowadzić w życie.**

Wystrzegaj się wyrażeń krytycznych („To głupi pomysł".) Zamiast tego wyraź swoje osobiste zdanie.

*„Czuję, że jest to niezbyt pewne rozwiązanie, gdyż..."*
*Myślę, że to można zrobić".*

**5. Wprowadź plan w życie.**

Tutaj niebezpieczeństwo polega na tym, że przyjmując realne rozwiązanie, możesz dać się ponieść swojej dobrej woli i trudno ci będzie wprowadzić plan w życie. Ważne jest, aby dodać:

*„Jakie kroki musimy podjąć, aby nasz plan zrealizować?"*
*„Kto za co będzie odpowiedzialny?"*
*„Do kiedy musimy to zrobić?"*

**6. Nie pozwól dziecku winić się lub oskarżać.**

DZIECKO: Ech, ale to się nie sprawdziło, bo ty zawsze... Ty nigdy... *(Ważne, aby w takich momentach rodzic stawiał sprawę twardo).*

RODZIC: Nie będziemy się oskarżać lub mówić o przeszłości. Teraz powinniśmy skoncentrować się na rozwiązaniach na przyszłość!

## Pytania dotyczące metody rozwiązywania problemów

**1. Przypuśćmy, że opracowany z dzieckiem plan skutkuje przez jakiś czas, a potem załamuje się. Co wtedy?**

Są to chwile, które wymagają z twojej strony determinacji. Możemy: albo wrócić do „kazań" i karania, albo do naszego pisania. Na przykład:

RODZIC: „Jestem niezadowolony, że nasze ustalenia nie są realizowane. Muszę wykonywać twoją pracę, a to jest dla mnie nie do przyjęcia. Czy damy naszym ustaleniom jeszcze jedną szansę? Może porozmawiamy o tym, co stoi na przeszkodzie ich realizacji? Albo może opracujemy inne rozwiązanie?"

Jako dorośli zdajemy sobie sprawę, że mało jest rozwiązań niezmiennych. To co skutkowało, gdy dziecko miało cztery lata, może zawodzić teraz, kiedy ma pięć; to co skutkowało w zimie, może nie skutkować wiosną. Życie jest ciągłym procesem dostosowywania się i ponownego przystosowywania. Dla dziecka ważne jest ciągłe widzenie siebie, jako uczestnika poszukiwania rozwiązań, niż kogoś kto przysparza problemów.

**2. Czy rozwiązanie problemu musi następować zawsze krok po kroku?**

Nie. Problem może być rozwiązany w każdym punkcie naszego planu. Czasami proste przedstawienie sprzeczności może prowadzić do bardzo szybkich rozwiązań. Na przykład:

MATKA: Mamy tu prawdziwy problem. Chcesz, żebyśmy teraz poszli po trampki. Ja chcę skończyć sortowanie prania, a potem muszę zacząć przygotowywać kolację.

DZIECKO: Może ja mógłbym skończyć bieliznę, a ty przygotowałabyś się, a po przyjściu do domu pomógłbym ci przygotować kolację.

MATKA: Myślę, że to jest możliwe.

**3. Przypuśćmy, że pokonaliśmy wszystkie etapy i nie doszliśmy do rozwiązań satysfakcjonujących, co wtedy?**

To może się zdarzyć. Ale to nic straconego. Omawiając ten problem, każdy staje się bardziej wyczulony na potrzeby drugiego. W trudnej sytuacji często to jest najlepsze, czego mogliśmy się spodziewać. Czasem sprawa wymaga głębszego przemyślenia, aby „dojrzała" przed znalezieniem rozwiązania.

**4. Przypuśćmy, że dziecko odmawia współpracy przy rozwiązaniu problemu, co wtedy?**

Są dzieci, które nie akceptują podobnego działania. Dla tych malców pomocnym okazać się może liścik, opierający się na tych samych zasadach:

*Drogi Johnny,*

*Potrzebuję twoich pomysłów, by rozwiązać problem... Ty prawdopodobnie* (chcesz, potrzebujesz, czujesz...)

*Ja* (chcę, potrzebuję, czuję...)

*Proszę, daj mi znać o rozwiązaniach, które przyjdą ci do głowy, a które mogłyby zadowolić nas obu.*

*Pozdrawiam*
*Tata*

**5. Czy nie jest to sposób, który najlepiej działa w przypadku starszych dzieci?**

Rodzice małych dzieci opowiadali o wielkim sukcesie, jaki odnieśli, stosując tę metodę. Na następnych stronach znajdziesz relacje rodziców o rozwiązywaniu problemów z dziećmi w różnym wieku.

❊

## Rozwiązywanie problemów

(relacje rodziców)

**Sytuacja:** Kołyska, którą pożyczyłam znajomym, właśnie do mnie wróciła. Ustawiłam ją w sypialni. Brian, lat dwa, ogląda ją i jest zafascynowany kołyszącym się koszykiem.

**BRIAN:** Mamo, wchodzę do kołyski.
**MAMA:** Kochany mój, jesteś zbyt duży na kołyskę.
**BRIAN:** Tak, ja wchodzę do kołyski *(zaczyna się wspinać).*
**MAMA:** *(wstrzymując go)* Brian, mama powiedziała, że jesteś za duży. Kołyska mogłaby się złamać, gdybym cię do niej włożyła.
**BRIAN:** Proszę, mamo! Ja wchodzę do kołyski – t e r a z ! *(Zaczyna płaczliwie prosić).*
**MAMA:** Powiedziałam n i e!! *(Napytałam sobie biedy. Zdałam sobie z tego sprawę w chwili, gdy wypowiedziałam te słowa i kiedy kwilenie Briana zamieniło się w napad wściekłości. Zdecydowałam się spróbować inaczej rozwiązać problem).*
**MAMA:** Kochanie, widzę jak bardzo chcesz wejść do kołyski. Pewnie byłoby fajnie pokołysać się w niej. Ja także bym chciała. Problem polega na tym, że ona nie utrzymałaby mnie i nie utrzymałaby ciebie. Jesteśmy zbyt duzi.
**BRIAN:** Mama zbyt duża – tak jak Brian *(Opuszcza pokój, wraca z Gooverem, swoim pluszowym misiem, i wkłada go do kołyski. Zaczyna popychać koszyk w przód i w tył).*
**BRIAN:** Widzisz mamo? Brian kołysze Goovera, dobrze?
**MAMA:** Och tak, Goover mieści się doskonale.

*

Po długim nerwowym okresie uczenia trzyletniego syna nawyków higienicznych, zdecydowałam się na zastosowanie techniki „rozwiązywania problemów". Usiedliśmy oboje przy stole i powiedziałam: „David, myślałam o tym, jak trudno jest małemu chłopcu nauczyć się korzystania z toalety. Założę się, że czasami jesteś tak zajęty zabawą, że nawet nie zauważasz, że ci się »chce«".

Popatrzył na mnie swoimi dużymi oczami, ale nic nie powiedział. Wtedy dodałam: „Założę się, że czasem, nawet kiedy się spostrzeżesz, trudno ci dotrzeć do łazienki na czas i wdrapać się na sedes".

Pokiwał głową: „Tak".

Poprosiłam go o przyniesienie papieru i ołówka, abyśmy mogli zanotować wszystkie pomysły mogące mu pomóc. Pobiegł do swojego pokoju i przyniósł mi żółty papier i czerwoną kredkę. Usiadłam przy nim i zaczęłam pisać.

Najpierw wysłuchałam dwóch pomysłów.

*Kupić taki „podnóżek", jaki ma Jimmy w swojej łazience.*
*Mama będzie pytała Davida, czy „chce".*

Nagle David piskliwie oznajmił: „Barbara i Peter pomogą mi". (Peter jest jego przyjacielem, który już się nauczył, a Barbara – matką Petera).

Mały powiedział: Peter nosi „dorosłe" spodnie.

Zapisałam: *Kupić „dorosłe" spodenki dla Davida.*

Następnego dnia wyszłam i kupiłam mu podnóżek i kilka treningowych spodenek. David był zachwycony zakupami i pokazał je Peterowi i Barbarze, którzy wiedzieli o wszystkim.

Porozmawialiśmy ponownie o wcześniejszym rozpoznawaniu potrzeby: nacisk na brzuszek oznacza potrzebę pójścia do ubikacji i zdjęcia na czas spodni.

Wiedział, że współczuję mu i doceniam jego trudności.

W każdym razie minęły teraz trzy miesiące i już się nauczył. Jest z siebie dumny!

*

Niecierpliwie czekałam na następne spotkanie; chciałam się podzielić z grupą czymś ekscytującym. Wyzwoliłam się! Tak samo jak moja trzy i półroczna córka, Rachela. Wszystko zaczęło się we wtorek wcześnie rano, kiedy zadzwonił telefon.

– Susie, mogłabyś wziąć Danielle na dzisiejsze popołudnie?

– Oczywiście – powiedziałam.

Kiedy odwiesiłam słuchawkę, przypomniałam sobie, że muszę dzisiaj zrobić zakupy i że będę musiała „taszczyć" ze sobą dwoje dzieci. Było też inne rozwiązanie. Rachela uczestniczyła w 45-minutowych spotkaniach dzieci grupy zerowej. Jednakże córka zobowiazała mnie, abym siedziała na zewnątrz na ławce, tak aby mogła mnie widzieć. Inne matki zostawiały dzieci i wychodziły. Ja zostawałam!

Powiedziałam do Racheli: – Muszę dzisiaj zrobić zakupy, kiedy będziesz w „zerówce". Po południu będzie z nami Danielle i nie będę miała na to czasu.

Z oczu Rachelli popłynęły łzy. Postanowiłam skorzystać z moich umiejętności „rozwiązwania problemów". – Mamy pewien problem. Jak możemy go rozwiązać? Zanotujmy wszystko – powiedziałam.

Oczy Danielle rozjaśniły się, kiedy napisałam:

**Problem:** *Mama musi kupić mleko. Nie ma czasu po „zerówce", więc musi to zrobić w czasie trwania jej zajęć.*

***Sugestie rozwiązania problemu:***

**(MOJA)** Kupić mleko w czasie zajęć szkolnych i szybko wrócić.

**(RACHELI)** Nie kupować mleka.

**(RACHELI)** Kupić po zajęciach w szkole.
**(MOJA)** Kiedy mama robi zakupy, Rachela mogłaby śpiewać, rysować i bawić się.
**(RACHELI)** Mama kupi tylko jedną rzecz i szybko wróci.
**(RACHELI)** Jutro, razem kupimy gumę.
**(RACHELI)** Jeżeli Rachela chce płakać, to będzie płakać.

Przeczytałyśmy listę i wytłumaczyłam jej, że gdybym nie kupiła mleka, Rachela i tato byliby niezadowoleni. Wykreśliłyśmy więc to z naszej listy. Wyjaśniłam ponownie, że nie miałabym czasu iść po szkole, więc i to zostało skreślone. Rachela sprawiała wrażenie zadowolonej. Poszłyśmy do „zerówki". Rachela uwiesiła mi się i pocałowała na pożegnanie. Przypomniała mi, że mam iść tylko do jednego sklepu, a później usiadła w gronie dzieci. Popędziłam do sklepu i wkrótce byłam z powrotem. Zobaczyłam Rachelę pochłoniętą zabawą z innymi dziećmi. Zajęcia skończyły się. Rachela powitała mnie słowami:
– Byłaś już?
– Oczywiście. Musisz być dumna z siebie, że zostałaś tu sama.
Rachela przytaknęła.

*Środa 8 rano.*

**RACHELA:** (*z napięciem* ) Czy dzisiaj jest „zerówka"?
**JA:** (*spodziewając się: „Czy zostaniesz..."* ) Tak.
**RACHELA:** Och, mamusiu... Jeżeli będę chciała płakać, to będę, a jeżeli nie będę chciała, to nie będę!
**JA:** Zapiszmy to.

Zapisałam. Dodała jeszcze, że będzie siedziała obok koleżanki. Na koniec powiedziała:
– Mamo, wróć, wróć szybko. Tak szybko, że aż upadniesz. Biegnij!
Zaprowadziłam ją do szkoły. Uściskała mnie, ucałowała i przypomniała: – Biegnij, biegnij.
Wróciłam po 45 minutach.

**JA:** Zostałaś sama!
**RACHELA:** Aha, jestem z siebie dumna!

*Piątek rano.*

**RACHELA:** Czy dzisiaj jest „zerówka"?
**JA:** Tak.
**RACHELA:** Więc zanotujmy. Ja usiądę obok koleżanki.

Problem rozwiązany. Rachela chodzi do „zerówki". Mama po zakupy! Teraz kiedy patrzę na to wstecz, widzę że zrobiłam duży wysiłek, sama zmusiłam się, by poświęcić Racheli konieczny czas, co było potrzebne dla rozwiązania naszego problemu. Jestem z siebie zadowolona. Rachela również!

*

Mój syn, Michael Howard, ma pięć i pół roku i chodzi do przedszkola. Czyta już książki z zakresu od trzeciej do szóstej klasy. Ma bogate słownictwo i zdecydował, że chce być chirurgiem plastycznym. Spodobało mu się to od czasu, gdy czytałem mu o różnych częściach ciała z książki medycznej.

Często w nocy Michael przychodzi do mojego łóżka. Robiłem wszystko, aby go powstrzymać od tego, nie dając mu odczuć, że jest niechciany. Próbowałem nawet siedzieć do 2.30 w nocy. Kiedy mocno spałem, przychodził do mojego łóżka z poduszką, papciami i w kaftaniku, i wkradał się pod kołdrę mojego królewskiego łoża. Znajdowałem go rano obok siebie, zwiniętego w kłębek. On nawet proponował, abym ja spał w jego łóżku, a on w moim. Po powrocie do domu ze spotkania grupy, postanowiłem spróbować inaczej.

Spytałem Michaela, co można zrobić, aby w nocy nie przychodził do mojego łóżka. Powiedział: „Pozwól mi pomyśleć". Poszedł do swojego pokoju. Około dziesięciu minut później wrócił z żółtym blokiem papieru i piórem. Powiedział: „Tato, napiszmy „przypomnienie", i powiedział mi, co pisać.

*Drogi Michaelu,*

*Proszę, nie przychodź dziś w nocy.*

*Pozdrowienia*
*Tatuś*

Wyszedł z pokoju i wrócił z miarą i taśmą klejącą. Odmierzył 44 cale (na zewnętrznej stronie drzwi mojego pokoju), wziął „przypomnienie" i przykleił do drzwi.

Michael powiedział: „Jeżeli nie chcesz, żebym wchodził, zawieś tę kartkę. Jeżeli mogę wejść (taśma była umieszczona u dołu „przypomnienia"), przylep dolny koniec do góry kartki. To będzie znaczyło, że mogę wejść".

O 6.02 Michael wszedł do mojego łóżka (w dni robocze wstaję około 6.00) i powiedział: „Wiesz tato, wstałem już wcześniej i wyruszyłem do twego pokoju, było jeszcze ciemno, więc nie mogłem dojrzeć »przypomnienia« , ale w myślach je przeczytałem. Wróciłem więc do łóżka. Wiesz tato, musisz zawsze mnie poprosić, to ja pomogę ci rozwiązać twoje problemy".

Z powodzeniem skutkuje to już od dwóch tygodni. To dobry sposób.

## Nocne kłopoty Jennifer

We wtorek wieczorem, ciągle będąc pod wrażeniem ostatniego spotkania naszej grupy, zagaiłam rozmowę z Jennifer (pięć lat):

**MATKA:** Czy masz czas, aby porozmawiać?

**JENNIFER:** Tak.

**MATKA:** Chciałabym porozmawiać o naszym „nocnym" problemie.

**JENNIFER:** Och, dobrze.

**MATKA:** Czy możesz mi powiedzieć, jak czujesz się w sytuacji, która czyni nas obie tak nieszczęśliwymi.

**JENNIFER:** Coś mnie wyciąga, mamo (*grymas na twarzy, pięści zaciśnięte*), i nie mogę zostać w moim pokoju. Po prostu chcę przyjść do twojego.

**MATKA:** Och, rozumiem.

**JENNIFER:** Wiem, że tego nie znosisz, prawda?

**MATKA:** Pozwól mi teraz powiedzieć, jak ja się czuję. Po długim ciężkim dniu z niecierpliwością wyczekuję pójścia do łóżka, otulenia się ciepłą kołdrą i szybkiego zaśnięcia. Kiedy przebudzę się, nie jestem zbyt przyjazną mamą.

**JENNIFER:** Wiem.

**MATKA:** Zobaczymy czy znajdziemy rozwiązanie, które mogłoby zadowolić nas obie, dobrze? (*Wyjmuję papier i pióro*).

**JENNIFER:** (*wyraźnie ożywiona*) Chcesz to napisać? Czy to ma być lista?

**MATKA:** Tak. Czy możesz zacząć?

**JENNIFER:** Chciałabym przyjść do łóżka mamy i taty.

**MATKA:** Dobrze (*pisząc*). Coś jeszcze?

**JENNIFER:** W zamian mogłabym was budzić.

**MATKA:** Mmm... (*pisząc*).

**JENNIFER:** Mogłabym czytać przy nocnej lampie, zamiast przychodzić do was.

**MATKA:** Pewnie byś mogła...

**JENNIFER:** Ale gdybym miała lampę. Czy mogłabym mieć lampę?

**MATKA:** (*pisząc*) Do czego przydałaby ci się lampa?

**JENNIFER:** (*podekscytowana*) Mogłabym czytać książkę, bawić się szpatułką (*ojciec jest lekarzem* ), pisać listy...

**MATKA:** Ktoś tu jest podniecony.
**JENNIFER:** No dobrze, a co z tą lampą?
**MATKA:** Masz jeszcze jakieś pomysły?
**JENNIFER:** *(szybko)* Mogłabym poprosić o picie.
**MATKA:** *(pisze).*
**JENNIFER:** Mogłabym wymknąć się, aby sprawdzić, czy u was wszystko w porządku?
**MATKA:** Mamy już listę? Zamknijmy ją.

Jen wymieniła jeszcze wiele innych rozwiązań. Mówiła o kupieniu następnego dnia lampy, bloku papieru, kredek... Wyszukałyśmy też okropną pomarańczową lampę (jej wybór), aby pasowała (?) w jej czerwono–białym pokoju. Ten wieczór przeminął wspaniale, a następnego ranka otrzymałam pudełko od butów (jej pomysł) pełne rysunków.

Od tego czasu minął już tydzień i mała nie przeszkadza mi spać. Trzymam kciuki.

*

Rodzice mówili nam, że gdy dzieci przyzwyczają się do samodzielnego rozwiązywania problemów, łatwiej same sobie radzą w łagodzeniu zadrażnień między sobą. To duża wygoda dla rodziców. Zamiast wnikać w sprawę, brać czyjąś stronę, grać rolę sędziego i znajdować rozwiązanie, przedstawiają swój punkt widzenia, a rozwiązanie problemu pozostawiają dzieciom.

Zdanie, które zachęcało dzieci do brania odpowiedzialności za rozwiązanie własnego konfliktu, brzmiało: „Moi drodzy, to jest trudny problem, mam jednak nadzieję, że jeżeli oboje dołożycie starań, znajdziecie obopólnie korzystne rozwiązanie".

Pierwszy przykład pochodzi od ojca:

Brad (lat cztery) i Tara (lat dwa i pół) byli na dworze. Brad jeździł na rowerku Tary, a ona chciała mu go odebrać.

Zaczęła histeryzować, a Brad nie chciał zejść z roweru. Normalnie nie wahałbym się powiedzieć: „Brad, zejdź. Rowerek należy do twojej siostry. Ty masz swój rower". Jednak zamiast brania w obronę Tary, powiedziałem: „Widzę, że macie problem. Tara chce jeździć na swoim rowerku. Brad też chce jeździć na tym rowerku, a Tara mu nie pozwala. Myślę, że powinniście znaleźć takie rozwiązanie, które będziecie oboje akceptować".

Tara ciągle płakała, a Brad zamyślił się na chwilę i rzekł: „Myślę, że Tara mogłaby stanąć za mną i trzymać się mnie, kiedy pojadę".

Odpowiedziałem: „To rozwiązanie powinno być przedyskutowane z Tarą, nie ze mną".

Brad spytał Tarę i ona zgodziła się. Oboje pojechali w promieniach zachodzącego słońca.

*

Nigdy nie przestają nas dziwić różne rodzaje rozwiązań wymyślone przez dzieci. Są one najczęściej zupełnie oryginalne i dużo bardziej satysfakcjonujące niż ewentualne sugestie rodziców.

Kiedy wróciłam do domu po naszym ostatnim spotkaniu na temat rozwiązywania problemów, dwoje moich dzieci toczyło spór o czerwoną kurtkę, którą oboje chcieli założyć. Dawniej tę kurtkę nosiła moja sześcioletnia córka, a teraz używa jej mój trzyletni syn. Przygotowywali się do wyjścia, a po chwili już kłócili się, kto ma ją założyć.

Poprosiłam o uwagę i powiedziałam: „Widzę dwoje dzieci, które chcą założyć tę samą czerwoną kurtkę. Jedno z tych dzieci było jej właścicielem i ciągle pragnie ją mieć. Drugie dziecko chce założyć czerwoną kurtkę, która teraz należy do niego. Wierzę, że oboje znajdziecie rozwiązanie tego problemu. Będę w kuchni, kiedy będziecie gotowi".

Poszłam do kuchni i razem z mężem ze zdumieniem słuchaliśmy dyskusji, która się między nimi wywiązała. Pięć minut później oboje weszli do pokoju i powiedzieli: „Znaleźliśmy rozwiązanie! Josh założy kurtkę do restauracji. A kiedy wyjdziemy z restauracji, żeby udać się na targ, ja ją założę, a Josh może wziąć moją nową, żółtą!"

*

Ta historia pokazuje chłopca borykającego się z własnymi silnymi emocjami.

Scott (lat osiem) ma kłopot z wyzwoleniem się od ogarniającego go czasem uczucia złości. Tego wieczoru coś go wzburzyło i gwałtownie odbiegł od obiadu z zaciśniętymi pięściami, nie wiedząc o tym, że może pozbyć się furii, akceptując ją.

Idąc do swojego pokoju, przypadkowo stłukł mój ulubiony wazon. Kiedy zobaczyłam skorupy na podłodze, wpadłam we wściekłość i, niestety, zaczęłam krzyczeć jak szalona. Chłopiec wbiegł do swojego pokoju, trzaskając drzwiami.

Kiedy mój mąż zdołał skleić skorupy, a czas złagodził moją złość, poszłam do pokoju syna.

Scott popatrzył na mnie z wdzięcznością i powiedział: „Tak!"

To było tak, jakby się upewnił, poprzez moją obecność, że ciągle go kocham i myślę o nim jak o człowieku, a nie jako niezgrabnym, nieopanowanym dziecku.

Zapytałam go, jak się czuje, kiedy tak stra–a–a–sznie się złości. Odpowiedział, że chce wtedy kogoś uderzyć lub coś zniszczyć, lub trzaskać czymkolwiek, jak tylko to możliwe. Sama natomiast wyznałam, że kiedy w ten sposób okazuje swoją złość, mam ochotę iść do jego pokoju, wziąć jego ulubioną zabawkę i zniszczyć ją. Popatrzyliśmy jeden na drugiego i bąknęliśmy coś w rodzaju: „Hmmm".

Spytałam go (z papierem i ołówkiem w ręce), czy moglibyśmy znaleźć taki sposób okazywania złości, który nie utrudniałby nam życia, i chłopiec zaczął dawać mi propozycje:

*Tato mógłby zawiesić mój worek treningowy.*
*Nastawić adapter na cały regulator.*
*Kupić drążek gimnastyczny.*
*Walnąć głową w poduszkę.*
*Trzasnąć drzwiami.*
*Skakać mocno na podłodze.*
*Skakać na łóżku.*
*Zapalać i gasić światło.*
*Wyjść na zewnątrz i dziesięć razy obiec dom.*
*Podrzeć papier.*
*Uszczypnąć się.*

Nie powiedziałam ani słowa, tylko wszystko zanotowałam. Ciekawe było, że wymyśliwszy to, o czym wiedział, że nie mógłby tego zrobić, zachichotał tak, jak gdyby chciał dać mi znać, że jest to coś, czego naprawdę by pragnął. Kiedy przejrzeliśmy ponownie listę, wyeliminowałam niektóre punkty i wytłumaczyłam mu, dlaczego są dla mnie nie do przyjęcia. Skoncentrowaliśmy się na trzech możliwościach:

*Z drążka gimnastycznego mógłby korzystać w przedpokoju.*
*Mógłby biegać wokół domu, ale tylko w dzień.*

Kiedy postawiłam kwestię darcia papieru, zauważyłam:

– Z tym jest tylko jeden problem.

– Och, wiem. Żebym potem to pozbierał! – odpowiedział.

Przez cały czas siedzieliśmy blisko siebie i rozmawialiśmy bardzo spokojnie. Na końcu dodałam: – Jest jeszcze jeden sposób, który warto wziąć pod uwagę, coś co zawsze możesz zrobić, kiedy wpadasz w złość.

– Mogę o tym porozmawiać – natychmiast zauważył Scott.

Oboje poszliśmy do łóżek, czując się naprawdę dobrze.

# Część IV

# Doświadczenia rodziców polskich

Rozdział z propozycjami zachowań odmiennych niż stosowanie kar zachwycił nas. Efekty też.

*

Konieczność zapamiętywania wszystkiego, czego nasza dorastająca córka nie zrobiła, choć było to jej obowiązkiem, była męcząca i irytująca, ale niezbędna – jak nam się wydawało – by nauczyć ją odpowiedzialności i konsekwentnego postępowania; suma zabronionych „za karę" przyjemności musiała się równać sumie nie wypełnionych obowiązków.

Córka odgrywała się na nas, a szczególnie na żonie, cytując z zaciętą miną nasze opinie na swój temat: „Chyba się nie dziwisz, że nie spełniłam twojej prośby. Przecież sama mi mówisz, że jestem złośliwa!... Czego się spodziewałaś?! Przecież jestem nieodpowiedzialna!... No, wyżyj się! Nie żałuj sobie! Lubicie wymyślać kary! Pewnie żałujesz, że mnie urodziłaś!..." Zadany ból podwajał moją wściekłość.

Teraz – każdego wieczoru – siadamy z żoną i wymyślamy różne konkretne zadania, które potem zapisujemy na kartkach. Przestaliśmy się zadręczać myślami, że córka powinna sama wiedzieć i pamiętać o tych różnych domowych sprawach. Rano wręczam jej kartkę ze słowami: „Bardzo mi pomożesz, jeśli po szkole załatwisz te sprawy. Liczę, na ciebie". Córka odpowiada: „O.K., tato" – i po południu zdaje mi relację. Na kartce odkreśla sprawy załatwione, miewa sensowne propozycje odnośnie do tych, których nie udało się zrealizować. Czasem piszemy o kilku rzeczach, dając jej możliwość wyboru i podjęcia decyzji, co załatwi dzisiaj, a co jutro lub – jak to zrobi.

Cieszymy się, bo teraz po prostu mamy okazje do chwalenia naszej córki, która zaczęła niespodziewanie przejawiać większą inicjatywę nawet w podejmowaniu różnych prac domowych. Muszę też się przyznać, że zażyczyłem sobie podobnych karteczek od żony, gdyż zaczęła mnie drażnić jej zrzędliwość...

*

Michał ma 9 lat, ale jest bardzo drobnym, nieśmiałym chłopcem. Dużo chorował, więc spełnialiśmy wszystkie jego życzenia, by zrekompensować mu pobyty w szpitalach i leżenie w łóżku.

Nauczyliśmy go, że może mieć wszystko i natychmiast. Doszło do tego, że kiedy odmawialiśmy spełnienia jego prośby, zachowywał się skandalicznie, a ja – wstydząc się przed ludźmi – rezygnowałam ze swoich zamiarów i... sterroryzowana robiłam to, co chciał syn. Miałam już tego dosyć, więc kiedy stałam z synem w kolejce przy stoisku z nabiałem, a on zaczął jęczeć: – Mamuś, kup mi „Mambę!" Mamuś, kup mi „Mambę!" Ja c h c ę „Mambę!!!" – powiedziałam stanowczo:

– Dobrze, ale tu nie ma. Możesz iść i kupić sam, a ja tu zostanę, albo spokojnie poczekasz, aż kupię mleko i ser, i wtedy pójdziemy razem. Decyduj.

– Ale ja się wstydzę... – jęczał nadal.

Normalnie, w takiej sytuacji, zaczęłabym przekonywać go, że taki duży chłopiec nie powinien się wstydzić, nie powinien się tak brzydko zachowywać itp. Michał zapierałby się, histeryzował i w końcu sprawa zakończyłaby się wyjściem ze sklepu. On nie miałby gumy do żucia, ja nie zrobiłabym zakupów; ciągnęłabym go za rękę do domu, aż w końcu ze złości zlałabym mu dupsko.

Teraz odpowiedziałam krótko:

– Rozumiem. – I... aby wytrzymać w milczeniu, uporczywie wpatrywałam się w sery na półce. Michał stał obok i myślał. Po dłuższej chwili powiedział zupełnie s p o k o j n y m głosem:

– Ale to długo trwa. To może pójdę sam.

– Tak, idź. Tu masz pieniążki.

– A przyjdziesz do mnie?

– Mmmm...

Poszedł. Kupił. Wrócił.

– Mam! Kupiłem! Zobacz! – cieszył się.

– Och, widzę. Cieszę się. Byłeś bardzo dzielny!

– Ale się bałem, wiesz?

– Rozumiem – potwierdziłam.

Od tego wydarzenia, jak maniak trzymam się tej metody. Efekt?

Syn pomaga w robieniu zakupów pełen radości i dumy z siebie i wracamy szczęśliwi – oboje.

*

O mojej 3–letniej Anetce mówiłam: „tyran, a nie człowiek"; wstydziłam się, kiedy wrzeszczała, tarzała się w błocie, czy robiła z siebie „przedstawienie" w sklepie. Ogarniała mnie wściekłość z powodu mojej bezsilności i psychicznej siły tego dzieciaka ignorującego większość poleceń.

Ale tej swojej wściekłości też się wstydziłam, tłumiłam ją i nakładałam maskę opanowanej, kulturalnej mamusi. Doprowadzona do ostateczności mówiłam lodowatym głosem: „Mamusia już cię nie kocha. Przestań! Nie lubię cię!", co najczęściej pogarszało tylko sytuację. Nie mogłam zrozumieć, dlaczego to moje dziecko jest tak okropne; przecież nie biję, nie krzyczę i staram się być bardzo demokratyczną matką.

Teraz już wiem, co było moim błędem i co powinnam robić, aby pomóc sobie i dziecku. Na początku postanowiłam przede wszystkim:

1. Dawać krótkie, jasne informacje, jak ma się zachować i czego od niej oczekuję, zamiast błędnie zakładać, że ma tę wiedzę w genach,

2. Pozwolić sobie na informowanie o swoich emojach, kiedy coś, co robi moja córka, nie podoba mi się, zamiast torturowania jej słowami: „Nie lubię cię, nie kocham cię",

3. Słuchać odpowiedzi córki i traktować je serio.

Zaczynam mieć sukcesy. Oto jedna z sytuacji.

Anetka weszła na stół i rozłożyła się na nim, machając nogami (nie potrafiłam skutecznie oduczyć jej wchodzenia na meble).

– Stół nie służy do leżenia – powiedziałam stanowczo, ale w tonie życzliwego tłumaczenia, zamiast pretensji i zgorszenia.

Żadnej widocznej reakcji u dziecka, jak zwykle...

– Stół służy do postawienia ciasteczek, kawy, soczku – przekazałam bardzo zdecydowanym, poważnym głosem kolejną informację o funkcji stołu.

– ...

– Nie lubię, kiedy jakieś dziecko leży na stole i udaje, że nie słyszy! Ja wiem, jak ty powinnaś zachować się, ale t y  t e ż  w i e s z że powinnaś zejść ze stołu. Pewnie zaraz tak zrobisz, bo ty w i e s z, że leży się na tapczanie! – powiedziałam z przekonaniem.

Anetka spojrzała na mnie z uwagą i... zeskoczyła ze stołu, podbiegła do mnie i wtuliwszy się w moją spódnicę, spytała:
– Mamusiu, kochasz mnie?
– Tak, – potwierdziłam bez wahania.

*

Pisanie liścików i odgadywanie uczuć dzieci weszło mi w krew; gdy tego nie robię, wracam do roli policjanta i prokuratora. Każdą nowość dzieci natychmiast wychwytują i mówią: „Mama znowu czytała tę książkę". Czuję w ich głosie sympatię i uznanie, i jest mi bardzo przyjemnie.
Poranne awantury z wstawaniem i myciem, okraszane nierzadko klapsami, wyeliminowała jedna karta z kolorowym napisem: „Umyte i ubrane dzieci zapraszam na śniadanie". Kiedy widzą kartkę, same wiedzą, co mają zrobić... Pewnego dnia, gdy pomyślałam, że ceremonia z kartką pewnie już się im znudziła i po przebudzeniu dostały tylko całusa, zapytały: „A gdzie zaproszenie?"

*

W czasie dyskusji w grupach doszliśmy do wniosku, że łatwiej będzie wprowadzać w życie alternatywy karania, jeśli zrezygnujemy – w głębi serca – z karania siebie negatywną samooceną: „Jestem złym ojcem" i „jestem złą matką". Takie negatywne myślenie i mówienie o sobie szkodzi nam i naszym dzieciom, ponieważ:
1. Osłabia chęć szukania nowych sposobów porozumienia się z dzieckiem:

Jestem złą matką i mam duże poczucie winy w stosunku do syna, że go w ogóle wydałam na świat, że zgotowałam mu taki straszny los. „Zabrałam" mu ojca, z którym się rozwiodłam, bo pił, ale syn musi przeżywać takie samo piekło z dziadkiem–alkoholikiem. Nie ma takiego dzieciństwa, jakie powinien mieć. Często mówi: „Jestem głupek! Głupi głupek!" Przedtem mowiłam: „Nie jesteś głupi, kto ci to powiedział?!" Teraz wiem, że słyszał te słowa przede wszystkim ode mnie przy odrabianiu lekcji! Jest bardzo agresywny. Pokopał kolegę. Chciałam z nim porozmawiać, ale nie miałam czasu...
Boję się, że wyrośnie na chuligana... I żebym go biła! Nie, stosowałam tylko kary. Teraz już wiem, że one szkodzą jeszcze bardziej. Zbaraniał, kiedy usłyszał, że go nie ukarzę, tylko inaczej rozwiążemy problem.

Może to jest recepta? Boję się jednak, że nie starczy mi cierpliwości i wytrwałości... On i tak myśli, że jestem złą matką. I ma rację.

2. Niszczy miłość i zwiększa dystans (obcość) między rodzicami i dziećmi:

Bardzo często myślę o sobie, że jestem złym ojcem. Nic mi się nie chce, nawet iść na spacer z dzieckiem, czy z nim pogadać. A on tak często marudzi, że chce iść na bulwar pojeździć na deskorolce... To mnie dręczy, prześladuje. I powraca ta pretensja do siebie i niepokój o konsekwencje. Mam uczucie, że coś trzeba zmienić, ale... Nie widzę możliwości ułożenia swego życia rodzinnego i pracy tak, by być z dzieckiem i porozumieć się z nim.

Syn jakby wyczuwa, że się nie dogadamy. Bardzo szybko jestem znużony i znudzony jego pytaniami. On uważa, że ja nie chcę z nim rozmawiać, że chcę mieć spokój... Kiedy mówię, że jestem zmęczony, obraża się: „Ty zawsze jesteś zmęczony!" Tak, z nim naprawdę nie można się porozumieć.

3. Pcha nas do stosowania przekupstwa, co tylko pogarsza kontakty z dziećmi:

Mam poczucie, że jestem złą matką. Panikuję, boję się, zamykam syna w kokon nadopiekuńczości... Głupia jestem, bo nie potrafię się przemóc. Zrezygnowałam ze swoich ambicji, przyjaciół. Ustępowałam. Miał wszystko, co chciał. A teraz uważa, że jestem wariatką.

4. Powoduje przerzucenie „winy" i... kary za brak sukcesów wychowawczych n a d z i e c k o:

Kiedyś syn (11 lat) powiedział mi: „To twoja wina, że taki jestem, bo ty mnie źle wychowałaś". Wewnętrznie się z nim zgodziłam, ale to mnie zabolało i powiedziałam mu, że nie ma prawa mówić do mnie w ten sposób, i że za karę pójdzie spać bez kolacji. I uderzyłam go w twarz...

5. Utrudnia decyzję o zaprzestaniu stosowania przemocy w stosunku do dziecka:

Najtrudniej zrozumieć mi ten pogląd, że ponoszenie przez dziecko konsekwencji swojego zachowania jest mniej bolesne niż moje kary, chociaż przekonująco brzmią słowa: kary ranią, konsekwencje uczą.

Wydawało mi się, że lepiej pokrzyczeć lub dać lanie, niż zabronić dzieciom wychodzenia na dwór, i że lepiej nawymyślać i zagrozić, że nie pójdą (za późny powrót do domu) na następną dyskotekę, niż rzeczywiście im tego zabronić. Tym bardziej, że dzieci same mówiły: „Lepiej – mamo – zwymyślaj mnie i zbij, ale pozwól iść".

Dziwiłam się surowości mojej znajomej, o której dzieci mówiły: „Mama Eli, jeśli powie »nie«, to nie ma co ją prosić. Zdania nie zmieni z byle powodu". Ja zmieniałam. I w rezultacie moje dzieci z moim zdaniem wcale się nie liczą; ważne jest, co powie mama Eli. To mi udowadnia, że jestem złą matką, bo nie potrafiłam dobrze wychować córek. Chciałabym się dowiedzieć, jak powinnam karać, żeby to odnosiło lepszy skutek...

*

Na jednym ze spotkań gorący aplauz zyskała matka, która w ten sposób przedstawiła przemianę, jaka się w niej dokonała:

Teraz, w trakcie naszych zajęć i pod wpływem tej książki, przestałam zadręczać się myślą, że jestem złą matką. Zrozumiałam, że nie widziałam problemów syna i swoich – r e a l n i e! Mój lęk o niego wypaczał rzeczywistość. Nie miał szansy być inny. Teraz j e s t e m po prostu m a t k ą; a nawet – d o b r ą m a t k ą, ponieważ daję synowi prawo bycia sobą, daję mu prawo do własnych sukcesów i własnych porażek... Daję też to samo prawo sobie – matce.

# Zachęcanie do samodzielności 4

## Część I

Większość książek na temat wychowywania dzieci mówi nam, że jednym z ważnych celów rodziców jest pomóc dzieciom rozłączyć się z nami; pomóc im stać się niezależnymi ludźmi, którzy pewnego dnia będą zdolni do samodzielnego życia. Usilnie nakłania się nas, aby nie wychowywać dzieci na obraz i podobieństwo swoje, lecz by myśleć o nich jako o istotach ludzkich, jedynych w swoim rodzaju, z innymi temperamentami, gustami, uczuciami, dążeniami, innymi marzeniami.

Jak zatem możemy pomóc im stać się niezależnymi indywidualnościami? Przede wszystkim musimy pozwolić im na działanie według ich własnego uznania, na borykanie się z własnymi problemami, powinniśmy dopuścić, aby uczyli się na własnych błędach.

Łatwo powiedzieć, trudniej wykonać. Ciagle mam w pamięci moje pierwsze dziecko zmagające się ze sznurowadłami i siebie patrzącą na to cierpliwie przez około dziesięć sekund, a potem schylającą się, aby zrobić to za nie.

Wystarczyło, że córka tylko wspomniała, że pokłóciła się z przyjaciółką, a już wyrywałam się z natychmiastową radą.

Jak więc mogłam pozwolić moim dzieciom na popełnianie błędów i ponoszenia ich konsekwencji, kiedy przede wszystkim musiały mnie słuchać?

Możesz myśleć: „Co jest strasznego w tym, że pomogę dzieciom zawiązać sznurowadła, czy podpowiedzieć im, jak rozwiazać sprzeczkę z przyjacielem lub zadbać o to, by nie robiły błędów? Przecież to są dzieci, jeszcze bezradne i mniej doświadczone, zależne od otaczającego je świata dorosłych".

Na tym właśnie polega problem. Rzecz bowiem w tym, że gdy jedna osoba jest stale zależna od drugiej, rozwijają się określone uczucia. Ażeby wyjaśnić, jakie to mogą być uczucia, przeczytaj następujące zdania i zapisz swoje reakcje:

1. Masz cztery lata. W ciągu dnia słyszysz, jak rodzice mówią do ciebie:

*Jedz fasolkę szparagową. Warzywa są zdrowe.*
*Daj, zapnę ci ten zamek.*
*Jesteś zmęczona. Połóż się i odpocznij.*
*Nie chcę, żebyś się bawiła z tym chłopcem. On się brzydko wyraża.*
*Czy jesteś pewien, że nie musisz iść do łazienki?*

Twoja reakcja: ............................................................................................
..................................................................................................................
..................................................................................................................
..................................................................................................................
..................................................................................................................

2. Masz dziewięć lat. W ciągu dnia rodzice mówią do ciebie:

*Nie zakładaj tej kurtki. Zielony nie jest twoim kolorem.*
*Daj mi ten słój. Otworzę go za ciebie.*
*Ułożyłam twoją bieliznę.*
*Czy mam ci pomóc w lekcjach?*

Twoja reakcja: ............................................................................................
..................................................................................................................
..................................................................................................................
..................................................................................................................
..................................................................................................................

3. Masz siedemnaście lat. Twoi rodzice mówią:

*Lepiej, żebyś nie uczył się prowadzić samochodu. Tak bardzo się boję wypadków. Chętnie zawiozę cię, kiedy tylko zechcesz.*

Twoja reakcja: ............................................................................................
..................................................................................................................
..................................................................................................................
..................................................................................................................
..................................................................................................................

4. Jesteś dorosły. Twój pracodawca mówi:

*Chcę ci coś poradzić. Przestań robić tu ciągłe ulepszenia. Wykonuj tylko swoją pracę. Nie płacę ci za pomysły. Płacę ci za pracę.*

Twoja reakcja: ........................................................................................

..........................................................................................................

..........................................................................................................

..........................................................................................................

5. Jesteś obywatelem nowo utworzonego państwa. Na spotkaniu z przedstawicielem bogatego kraju słyszysz taką deklarację: *Ponieważ wasz kraj jest w początkowym stadium rozwoju i należy do państw słabo rozwiniętych, nie będziemy obojętni na jego potrzeby. Planujemy wysłać do was ekspertów, by pokazać wam, jak rozwinąć firmy, szkoły, handel i jak rządzić. Wyślemy również profesjonalistów zajmujących się planowaniem rodziny, którzy pomogą wam zredukować liczbę urodzeń.*

Twoja reakcja: ........................................................................................

..........................................................................................................

..........................................................................................................

..........................................................................................................

Mogę z dużą dozą prawdopodobieństwa założyć, że twoja reakcja byłaby najczęściej negatywna. Kiedy ludzie znajdują się w pozycji zależności – do tego jeszcze z małym poczuciem wdzięczności – to zwykle odczuwają bezradność, urazę, frustrację czy złość. Ta nieszczęsna prawda ukazuje dylematy, na jakie natrafiamy my, rodzice. Z jednej strony, nasze dzieci są wyraźnie od nas zależne. Z uwagi na ich młody wiek, niedoświadczenie, musimy wiele dla nich zrobić, powiedzieć im, pokazać. Z drugiej strony, fakt ich zależności od nas może prowadzić do wrogości.

Czy są jakieś sposoby, aby zminimalizować u naszych dzieci poczucie zależności? Czy możemy pomóc im stać się odpowiedzialnymi ludźmi, którzy potrafią działać samodzielnie? Na szczęście możliwości rozwinięcia dziecięcej autonomii uwidaczniają nam się codziennie.

A oto pewne szczególne sposoby, które mogą pomóc dzieciom nauczyć się polegać raczej na sobie niż na nas.

**Aby zachęcić dziecko do samodzielności:**

1. Pozwól dziecku dokonać wyboru.
2. Okaż szacunek dla dziecięcych zmagań.
3. Nie zadawaj zbyt wielu pytań.
4. Nie śpiesz się z dawaniem odpowiedzi.
5. Zachęć dziecko do korzystania z cudzych doświadczeń.
6. Nie odbieraj nadziei.

# POZWÓL DZIECKU DOKONAĆ WYBORU

Te możliwości wyboru dają dziecku korzystną sposobność podejmowania decyzji. Kiedy się jest dorosłym, trudno podejmować decyzje o karierze, stylu życia, nie mając dość doświadczenia w wypowiadaniu własnych sądów.

# OKAŻ SZACUNEK DLA DZIECIĘCYCH ZMAGAŃ

ZAMIAST　　　　　　　　　　　　OKAŻ SZACUNEK

ZAMIAST　　　　　　　　　　　　OKAŻ SZACUNEK

ZAMIAST　　　　　　　　　　　　OKAŻ SZACUNEK

Kiedy dziecięce wysiłki są doceniane, zbiera ono w sobie odwagę do samodzielnego pokonania przeszkód.

# NIE ZADAWAJ ZBYT WIELU PYTAŃ

ZAMIAST

ZAMIAST

Zadawanie zbyt wielu pytań może być potraktowane jako wtargnięcie w życie osobiste. Dzieci będą mówiły same to, co chcą powiedzieć i o czym chcą.

# NIE SPIESZ SIĘ Z DAWANIEM ODPOWIEDZI

ZAMIAST

ZAMIAST

Kiedy dzieci zadają pytania, należy dać im szansę, aby najpierw same znalazły odpowiedź.

## ZACHĘĆ DZIECKO DO KORZYSTANIA Z CUDZYCH DOŚWIADCZEŃ

Chcemy, aby dzieci wiedziały, że nie są zupełnie od nas zależne. Świat poza domem - sklep zoologiczny, dentysta, szkoła, starsze dziecko - mogą pomóc przy rozwiązywaniu problemów.

# NIE ODBIERAJ NADZIEI

Zamiast przygotowywać dzieci na możliwość porażki, pozwól im na własne poszukiwania i doświadczenia.

Próbując zabezpieczyć dzieci przed porażką, pozbawiamyje nadziei, dążeń, marzeń, a czasami - zrealizowania planów

Nawet jeżeli wydaje ci się, że wiele z przedstawionych tu metod wynika ze zdrowego rozsądku, w żadnym z nich jednak nie ma nic oczywistego. Wymagają one pewnego zdecydowania i umiejętności rozmawiania z dziećmi w sposób, który sprzyja ich niezależności.

W poniższym ćwiczeniu znajdziesz sześć typowych zdań wypowiadanych przez rodziców. Przekształć każde z nich na takie, które będą zachęcały dziecko do samodzielności.

| **Rodzice zwykle mówią:** | **Poprawione zdanie zachęcające do samodzielności:** |
| --- | --- |
| 1. Weź teraz kąpiel. | 1. (Zaproponuj wybór.) ....................<br>..............................................<br>..............................................<br>..............................................<br>.............................................. |
| 2. Dlaczego tak się męczysz z wkładaniem tych butów?<br>Dalej, podnieś nogę do góry!<br>Założę ci. | 2. (Okaż szacunek dla dziecięcych zmagań.)..............................<br>..............................................<br>..............................................<br>..............................................<br>.............................................. |
| 3. Dobrze się bawiłaś dzisiaj na półkolonii? Pływałaś?<br>Czy polubiłaś inne dzieci?<br>Jaka jest wasza pani? | 3. (Nie zadawaj zbyt wielu pytań.)<br>..............................................<br>..............................................<br>..............................................<br>..............................................<br>.............................................. |
| 4. **DZIECKO:** Dlaczego tatuś musi codziennie pracować?<br>**RODZIC:** Tatuś musi iść codziennie do pracy, żebyśmy mogli mieć ten ładny dom, dobre jedzenie, ładne rzeczy i... | 4. (Nie śpiesz się z dawaniem odpowiedzi.)<br>..............................................<br>..............................................<br>..............................................<br>..............................................<br>..............................................<br>.............................................. |

| | |
|---|---|
| 5. **NASTOLATEK:** Jestem zbyt gruby. Chcę żebyś zastosowała mi dietę. Co powinienem jeść?<br>**RODZIC:** Stale ci powtarzam, abyś nie jadł tyle ciastek i cukierków, a zaczął jeść owoce i warzywa. | 5. (Zachęć dziecko do korzystania z cudzych doświadczeń.) ............... ..................................................... ..................................................... ..................................................... ..................................................... ..................................................... ..................................................... ..................................................... |
| 6. **DZIECKO:** Tato, chcę być nauczycielem, kiedy dorosnę.<br>**RODZIC:** Nie licz na to.Wyższe uczelnie zapełnione są przyszłymi nauczycielami, którzy po skończeniu szkoły nie mogą dostać pracy. | 6. (Nie odbieraj nadziei.)................ ..................................................... ..................................................... ..................................................... ..................................................... ..................................................... ..................................................... |

Nie mylisz się myśląc, że nie są to jedyne sposoby, które wyzwalają w dziecku autonomię. Kiedykolwiek wsłuchujemy się w uczucia dzieci lub dzielimy się z nimi naszymi własnymi uczuciami, ewentualnie proponujemy im wspólne rozwiązanie problemu – rozwijamy ich zaufanie do siebie. Pamiętam, że dla mnie pomysł, aby zachęcić dzieci do brania odpowiedzialności za różne szczegóły ich życia, był rewolucyjny.

Ciągle słyszę moją babcię z podziwem wypowiadającą się o swojej sąsiadce: „Ona jest najwspanialszą matką. Czego ona nie robi dla swoich dzieci!" Wyrosłam w wierze, że dobre matki „robią wszystko" dla swoich dzieci.

Ja poszłam jeszcze krok dalej. Nie tylko „robiłam" za nie, ale także myślałam. Rezultat? Każdego dnia nad najprostszą sprawą toczył się spór o racje, była zła atmosfera w domu.

Kiedy w końcu nauczyłam się zwracać dzieciom należną im odpowiedzialność, usposobienie wszystkich poprawiło się.

A oto co mi pomogło. Kiedy czułam, że zaczynam się niepokoić lub ingerować, pytałam się: „Czy mam jakiś wybór?" „Czy muszę brać to na siebie?" „Czy mogę zostawić to dzieciom?"

W następnym ćwiczeniu znajdziesz sytuacje, które często powodują niepokój lub ingerencję rodziców, albo jedno i drugie. Kiedy przeczytasz każdą sytuację, zadaj sobie pytanie:

1. Co mogę powiedzieć lub zrobić, aby utrzymać dziecko w zależności od siebie?
2. Co mogę powiedzieć lub zrobić, aby zachęcić dziecko do samodzielności?

**Pewne sposoby, które mogą być pomocne**

| **Nowe sposoby** | **Sposoby znane już z poprzednich rozdziałów** |
|---|---|
| Zaoferuj wybór.<br>Okaż szacunek dla zmagań dziecka.<br>Nie zadawaj zbyt wielu pytań.<br>Nie śpiesz się z dawaniem odpowiedzi.<br>Zachęć do korzystania z cudzych doświadczeń.<br>Nie odbieraj nadziei. | Zaakceptuj uczucia dziecka.<br>Opisz, co czujesz.<br>Udziel informacji.<br>Spróbuj rozwiązać problem. |

DZIECKO: Dzisiaj spóźniłem się do szkoły. Jutro musisz obudzić mnie wcześniej.

RODZIC: (*utrzymujący dziecko w zależności*) ................................

..........................................................................................

RODZIC: (*zachęcający do samodzielności*) ................................

..........................................................................................

DZIECKO: Nie lubię jajek, mam też dosyć zimnej kaszy. Nie będę więcej jadł śniadania.

RODZIC: (*utrzymujący dziecko w zależności*) ................................

..........................................................................................

RODZIC: (*zachęcający do samodzielności*) ................................

..........................................................................................

DZIECKO: Czy na dworze jest zimno? Czy mam założyć sweter?

RODZIC: (*utrzymujący dziecko w zależności*) ................................

..........................................................................................

**RODZIC:** (*zachęcający do samodzielności*) ....................................
..............................................................................................

**DZIECKO:** Do licha, nigdy nie mogę nawlec igły.
**RODZIC:** (*utrzymujący dziecko w zależności*) ................................
..............................................................................................
**RODZIC:** (*zachęcający do samodzielności*)....................................
..............................................................................................

**DZIECKO:** Wiesz co? Mam zamiar odkładać kieszonkowe na konia.
**RODZIC:** (*utrzymujący dziecko w zależności*) ................................
..............................................................................................
**RODZIC:** (*zachęcający do samodzielności*) ....................................
..............................................................................................

**DZIECKO:** Betsy chce, żebym przyszła do niej na przyjęcie, ale ja nie lubię jej wielu koleżanek, które tam będą. Co powinnam zrobić?

**RODZIC:** (*utrzymujący dziecko w zależności*) ................................
..............................................................................................
**RODZIC:** (*zachęcający do samodzielności*) ....................................
..............................................................................................

Podejrzewam, że niektóre twoje odpowiedzi były prawie natychmiastowe, inne wymagały dłuższego zastanowienia. Rzecz w tym, że znalezienie języka, który wyzwoliłby poczucie odpowiedzialności u dziecka, jest wyzwaniem dla nas samych.

Jest faktem, że zachęcanie do samodzielności może okazać się bardzo skomplikowane. Chociaż dobrze rozumiemy, jakie znaczenie ma dla naszych dzieci niezależność od nas, jednak istnieją w nas siły buntujące się przeciwko temu. Po pierwsze, to sprawa zwykłej wygody. Większość z nas jest bardzo zajęta i żyje w wielkim pośpiechu. Zwykle budzimy nasze dzieci, mówimy, co mają na siebie włożyć, zapinamy im guziki, ponieważ zrobienie tego za nich jest dużo łatwiejsze i szybsze. Musimy jednak radzić sobie z naszymi gorącymi uczuciami wobec naszych dzieci. Musimy walczyć przeciwko postrzeganiu błędów dzieci jako swoich porażek. Jakże trudno nam zgodzić się na to, by nasze najbliższe i najdroższe istoty miały same zmagać się i popełniać błędy, skoro jesteśmy pewni, że kilka mądrych słów i porad z naszej strony mogłoby ochronić je od bólu czy niezadowolenia.

Wielkiej siły woli i samodyscypliny z naszej strony wymaga również to, by spieszyć z radą szczególnie wtedy, kiedy jesteśmy pewni, że znamy odpowiedź. Wiedziałam to wszystko aż do dnia, kiedy jedno z moich dzieci spytało: „Mamo, co myślisz, że powinienem zrobić?" Musiałam pilnować się, aby nie odpowiedzieć natychmiast.

Istnieje jednak coś, co szczególnie przeszkadza naszemu racjonalnemu pragnieniu, aby pomóc naszym dzieciom usamodzielnić się. Dobrze pamiętam swoje mieszane uczucia, gdy odkryłam, że zegar mechaniczny budzi moje dzieci skuteczniej niż wszystkie matczyne przypomnienia. Z podobnie mieszanymi uczuciami porzuciłam zwyczaj wieczornego opowiadania bajek, kiedy dzieci nauczyły się czytać.

Przeżycie sprzecznych emocji związanych z procesem usamodzielniania dzieci pomogło zrozumieć mi historię opowiedzianą przez wychowawczynię jednej z klas. Nauczycielka opisała swoje wysiłki, aby przekonać młodą matkę, że jej syn będzie naprawdę poprawnym chłopcem, jeżeli (matka) nie będzie siedziała z nim w klasie. Pięć minut po jej wyjściu stało się oczywiste, że mały Jonathan musi udać się do toalety. Kiedy nauczycielka zachęciła go do pośpiechu, ten wymamrotał bezradnie:

– Nie mogę.

– Dlaczego nie? – spytała.

– Bo nie ma tu mamy – wyjaśnił Jonathan. – Ona zawsze chwali mnie, kiedy skończę.

Nauczycielka pomyślała chwilę:

– Jonathan, możesz iść do toalety, a później pochwal się sam.

Jonathan popatrzył szeroko otwartymi oczami. Nauczycielka zaprowadziła go do toalety i czekała. Po kilku minutach, zza zamkniętych drzwi, usłyszała okrzyk zachwytu.

Później jego matka powiedziała, że pierwszymi słowami wypowiedzianymi przez Jonathana po powrocie do domu było:

– Mamo, ja umiem sam się pochwalić. Więcej ciebie nie potrzebuję!

– Czy uwierzysz – wykrzyknęła nauczycielka – ta matka powiedziała, że zrobiło jej się przykro.

Mogłam w to uwierzyć. Ja wiem, że pomimo uczucia dumy z dorastania naszych dzieci i radości z rozwijania się ich niezależności, doznaje się także uczucia bólu i pustki, że nie jesteśmy im już potrzebni.

Jest to gorzko–słodka droga, którą musimy przejść my, rodzice. Początkowo jesteśmy niezastąpieni dla naszych małych, bezradnych istot. Przez lata troszczymy się, planujemy, otaczamy ich wygodami i próbujemy zrozumieć. Dajemy im naszą miłość, pracę, wiedzę i doświadczenie, aby pewnego dnia on lub ona mieli wewnętrzną siłę i odwagę, by nas opuścić.

## Zadanie do wykonania

1.Zastosuj co najmniej jeden sposób wyzwalający u twego dziecka poczucie samodzielności, niezależności.

2. Jaka była reakcja twojego dziecka?

..............................................................................................

..............................................................................................

..............................................................................................

3. Czy jest coś, co twoje dziecko mogłoby zacząć wykonywać samo, bez twojej pomocy?

..............................................................................................

..............................................................................................

..............................................................................................

4. Jak uzmysłowić dziecku odpowiedzialność za wykonanie zadania bez zawstydzania go? (Większość dzieci nie reaguje na stereotypowe zdanie: „Jesteś już dużym chłopcem (dziewczynką). Na tyle dużym, żebyś sam się ubierał, jadł i robił własne łóżko", itd.)

..............................................................................................

..............................................................................................

..............................................................................................

**DLA SZYBKIEGO PRZYPOMNIENIA...**

## Aby zachęcić dziecko do samodzielności:

1. Pozwól dziecku dokonać wyboru.
   *„Czy dzisiaj chcesz założyć szare lub czerwone spodnie?"*

2. Okaż szacunek dla dziecięcych zmagań.
   *„Słój trudno otworzyć. Czasem wystarczy, gdy postuka się łyżką w wieczko".*

3. Nie zadawaj zbyt wielu pytań.
   *„Miło cię widzieć. Witaj w domu".*

4. Nie spiesz się z dawaniem odpowiedzi.
   *„To ciekawe pytanie. Co o tym myślisz?"*

5. Zachęć dziecko do korzystania z cudzych rozwiązań.
   *„Być może właściciel sklepu zoologicznego coś poradzi".*

6. Nie odbieraj nadziei.
   *„A więc myślisz o sprawdzeniu swoich umiejętności aktorskich! To dopiero będzie doświadczenie".*

Część II

# Pytania, zalecenia i relacje rodziców

## 1. Pozwól dziecku dokonać wyboru.

Może wydawać się niekonsekwentnym zadanie dziecku pytania, czy chce pół szklanki mleka, czy całą, grzankę taką czy inną. Jednak każdy – nawet najmniejszy – wybór stanowi dla dziecka zwiększoną możliwość rozszerzenia kontroli nad swoim życiem. Dziecko tak wiele „musi" zrobić, że nietrudno zrozumieć, dlaczego staje się urażone lub krnąbrne.

*Musisz wziąć lekarstwo.*
*Przestań bębnić po stole.*
*Idź zaraz do łóżka.*

Jeżeli możemy zaproponować mu wybór spośród różnych możliwości, wystarcza to bardzo często, by złagodzić jego złość czy urazę.

*Wiem, jak bardzo nie lubisz tego lekarstwa. Może łatwiej byłoby ci połknąć je z sokiem jabłkowym lub porzeczkowym?*
*To bębnienie bardzo mi przeszkadza. Możesz zostać, jeżeli przestaniesz. Jeżeli nadal chcesz bębnić, idź do swojego pokoju. Decyduj.*
*To jest czas na rozmowę dla mamy i taty, a dla ciebie – czas do łóżka. Czy chcesz od razu spać, czy pobawisz się chwilę w łóżku i zawołasz nas, kiedy będziesz chciał, abyśmy powiedzieli ci dobranoc?*

Niektórzy rodzice czują się nieszczęśliwi, stosując tego typu metody. Dowodzą oni, że wymuszony wybór nie jest żadnym wyborem; staje się jeszcze jednym sposobem ograniczającym swobodę. Są to niezrozumiałe obiekcje. Alternatywa jest zachęceniem dziecka do nauczenia się sztuki wyboru, wyboru który byłby akceptowany przez obie strony. Proszę posłuchać, co opowiedział nam jeden z ojców:

Moja żona i ja mieliśmy właśnie przejść z Tonym na drugą stronę ulicy. Syn ma trzy lata i nie znosi, kiedy trzyma się go za rękę. Walczy, aby się wyrwać – czasem na samym środku ulicy. Zanim wkroczyliśmy na ulicę, powiedziałem: „Tony, według mnie masz dwie możliwości. Możesz wziąć mamę za rękę lub mnie. A może masz inny bezpieczny pomysł"?
Tony pomyślał chwilę i powiedział: „Przytrzymam się wózka". Jego wybór nam odpowiadał.

**2. Okaż szacunek dla dziecięcych zmagań.**

Zwykle myślimy, mówiąc dziecku, że coś jest łatwe, iż dodajmy mu odwagi. Tak jednak nie jest. Mówiąc: „Spróbuj, to łatwe", wcale nie wyświadczamy dziecku przysługi. Jeżeli bowiem uda mu się zrobić coś łatwego, ma wrażenie, że nie dokonało wiele. Jeżeli poniesie porażkę, znaczy to, że nie potrafiło zrobić czegoś łatwego.

Natomiast jeżeli mówimy: „To nie jest łatwe" lub „To może być trudne" – dostarczamy mu mniej frustrujących doświadczeń, gdyż w razie niepowodzenia może mieć szansę pocieszenia się tym, że zadanie było ciężkie.

Niektórym rodzicom wydaje się, że przesadzają, gdy mówią: „To może być trudne". Jeżeli jednak spojrzeliby na postawione zadanie z punktu widzenia niedoświadczonego dziecka, zdaliby sobie sprawę, że zawsze kiedy zaczyna się robić coś nowego – jest to trudne. (Unikaj podkreślania: „To musi być trudne d l a c i e b i e", bo dziecko mogłoby pomyśleć: „Dlaczego dla mnie? Dlaczego nie dla kogoś innego?")

Inni rodzice skarżyli się, że trudno im było być biernym i patrzeć, jak dziecko samo zmaga się ze swoim problemem. Jednak zamiast wyręczania go, proponuję raczej udzielenie mu użytecznych informacji:

> *„Zanim pociągniesz zamek błyskawiczny do góry, spróbuj raz jeszcze dokładnie wcisnąć jego końcówkę. Czasem przynosi to skutek".*
>
> *„Zanim to zrobisz, spróbuj wpierw ugnieść z plasteliny miękką kulkę. Czasem to jest pomocne".*
>
> *„Spróbuj najpierw nauczyć się kręcić gałką, a później połącz to z otwieraniem zamka. To może ci pomóc."*

Dlatego wolę mówić, że coś „czasami pomaga", gdyż jeżeli t o nie pomoże, dziecko może mieć jeszcze inną sznasę.

Czy to znaczy, że nigdy nie wolno nam zrobić za dziecko tego, co może ono zrobić samo?

Wierzę w zdrowy rozsądek rodziców i ich wyczucie, kiedy dziecko jest zmęczone, wymaga dodatkowej uwagi, czy nawet popieszczenia się. W szczególnych chwilach wielkie zadowolenie przynosi dziecku fakt, że uczesze mu się włosy lub założy skarpety, nawet jeżeli doskonale samo potrafi sobie z tym poradzić. Tak długo jak my, rodzice, jesteśmy świadomi, że naszym podstawowym celem jest pomóc dzieciom, by radziły sobie same – musimy zgodzić się, by „robić za nich" tylko okazjonalnie.

### 3. Nie zadawaj zbyt wielu pytań.

Stereotypowe pytania i odpowiedzi: „Gdzie byłeś?" – „Na dworze". „Co robiłeś?" – „Nic" – nie biorą się znikąd. Inne defensywne reakcje dzieci na pytania, na które nie są przygotowane lub nie chcą odpowiedzieć, to krótkie: „Nie wiem" albo „Zostaw mnie w spokoju".

Jedna z mam powiedziała, że miała wrażenie, iż nie była dobrą matką, skoro nie zadawała synowi pytań. Była bardzo zdumiona odkryciem, że od czasu kiedy przestała bombardować go pytaniami i zaczęła z zainteresowaniem słuchać, co sam mówił, chłopiec stał się bardziej otwarty.

Czy to znaczy, że nigdy nie należy zadawać pytań? Wcale nie. Ważne jest, aby być wyczulonym na możliwy odzew na postawione pytanie.

Uwaga: Jednym z częstych pytań zadawanych dzieciom jest: „Czy dobrze się bawiłeś?" Cóż to za żądanie w stosunku do dziecka! Nie tylko musiało iść na zabawę (do szkoły, na plac zabaw, na salę), ale jeszcze oczekuje się od niego, że powinno dobrze się bawić. Jeżeli tak nie było, musi samo poradzić sobie z niezadowoleniem własnym i niezadowoleniem rodziców. Czuje, że zmartwiło ich tym, że nie miało udanej zabawy.

### 4. Nie śpiesz się z udzielaniem odpowiedzi.

Dzieci w czasie dorastania zadają oszałamiająco wiele pytań:

*Co to jest tęcza?*
*Dlaczego dziecko nie może wrócić tam, skąd przyszło?*
*Dlaczego ludzie nie mogą robić tego, co chcą?*
*Czy muszę iść do szkoły?*

Rodzice często czują się zakłopotani tymi pytaniami i gorączkowo szukają natychmiastowej, zadowalającej odpowiedzi. Presja, której poddają się sami, nie jest jednak potrzebna. Zwykle, kiedy dziecko zadaje pytanie, już wcześniej myślało nad odpowiedzią. Chce ono wykorzystać dorosłego, który działa jak syrena ratunkowa, aby móc później ocenić swoje myśli. Zawsze będzie dosyć czasu, aby dorosły dostarczył „poprawnej" odpowiedzi, jeżeli to ciągle jeszcze okaże się ważne.

Dając dzieciom natychmiastowe rady, wyrządzamy im krzywdę; tak samo, jak byśmy rozwiązywali za nie zadania. Lepiej zachęcić je do dalszych dociekań w rozwiązywaniu własnych problemów:

*Zastanów się nad tym.*
*Co o tym myślisz?*

Możemy nawet powtórzyć pytanie:

*Dlaczego ludzie nie mogą po prostu robić tego, co chcą?*

Możemy pochwalić pytającego:

*Zadałeś ważne pytanie – filozofowie zastanawiali się nad tym przez wieki.*

Nie należy się więc śpieszyć. Proces szukania odpowiedzi ma taką samą wartość, jak sama odpowiedź.

**5. Zachęć dzieci do korzystania z cudzych doświadczeń.**

Jednym ze sposobów osłabiania uczucia zależności od rodziny jest pokazanie dziecku, że poza domem istnieje szersza społeczność gotowa udostępnić mu swoje cenne doświadczenia. Świat nie jest bezludną wyspą. Istnieje pomoc, z której można skorzystać, kiedy potrzeba.

Oprócz oczywistych korzyści dla dziecka, ta zasada odciąża także rodziców, którzy nie muszą być ciągle „w gotowości". Wychowawczyni może doskonale omówić w szkole nawyki żywieniowe powodujące nadwagę u dzieci; sprzedawca butów może wytłumaczyć, jaki wpływ na stopy może mieć ciągłe noszenie trampek; bibliotekarz może pomóc młodemu człowiekowi w zmaganiu się z trudną pracą badawczą; dentysta może wytłumaczyć, co dzieje się z zębami, kiedy nie są myte. Zdarza się często, że te zewnętrzne źródła „wiedzy" mają większą wagę niż długie rozmowy z mamą czy tatą.

**6. Nie odbieraj nadziei.**

Wiele przyjemności życiowych zawdzięczamy marzeniom, fantazjowaniu, przewidywaniu, planowaniu. Próbując przygotować dziecko na możliwość niepowodzenia, pozbawiamy je ważnych doświadczeń.

Jeden z ojców opowiedział nam o swojej dziewięcioletniej córce, która pasjonowała się końmi. Pewnego dnia córka spytała go, czy mógłby jej kupić konia. Stwierdził, że musiał zdobyć się na wysiłek, aby nie odpowiedzieć, że nie ma o czym mówić, bo pieniądze, miejsce i przepisy miejskie na to nie pozwalają. Zamiast tego zauważył: „A więc chciałabyś mieć własnego konia. Opowiedz mi o tym". Wysłuchał potem wielu szczegółów, jak by córka żywiła konia, czyściła i odbywała codzienne przejażdżki. Wystarczyło jej mówienie o swoich marzeniach. Nigdy więcej już nie molestowała ojca o kupienie konia. Jednak po tej rozmowie wypożyczyła z biblioteki książki o koniach, szkicowała je i zaczęła odkładać część swojego kieszonkowego, aby pewnego dnia kupić ziesię dla konia. Kilka lat później zgłosiła się do pracy w miejscowej stajni, by mieć możliwość jeżdżenia na koniu. Kiedy miała czternaście lat jej zainteresowanie końmi skończyło się. Pewnego dnia zakomunikowała, że z zaoszczędzonych „końskich pieniędzy" kupuje rower.

## Inne sposoby zachęcające do samodzielności

**1. Pozwól córce samej zajmować się swoim ciałem.**

Zaprzestań ciągłego szczotkowania jej włosów, prostowania pleców, wsuwania bluzki w spódnicę, poprawiania kołnierzyka. Dzieci traktują te zabiegi jako zamach na ich fizyczną własność.

**2. Nie zajmuj się najdrobniejszymi szczegółami życia dziecka.**

Rzadko które dziecko jest zadowolone, gdy słyszy: „Dlaczego piszesz nosem po papierze?" „Siedź prosto przy odrabianiu lekcji" „Odgarnij włosy z oczu. Jak możesz widzieć, co robisz?" „Zapnij mankiety. Wyglądają tak niestarannie, kiedy wiszą odpięte". „Twoją starą ulubioną koszulę trzeba już wyrzucić. Weź sobie jakąś nową". „Na to wydajesz swoje kieszonkowe? Myślę, że to wyrzucanie pieniędzy!"
Wiele dzieci reaguje na taki sposób mówienia z irytacją: „Ma–amo" lub „Ta–ato". Co znaczy: „Ciągle się czepiają. Niech mnie zostawią w spokoju. To moja sprawa".

**3. Nie mów o dziecku w jego obecności niezależnie od tego, w jakim jest wieku.**

*W pierwszej klasie był nieszczęśliwy z powodu czytania, ale teraz już idzie mu lepiej.*
*Ona kocha ludzi. Wszyscy są jej przyjaciółmi.*
*Nie zwracaj na niego uwagi. On jest taki nieśmiały.*

Kiedy dzieci słyszą, że mówi się o nich w ten sposób, czują się jak przedmioty – własność swoich rodziców.

**4. Pozwól dziecku odpowiadać samemu.**

Bardzo często kieruje się pytania do rodziców w obecności dziecka:

*Czy Johnny lubi chodzić do szkoły?*
*Czy lubi swoją małą siostrę?*
*Dlaczego nie bawi się nową zabawką?*

Prawdziwą oznaką szacunku dla autonomii dziecka jest powiedzenie dociekliwemu rozmówcy: „Johnny ci powie. On tylko zna odpowiedź".

**5. Okaż szacunek dla ewentualnej „gotowości" dziecka.**

Czasami dziecko chce coś zrobić, a nie jest przygotowane do tego emocjonalnie lub fizycznie. Ona chce korzystać z łazienki jak osoba dorosła, a jeszcze nie potrafi. On chce pływać jak inne dzieci, ale ciągle boi się wody. Ona chce przestać ssać palec, ale kiedy jest zmęczona, palec tak bardzo „smakuje". Zamiast zmuszać, przekonywać, zawstydzać malca, możemy wyrażać zaufanie do jego zdecydowanej gotowości:

*Pewnego dnia będziesz korzystać z łazienki tak jak mama i tato.*
*To dotyczy ciebie. Jeżeli będziesz gotowy, pójdziesz do wody.*
*Kiedy podejmiesz taką decyzję, przestaniesz ssać palec.*

**6. Zwróć uwagę na zbyt częste mówienie „nie".**

Jako rodzic wiele razy będziesz musiał występować przeciw zachciankom dzieci. Jednakże niektóre dzieci traktują stanowcze „nie" jak wyzwanie do walki, jak bezpośredni atak na ich samodzielność. Całą swoją energię moblizują do kontrataku. Krzyczą, łomocą, wyzywają, posępnieją. Sprzeciwiają się rodzicom pytając: „Dlaczego nie? Jesteś podły. Nienawidzę cię!" Jest to denerwujące nawet dla najbardziej cierpliwych rodziców. Więc co mamy zrobić? Poddać się? Mówić „tak" na wszystko? Oczywiście, nie. Prowadziłoby to do tyranii rozpieszczonego brzdąca.

Na szczęście istnieją pewne sposoby, które pomagają rodzicom zachować stanowczość bez prowokowania konfrontacji.

## Zamiast mówić „nie"

***A. Udziel informacji (i nie używaj „nie"):***

DZIECKO: Czy mogę teraz iść się pobawić do Suzie?

Zamiast: „Nie, nie możesz".
Wyjaśnij: „Za pięć minut mamy obiad".
Mając tę informację, dziecko może powiedzieć sobie: „Pewnie teraz nie mogę iść".

***B. Zaakceptuj uczucia:***

DZIECKO: *(w zoo)* Nie chcę teraz iść do domu. Czy nie możemy zostać?

Zamiast: „Nie, musimy zaraz iść!"
Zaakceptuj jego uczucia: „Widzę, że gdyby zależało to od ciebie, bylibyśmy tu jeszcze długo, długo". *(Prowadząc je za rękę do wyjścia):* „Trudno jest opuszczać miejsce, gdzie jest tak ciekawie".

Czasem, kiedy ktoś zrozumie, jak się czujesz, sprzeciw jest zbyteczny.

***C. Opisz problem:***

DZIECKO: Mamo, czy możesz teraz zawieźć mnie do biblioteki?
Zamiast: „Nie, nie mogę, musisz jeszcze zaczekać".
Opisz problem: „Chciałabym ci pomóc. Problem polega na tym, że za pół godziny przychodzi elektryk".

***D. Kiedy to możliwe, zastąp „nie" wyrazem „tak":***

DZIECKO: Czy możemy iść teraz na plac zabaw?
Zamiast: „Nie, nie zjadłeś obiadu".
Zastąp to wyrazem „tak": „Tak, naturalnie. Gdy tylko zjesz obiad".

***E. Daj sobie czas do zastanowienia:***

DZIECKO: Czy mogę spać w domu Gary'ego?
Zamiast: „Nie, spałeś tam w zeszłym tygodniu".
Daj sobie szansę zastanowienia się: „Daj mi nad tym pomyśleć".

Krótkie zdanie spełnia dwa zadania: stępia agresję dziecka (teraz przynajmniej wie, że jego prośba zostanie poważnie potraktowana) i daje rodzicowi czas na zastanowienie się nad swoimi odczuciami.

To prawda, że wyraz „nie" jest krótszy, a niektóre z podanych alternatyw bez wątpienia wydają się dłuższe, jeżeli jednak weźmiesz pod uwagę towarzyszący temu zwykle sprzeciw, to długa droga jest często właśnie krótszą.

## Więcej o udzielaniu rad

W chwili, gdy wspomnieliśmy w naszej grupie, że dawanie dzieciom rad godzi w ich autonomię, wielu rodziców natychmiast uniosło rękę. Myśleli oni: „No teraz to przesada!" Nie mogli zrozumieć, dlaczego mieliby być pozbawieni prawa do dzielenia się swoim doświadczeniem. Oto pytania pewnej kobiety i odpowiedzi, jakie otrzymała:

*Dlaczego moje dziecko nie miałoby skorzystać z mojej rady, kiedy ma problem? Na przykład, moja córka Julie nie była pewna, czy powinna iść na urodziny swojej przyjaciółki, gdyż nie lubiła niektórych zaproszonych dziewczynek. „One zawsze namawiają się i przezywają mnie". Co złego jest w poradzeniu Julie, że mimo wszystko powinna iść, gdyż w przeciwnym wypadku zrobi zawód swojej przyjaciółce?*

Kiedy natychmiast dajesz dziecku radę, czuje ono, że jest głupie („Należało wiedzieć o tym?"), albo popada w irytację („Czy wydaje ci się, że wcześniej o tym nie pomyślałem?")
Kiedy dziecko decyduje samo o tym, czego chce, nabiera pewności siebie i pragnie wziąć odpowiedzielność za swoją decyzję.

*Czy więc oznacza to, że nie powinnam robić nic, kiedy moje dziecko ma problem? Kilka razy powiedziałam Julie: „To twój problem; radź sobie sama", ale ona wydawała się być bardzo niezadowolona.*

Dzieci czują się zranione i opuszczone, kiedy rodzice ignorują ich problemy. Jednak pomiędzy zupełnym ignorowaniem a ciągłym dawaniem rad, rodzice mają jeszcze inne możliwości reagowania:

a) Pomóż jej uporządkować własne myśli i uczucia.

„Z tego co mi mówisz, Julie, masz dwojakie uczucia co do tych urodzin. Chcesz być z twoją przyjaciółką na jej urodzinach, ale nie chcesz spotkać się z dziewczynkami, których nie lubisz".

b) Ponownie przedstaw problem w formie pytania.

„Czy widzisz możliwość uczestniczenia w tym przyjęciu i poradzenia sobie z zachowaniem tych dziewcząt?"
Dobrze jest zachować milczenie po zadaniu takiego pytania. Twoje milczenie przygotowuje grunt, aby dziecko mogło znaleźć rozwiązanie.

c) Wskaż na możliwości uzyskania środków zaradczych poza domem.

„Zauważyłam, że dział » Młodego czytelnika« w bibliotece posiada książki dla młodzieży, poruszające różne rodzaje problemów społecznych. Może chcesz przejrzeć niektóre"?

*Przypuśćmy, że starannie zastanowiłam się nad całą sprawą i znalazłam rozwiązanie, którego – jestem pewna – Julie nie wymyśliła. Czy mogę jej o tym wspomnieć?*

Po pewnym czasie, kiedy córka sama zrozumie to, co myśli i czuje, z pewnością wysłucha uważnie takiej propozycji – szczególnie wtedy, gdy przedstawisz ją w sposób szanujący jej autonomię:
„Co myślisz o zabraniu na przyjęcie swojej kasety z nowymi żartami. Może te dziewczynki będą tak zajęte zaśmiewaniem się z siebie, że zapomną o „namawianiu się".
Kiedy przedstawiamy naszą sugestię słowami : „A co powiedziałbyś na..." lub „Może rozważyłbyś..." – bierzemy pod uwagę fakt, że pro-

pozycje, które wydają nam się tak „rozsądne", mogą takim nie być dla naszych dzieci.

*Ale przypuśćmy, że jestem mocno przekonana, że Julie powinna iść na te urodziny. Czy i wtedy muszę milczeć?*

Kiedy już dziecko wyjawi swój problem, może mu pomóc wysłuchanie pomysłów i przekonań rodziców.

„Martwi mnie myśl, że musiałabyś zrezygnować z zabawy z powodu zachowania się jakichś dziewcząt".

„Myślę, że ważne jest, aby nie martwić dobrej przyjaciółki w dniu jej urodzin, nawet jeżeli wiąże się z tym nasze poświęcenie".

Młoda osoba ma prawo poznać zdanie rodziców. Nawet jeżeli w danym momencie nie wybierze sugerownego sposobu działania, z pewnością otrzymała coś do przemyślenia.

## Kiedy rodzice zachęcają do samodzielności

(relacje rodziców)

W tydzień po spotkaniu na temat uczenia dzieci samodzielności, rodzice w naszej grupie mieli sobie wiele do powiedzenia.

Miałam dwie „premiery" z Dannym w tym tygodniu. Pozwoliłam mu, aby napuścił sobie wody do wanny o temperaturze, jaką lubi, i aby sam zrobił sobie śniadanie.

⁂

Zawsze kroiłam jedzenie dla Racheli, gdyż wolałam nie dawać jej noża. Wreszcie kupiłam jej mały plastykowy nóż i teraz czuje się ona bardzo dorosła, krojąc swoje mięso.

⁂

Kiedy Shana była mała i wszystko rozlewała, zawsze mówiłam: »Och, Shana«, i wycierałam po niej. Teraz z Alyssą (piętnaście miesięcy) postępuję inaczej: stawiam jej kubek na małym stoliku. Za pierwszym razem, kiedy rozlała, wskazałam na sok i pokazałam, jak wytrzeć go papierowym ręcznikiem. Teraz kiedy wyleje, bierze papierowy ręcznik i chętnie sama wyciera.

⁂

Nie mogę znieść, kiedy dzieci palcami nakładają jedzenie na widelec lub kładą łokcie na stole albo wycierają ręce w spodnie zamiast użyć serwetki. Jednocześnie nie znoszę też ciągłego czepiania się.

Wczoraj wieczorem zwróciłam się do nich z tym problemem. Ich rozwiązania: Trzy razy w tygodniu będą mieli „wieczory dobrych manier", a w pozostałe dni będą mogli jeść, jak będą chcieli, a ja nie będę się wtrącać. (One nawet sugerowali, żebyśmy raz w tygodniu wszyscy „zbliżali się ku naturze" i nie używali naczyń, i jedli wszystko palcami – włącznie z zupą! Jednak na to nie mogłam już pozwolić.)

*

Powiedziałam synowi: „Masz dwadzieścia minut na znalezienie się w łóżku. Możesz jeszcze kolorować, a później iść prosto do łóżka, lub możesz przygotować się do łóżka już teraz, a później jeszcze pobawić się w łóżku cyrkowymi lampami". Natychmiast założył piżamę, umył zęby itd.

*

Nicole płacząc, starała się zapiąć bluzę. Przyszła do mnie i podstawiła mi guzik pod nos. Powiedziałam: „Te małe guziki są trudne do zapięcia. Wyglądasz na zdenerwowaną". Poszła z powrotem nie przerywając zmagań. Niewiele brakowało, abym poddała się i zapięła jej te guziki, ale wtedy zawołała: „'Trzeci. Udało mi się". I wyszła.

*

Przez cały czas toczyłam boje z ubieraniem mojej czterolatki. Teraz, kiedy nie idzie do szkoły, pozwalam jej zakładać to, co chce. W dni szkolne kładę na jej łóżku dwa komplety, a ona sama decyduje, w co się ubrać.

*

Jestem z siebie taka dumna. Wreszcie zakończyły się codzienne boje z moim synem, czy ma włożyć sweter, czy kurtkę. Powiedziałam mu: „Sam, przemyślałam to. Zamiast mówić ci codziennie, co masz założyć, myślę, że możesz sam o tym decydować. Opracujemy plan, jakie rzeczy można nosić w określonej temperaturze".

Razem sporządziliśmy plan... 20 stopni i więcej – bez swetra.Pomiędzy 12–19 stopni – sweter. 12 stopni i mniej – ciepła kurtka.

Kupiłam duży termometr i zawiesiłam go na drzewie za oknem. Teraz, codziennie rano patrzy na niego i nie ma targowania. Czuję się jak geniusz.

*

Nie zadałam Howiemu żadnego pytania o to, co robił na obozie. Pozwoliłam mu mówić to, co chciał i mówił jak „karabin maszynowy".

*

Jody spytała mnie: „Dlaczego nigdy nie jedziemy na wakacje w jakieś fajne miejsce, na Bermudy czy Florydę?"

Już miałam jej odpowiedzieć, ale przypomniałam sobie, aby tego nie robić. Powiedziałam: „No właśnie, dlaczego?" Ciężkim krokiem przemaszerowała kuchnię i powiedziała: „Wiem, wiem... Dlatego, że to zbyt kosztowne.Cóż, moglibyśmy chociaż iść do ZOO".

*

Przyzwyczaiłam się do metody nieodpowiadania synowi na wszystkie jego pytania. Myślę, że on również przyzwyczaił się do tego. Oto co zdarzyło się w zeszłym tygodniu:

**JOHN:** Powiedz mi, jak zrobić bombę atomową.

**JA:** To interesujące pytanie.

**JOHN:** No więc powiedz mi.

**JA:** Muszę nad tym pomyśleć.

**JOHN:** Pomyśl o tym teraz i powiedz mi.

**JA:** Nie mogę. Ale zastanówmy się, kto lub co pomogłoby nam w uzyskaniu odpowiedzi.

**JOHN:** Nie chcę iść do biblioteki i szukać odpowiedzi. Powiedz mi sama!

**JA:** Nie jestem w stanie odpowiedzieć na to pytanie bez pomocy, John.

**JOHN:** No to spytam taty. A jeżeli on nie będzie wiedział, spytam Williama *(trzecia klasa)*. Ale to głupie, że dziecko z trzeciej klasy wie więcej niż „tępa" mama.

**JA:** Nie przezywać w tym domu!

*

Kevin powiedział mi, że ma zamiar sprzedać sąsiadom dynie ze swego ogrodu. Już miałam go powstrzymać, ponieważ były one o połowę mniejsze niż te w sklepie, a nie chciałam stawiać w kłopotliwej sytuacji sąsiadów, ale syn był tak podniecony, że mu pozwoliłam.

Wrócił godzinę później z szerokim uśmiechem na twarzy: „75 centów i tylko jedna została". Powiedział, że pani Greenspan stwierdziła, że jest on „przedsiębiorczym młodym człowiekiem". A co to znaczy? – Chciał wiedzieć.

*

Jason powiedział mi, że chce być policjantem, strażakiem, rybakiem i astronautą. Nie sprzeciwiłam się.

*

Nie wtrącam się do dziecięcych sporów. Mówię im, że jestem przekonana, iż sami mogą je rozstrzygnąć. I wiele razy im się to udaje.

*

Oto inne jeszcze przykłady pochodzące od uczestników naszego spotkania:

...Do dzisiaj przyjaciele przyglądają się pilnie mojej niezależności. Jestem jednym z pięciorga dzieci, których ojciec pracował sześć lub siedem dni tygodniowo – w zależności od tego jak szedł mu handel. Jestem drugi według starszeństwa, a stałem się niezależny i odpowiedzialny, gdyż taka była konieczność. Moja matka nie mogłaby pewnie „robić" za pięcioro dzieci i przeżyć, gdyby nie nauczyła nas samodzielności.

Jednakże mam ambiwalentny stosunek do wspomnień z dzieciństwa. Byłem dumny, że nie biegłem do mamy czy taty z wieloma problemami, obawami, potrzebami, jak robili to moi przyjaciele. Z drugiej strony, byłoby mi przyjemnie zwierzyć się lub wysłuchać rady rodziców. (Wiedziałem, że moje pytanie zostanie zbyte brakiem czasu lub czymkolwiek. Przestałem więc pytać i robiłem po swojemu).

Dzieci zawsze chcą być dorosłe, ale ciągle jeszcze są dziećmi i muszą rosnąć stopniowo. Jestem dumny ze swojej mamy z powodu jej sprawności i zdolności w uczeniu nas codziennych obowiązków, ale myślę, że powinienem był mieć możliwość pójścia do rodziców, kiedy ich potrzebowałem.

*

Kiedy Kirk wraca ze szkoły, ma zawsze tyle do zrobienia, że nigdy nie doprowadza niczego do końca, jeśli go nie przypilnuję. W końcu napisałam do niego liścik:

*Drogi Kirk!*

*Tatuś i ja jesteśmy nieszczęśliwi, ponieważ ostatnio walczymy z tobą o zrobienie rzeczy, które wiesz, że masz zrobić.*

*Ile czasu potrzebujesz na przedstawienie planu uporania się z wszystkim, co masz do zrobienia? Dwadzieścia cztery godziny? Więcej? Chcielibyśmy otrzymać od ciebie pisemny plan do końca tego tygodnia, taki który twoim zdaniem będzie wykonalny. Powinien on określać czas przeznaczony na:*

*– ćwiczenie ręki – 10 minut, trzy razy dziennie. (Kirk złamał rękę; nie wykonywał ćwiczeń pomimo zaleceń lekarza.)*

*– wyprowadzanie psa*

*– zadanie domowe*

*– powtarzanie*

*– gry i zabawy*

*Ucałowania*
*Mama*

We wtorek wieczorem syn przedstawił nam pisemny plan i ściśle się do niego stosuje.

*

Paul bardzo martwił się o swoją kartę ocen. Wcześniej zanim ją otrzymał, dzień po dniu sygnalizował nam swoje niezadowolenie. Mówił m.in.: „Nie będę miał zbyt dobrej oceny z matmy... Widziałem swój stopień w zeszycie pana D. Zdziwiłem się, widząc go".

Wieczorem po kolacji powiedziałem: „Paul, chodź tutaj, obejrzymy twoją kartę ocen". Syn podszedł, a jego oczy wyrażały zaniepokojenie. Usiadł na moich kolanach. Powiedział: „Nie spodziewałeś się tego".

**JA:** Zobaczymy, Paul. To twoje świadectwo. Jak ci się podoba?

**PAUL:** Zaczekaj, aż dojdziemy do matmy.

**JA:** Zaraz, ja nie patrzę na matematykę. Zacznijmy od góry. Widzę db (dobry) z czytania.

**PAUL:** Aha, z czytaniem jest w porządku.

**JA:** Widzę też db z pisania, a miałeś z tym dużo problemów. A więc poradziłeś sobie. A z ortografii bdb (bardzo dobry). O, tego także się bałeś. W moim przekonaniu te oceny są dobre. Angielski – dost.

**PAUL:** Ale powinienem był lepiej wypaść z angielskiego.

**JA:** Dost. jest wystarczający.

**PAUL:** Aha, ale mogłoby być lepiej.

**JA:** A teraz, matematyka. Co ja tu widzę – ndst. (niedostateczny).

**PAUL:** Wiedziałem, że będziesz zły!

**JA:** A więc jest to przedmiot, z którym masz problemy.

**PAUL:** Och tak, mam zamiar przyłożyć się do matmy.

**JA:** Jak to zrobisz?

**PAUL:** No cóż, spróbuję się podciągnąć.

**JA:** Jak?

**PAUL:** *(długa przerwa )* Będę więcej się uczył i będę odrabiał wszystkie zadania domowe. A także opracuję w szkole odpowiedzi na wszystkie pytania egzaminacyjne.

**JA:** Wygląda na to, że postawiłeś sobie jakieś zadania. Weźmy kawałek papieru i spiszmy niektóre z nich.

Paul wziął papier i ołówek i przeczytał całą listę ocen ze stopniami, które otrzymał. W drugiej kolumnie wypisał stopnie, do których będzie dążył w następnym semestrze.

Byłem zdziwiony, bo myślałem, że pragnie skoncentrować się na matematyce i poprawić ją. Zadecydował jednak poprawić się nie tylko z matematyki, ale też z angielskiego, z nauk społecznych i przyrodniczych.

Kiedy dotarł do matematyki powiedział, że zamierza poprawić stopień z ndst. na bdb.

JA: Paul, to wielki skok. Czy myślisz, że ci się to uda?
PAUL: O tak, ja naprawdę mam zamiar popracować nad matmą.

Na końcu listy ocen jest miejsce na komentarz rodziców i podpis. Napisałem: „Przedyskutowałem z Paulem oceny i on postanowił postawić przed sobą nowe zadania. Planuje więcej pracować – szczególnie nad matematyką". Podpisałem się i poprosiłem o podpis również Paula.

Listę zamierzonych celów syn przyczepił do drzwi swojego pokoju, aby mógł ją sobie przypominać. Przez następne trzy dni przychodził do domu z bardzo dobrymi stopniami z testów egzaminacyjnych! Nie mogłem uwierzyć. Powiedziałem: „Paul, ty jak coś postanowisz, to nic nie jest w stanie cię zatrzymać!

*

Byłem wychowany w bardzo surowej rodzinie. Od małości mówiono mi, co i kiedy robić. Kiedy pytałem „dlaczego", mój ojciec mówił: „Bo ja tak każę". Wkrótce nauczyłem się nie zadawać pytań.

Kiedy sam zostałem ojcem, jednej rzeczy byłem pewien. Nie chciałem wychowywać syna w ten sposób. Nie wiedziałem jednak, jak się do tego zabrać. Spotkania na temat samodzielności bardzo mi pomogły. Podam pewne fakty, które się wydarzyły, aby przedstawić, co mam na myśli.

Kiedy zostałem samotnym ojcem, zacząłem zauważać rzeczy, których nigdy przedtem nie widziałem. Robby miał zwyczaj opychać się ciastkami. Schowałem więc pudełko z ciastkami i wydzielałem mu po jednym. Dzień po naszym spotkaniu przyszedłem do domu z pudełkiem ciastek i położyłem je na stole. Powiedziałem: „Robby, nie chcę już więcej pilnować ciastek. To jest jedyne pudełko na ten tydzień. Możesz zdecydować, czy chcesz je zjeść całe od razu, czy też stopniowo do końca tygodnia. To zależy od ciebie". I na tym się skończyło. Nigdy więcej nie musiałem mówić na ten temat ani słowa. Mały brał codziennie dwa ciastka i trzy pod koniec tygodnia.

Miałem też zwyczaj codziennie wieczorem pomagać mu w lekcjach, co kończyło się zwykle krzykiem jeden na drugiego. Pewnego wieczoru wszedłem do pokoju i zacząłem czytać gazetę. Robby zapytał: „Tato, kiedy będziesz mi pomagał?" Powiedziałem: „Jestem przekonany, że jeżeli zechcesz poświęcić trochę czasu, dasz sobie radę sam".

Kiedy tego wieczoru kładłem go do łóżka, pochwalił się: „Całe zadanie domowe zrobiłem sam. Kocham cię, tato".

Następnego wieczoru stwierdził, że chciałby ze mną porozmawiać. Zapytałem: „A o co chodzi?"

Powiedział: „Od dzisiaj, tato, chcę być panem samego siebie. Dobrze?"

Po dłuższej chwili zauważyłem: „Czas do łóżka, Robby. Wskakuj w piżamę i umyj zęby".

„Wiem, tato. Pamiętam, jestem teraz panem samego siebie!"

## Część III

# Doświadczenia rodziców polskich

Z rosnącym zdumieniem słuchaliśmy swoich wypowiedzi. Stawało się dla nas jasne, że marząc o samodzielnym, radzącym sobie w trudnych sytuacjach, pełnym inicjatywy i wiary w siebie potomku, robimy dokładnie wszystko, by było odwrotnie; nadmiernie kontrolujemy, decydujemy o najmniejszych drobiazgach, krytykujemy i „czepiamy się", gdy dziecięce przedsięwzięcia nie osiągają wyznaczonego przez nas poziomu doskonałości.

Jesteśmy natrętni i wścibscy w swojej nadopiekuńczości i trosce oraz trawi nas zazdrość, gdy dziecko rezygnuje z naszej rady na rzecz jakiegoś innego autorytetu, lub gniew, gdy tym autorytetem okazuje się ktoś z grona rówieśników, kogo nie akceptujemy.

Najgorzej jednak ma się sprawa z nadzieją i wiarą w możliwości dziecka! Zżera nas lęk o kolejne niepowodzenia i klęski (bardzo często związane ze szkołą). Usiłujemy zabezpieczyć je „na zapas", ochronić przed cierpieniem, bólem, złym wpływem – nieświadomi, że nasza ingerencja obraca się przeciwko dziecku i przeciwko... nam samym. Świadczą o tym wypowiedzi dzieci. Posłuchajmy chociażby tylko dwóch:

**11-letni Krzysiek:** ...Kłamię, bo taki mam charakter i już nie potrafię inaczej. Już się przyzwyczaiłem. Zresztą tak jest lepiej. Jak mówiłem prawdę, to zawsze była awantura i mówili: „Nie kłam, powiedz prawdę... nie tłumacz się, bo i tak ci nie uwierzę... tobie nie można ufać". Teraz robię to, co chcę, a rodzicom mówię to, co chcą usłyszeć. Tak się lepiej opłaca, bo jest spokój, a jak się wyda – jest tylko jedna awantura...

*

**16-letnia dziewczyna:** ... Nienawidzę swojego ojca i swojego domu. Zaczęłam uciekać, bo już dłużej nie mogłam znieść tego gadania: „Tylko pamiętaj, jak masz się zachować! Uważaj, bo łatwo zrobić głupstwo! Jak ty się ubierasz! Masz gust panienki spod latarni! Tylko ci chłopcy w głowie! Dziewczyny się dzisiaj nie szanują, a chłopcy tylko patrzą, żeby je wykorzystać! Jaka ta młodzież jest zdemoralizowana! Z tą się nie zadawaj, bo to taka małoletnia k..., a kto z kim przestaje..." Ojciec jest lekarzem i umiera ze strachu, żebym nie zaszła w ciążę, jakby to była najstraszniejsza rzecz, która może mi się przydarzyć. Nawet do głowy mu nie przyjdzie, że pierwszy raz kochałam się w jego gabinecie z synem jego przyjaciela. Takiego samego obłudnika jak mój ojciec. Nie byłam zakochana. Zrobiłam to ojcu na złość...

*

W Australii znany jest bumerang, który rzucony w specjalny sposób – w przypadku nietrafienia do celu – zatacza w powietrzu łuk i wraca do rzucającego.

Wiele rodzicielskich słów skierowanych do dziecka – rzekomo dla jego „dobra" – można porównać z działaniem takiego bumerangu; nie osiągają zamierzonego celu, przynoszą wręcz niepożądane skutki, ale wracają... raniąc sfrustrowanych, przerażonych rodziców.

To porównanie z bumerangiem – poprzez fakt, że jest bronią – ma dodatkowy sens; zwraca uwagę na jeszcze jeden aspekt relacji między rodzicami a dziećmi, który określa słowo: w a l k a.

Rodzice i dzieci toczą ze sobą boje od pokoleń, nieświadomi, że może być inaczej. Czy rzeczywiście może zostać wyeliminowana przemoc w rodzinnych stosunkach, by relacja rodzice–dzieci przestała być relacją zwycięzca–zwyciężony?

Ta książka właśnie uczy nas j a k rozmawiać i dochodzić do porozumienia z drugim człowiekiem – dzieckiem, nie gwałcąc jego potrzeb i prawd, ani potrzeb i praw rodzica, czyli swoich.

Podkreślenie tej wartości wydaje się szczególnie istotne wobec faktu, że nasze polskie społeczeństwo cechuje nadmierna potrzeba kontrolowania i podporządkowywania sobie innych, wskutek czego niepowtarzalne piękno i oryginalność osobowości każdego dziecka podlegają w procesie „wychowania" unifikowaniu i redukowaniu do „szarej" i powszechnie obowiązującej przeciętności.

Tego właśnie okaleczającego zabiegu, niczym rajskie ptaki zamienione w pospolite wróble, doświadczyliśmy na sobie jako dzieci i dlatego, kiedy dorośliśmy i staliśmy się rodzicami automatycznie powielamy to, przeciw czemu buntowaliśmy się w naszej młodości. Praktykowanie wiary w stare, „sprawdzone" metody wychowawcze – w dodatku w warunkach tak odmiennych od rzeczywistości sprzed kilkudziesięciu lat – nadaje naszym wysiłkom wychowawczym karykaturalne formy, a efekty są na miarę swoistego paradoksu.

Iluż z nas – podobnie jak kiedyś naszych rodziców – przeraża myśl, że „dziecko wymknie się nam z rąk", jeśli „spuścimy je z oka", gdy tymczasem prawie każdy z nas wieszał sznurek z kluczem na szyi dziecka, które przez wiele godzin, każdego dnia było samo w tym „strasznym świecie" i musiało sobie radzić! Dokonywało wyborów, podejmowało decyzje... Może nawet te najistotniejsze dla przyszłości... I robiło to bez nas!

Kolejna wątpliwość wiąże się z pytaniem, czy można zaufać tym nowym sposobom zachęcania do samodzielności – proponowanym przez Autorki – skoro rzeczywistość amerykańska jest tak inna od naszej? Tam matki małych i uczących się dzieci z reguły nie pracują, dzieci nie mają tylu lekcji zadanych do domu, a do szkoły dojeżdżają spod domu specjalnym busem. Podane w książce przykłady mogą być niezrozumiałe lub wręcz irytujące dla polskiego czytelnika... Czy warto zaryzykować?

Warto! Po raz pierwszy odważyłam się! Odważyłam się wysłać swego lękliwego i wstydliwego Michała do sklepu. Zaryzykowałam ufając, że nic mu się złego nie przydarzy. A było to tak:

– Och, zobacz, Michasiu, zapomniałam kupić pietruszki i cebuli. Co ja teraz zrobię? Och, muszę się ubrać i iść do sklepu, a jestem tak zmęczona, ojejku!

– A może *ja* ci kupię? – zaskoczył mnie pytaniem syn.

– Hmm... Poszedłbyś sam? – zawahałam się na moment, mimo że już wcześniej postanowiłam *nie tłumić* jego inicjatywy.

– Tak! Ale... Nie będziesz się denerwować? – niespodziewanie zaniepokoił się Michał.

– Nie będziesz się denerwować? Nie będziesz? – dopytywał się natarczywie, wyraźnie potrzebując upewnienia. I nagle – dzięki temu –

uświadomiłam sobie, że to moje lęki czyniły go bojaźliwym i niepo-radnym chłopcem,

– Hmm... – mruknęłam. Analizowałam swoje odkrycie.

– Daj pieniążki, to ja już pójdę – ponaglał mnie Michał.

Popędził. Wrócił ze sklepu biegiem.

– Masz! Kupiłem! Pietruszkę i cebulę! – wyrzucił jednym tchem.

– Och! Bardzo się cieszę! Jesteś dzielnym i bardzo zaradnym chłopcem! – wyrecytowałam wykutą na pamięć regułkę.

– Daj, mamusiu, to ci pokroję tę cebulę – zadziwił mnie ponownie.

– Dobrze – odpowiedziałam podając mu deskę i nóż z desperacją, gdyż wyobraźnia podsuwała mi obraz krwawej sałatki z cebuli i paluszków mego syna. Michał kroił z przejęciem, a ja zastanawiałam się, jak w przyszłości odróżnić realne niebezpieczeństwo od tego, które produkowała moja wyobraźnia.

*

Matka 16-letniego Piotra czuła się dobrą i troskliwą mamą wtedy, kiedy wszystko synowi sama załatwiła, zorganizowała, kupiła i jeszcze – na dokładkę – kilkakrotnie w ciągu dnia zatelefonowała do domu z pracy, by go skontrolować i dać wyczerpujące instrukcje i rady. Chłopiec nabawił się silnej nerwicy lękowej... Unikał rówieśników. Matka dużo pracowała nad sobą, zanim odważyła się sięgnąć po nowe sposoby komunikowania się z synem. Oto jedna z jej relacji.

Powiedziałam do syna:

– Zastanów się. Jeśli masz ochotę, tu masz adres pana X. Organizuje nowe harcerstwo. Możesz się z nim skontaktować, jeśli ten pomysł cię zainteresuje.

Nie namawiałam go więcej, chociaż bardzo mnie kusiło, żeby jeszcze bardziej go zachęcać. Po powrocie z pracy zastałam kartkę: „Pojechałem do pana X". Byłam zaskoczona i niezmiernie ciekawa, ale kiedy syn wrócił i powiedział nie za wiele, nie wypytywałam go. Po dwóch godzinach sam zaczął mówić... Pilnowałam się, by nie wtrącać się i ograniczyć tylko do tych: „Hmm... aha!... rozumiem...". Kiedy skończył, powiedziałam krótko:

– Przemyśl sprawę, zanim podejmiesz decyzję.

– Potrzebuję... Czy możesz mi to załatwić? – wyliczał wszystkie nowe potrzeby, a ja z radości już byłam gotowa do działania w starym stylu.

Opanowałam się jednak i powiedziałam:

– Idź do sklepu i dowiedz się, czy to jest, ile kosztuje itd. Spróbuj załatwić sobie możliwie jak najwięcej sam, bo ja mam teraz tyle spraw na głowie, że nie dam rady...

Następnego dnia zobaczyłam, że sam wyciął chustę, ładnie ją obszył, a nawet wyszył lilijkę.

– Widzę, że chusta równo obcięta, ściegi równiutkie, kształtne, sama bym lepiej nie zrobiła. I ta lilijka! Taka zgrabna! Masz zgrabne ręce – chwaliłam syna zgodnie z książkowym „przepisem".

Nic nie powiedział, ale uśmiechnął się półgębkiem.

Po kilku dniach zawiadomił mnie, że zorganizował zastęp uczniów VIII klasy, umówił się na spotkanie z inną harcerką. Był zadowolony. Ja też – z niego i z siebie. Od tamtego momentu upłynęło już wiele miesięcy. Syn ma jeszcze problemy emocjonalne, ale w harcerstwo „wsiąkł" całkowicie.

*

Największym moim aktualnym sukcesem jest zrozumienie różnicy między samodzielnością a samowolą dziecka.

Przez wiele lat bawiła całą rodzinę rozkoszna bezczelność i upór mojego małego synka. Rozbrajał nas swoją konsekwencją w dążeniu do celu. Ale mój śmiech zamienił się w gorzkie łzy, gdy syn podrósł. Poszedł do szkoły i zaczęły się kłopoty z samodyscypliną. W domu też nas nie słuchał.

W poczuciu totalnej klęski zdarzało mi się dosłownie barykadować swoim ciałem drzwi wyjściowe, chcąc zatrzymać w domu 9-letniego syna. Ale on i tak znikał, aby zwiedzać świat, a ja godzinami oczekiwałam na jakąkolwiek wiadomość, umierając ze strachu i rozpaczy. Przeżyłam wiele upokorzeń przy odbieraniu go z komisariatu policji i w szkole. Byłam przecież matką dziecka, które ucieka z domu!

Teraz nauczyłam się proponować mu wybór. I on wybiera. Uczę się mówić o swoich uczuciach i syn zaczyna liczyć się z nimi. Już nie siedzę pod drzwiami. Uczę się rozmawiać i... snuć razem z nim marzenia o dalekich wyprawach. Czasem czuję się nienaturalnie z tymi książkowymi kwestiami „w ustach", ale nie rezygnuję. To skutkuje!

# Pochwały 5

## Część I

Dawno, dawno temu było dwóch siedmioletnich chłopców o imionach Bruce i David. Obaj mieli matki, które bardzo ich kochały.

Każdy chłopiec zaczynał dzień w różny sposób. Pierwszą rzeczą, którą Bruce usłyszał, budząc się rano, było: „Wstawaj już, Bruce! Znowu spóźnisz się do szkoły".

Bruce wstał, sam się ubrał i przyszedł na śniadanie. Matka powiedziała: „Gdzie twoje buty? Czy masz zamiar iść do szkoły boso? I zobacz, co założyłeś! Ten niebieski sweter wygląda okropnie z zieloną koszulą... Bruce, na litość boską, co zrobiłeś ze spodniami? Są podarte. Musisz zaraz po śniadaniu je zmienić. Moje dziecko nie pójdzie do szkoły w zniszczonych spodniach... Uważaj, jak lejesz sok!"

Bruce rozlał sok na obrus.

Matka była rozdrażniona. Kiedy zrobiła porządek, powiedziała: „Nie wiem, co z tobą zrobić!"

Bruce zamruczał coś pod nosem. „A to co? – spytała matka. – Jeszcze ci się nie podoba?" Bruce dokończył śniadanie w milczeniu. Potem zmienił spodnie, nałożył buty, wziął książki i wyszedł do szkoły. Po chwili dobiegło go wołanie: „Bruce, zapomniałeś śniadania! Założę się, że gdybyś nie miał głowy przytwierdzonej do karku, też byś jej zapomniał".

Bruce zabrał śniadanie, a kiedy znowu skierował się do drzwi, matka przypomniała mu: „Tylko dobrze zachowuj się w szkole".

David mieszkał po drugiej stronie ulicy. Pierwsze, co usłyszał rano, to: „Już siódma, David. Czy wstaniesz zaraz, czy też poleżysz jeszcze pięć minut?"

David obrócił się na drugi bok i ziewnął. „Jeszcze pięć minut" – wymamrotał.

Przyszedł na śniadanie ubrany, bez butów. Matka zauważyła: „O! jesteś już ubrany. Zapomniałeś tylko założyć buty! Och, spodnie ci się rozpruły. Mogą ci pęknąć do reszty. Mam je zeszyć na tobie, czy wolisz zmienić na inne?"

David pomyślał sekundę i powiedział: „Zmienię je po śniadaniu". Usiadł przy stole i zaczął nalewać sok. Rozlał trochę.

„Ścierka jest w zlewie" – powiedziała mama zajęta przygotowywaniem drugiego śniadania. David wziął ścierkę i starł to, co się rozlało. W czasie śniadania rozmawiali trochę. Kiedy skończył, zmienił spodnie, włożył buty, wziął książki i wyszedł do szkoły; bez śniadania.

Matka zawołała po chwili: „David, twoje śniadanie!"

Wrócił po nie szybko i podziękował. Kiedy dawała mu je, powiedziała: „Do zobaczenia".

Bruce i David mieli tego samego nauczyciela. Podczas lekcji nauczyciel zwrócił się do wszystkich uczniów: „Kochani, jak już wiecie, w przyszłym tygodniu będziemy obchodzić Święto Kolumba. Potrzebni są chętni do malowania kolorowych planszy powitalnych na drzwiach naszej klasy. Potrzebujemy też ochotników do nalewania i podawania lemoniady naszym gościom. I jeszcze potrzebujemy kogoś, kto pójdzie do trzecich klas i wygłosi mowę zapraszającą każdego do zabawy".

Niektóre dzieci natychmiast uniosły ręce, inne nieśmiało, a jeszcze inne nie podniosły rąk wcale.

Nasze opowiadanie tutaj się kończy. Spróbujmy jednak domyśleć się ciągu dalszego. Zastanów się więc przez moment i rozważ, jakie dałbyś odpowiedzi na poniższe pytania:

1. Czy David zgłosiłby się jako ochotnik?
2. A Bruce?
3. Jaka jest relacja pomiędzy tym, co dzieci myślą o sobie, a ich gotowością do stawiania czoła wyzwaniom?
4. Jaka jest relacja pomiędzy tym, co dzieci myślą o sobie, a rodzajem stawianych sobie celów?

Teraz, kiedy znasz swoje myśli, chciałabym podzielić się moimi. Załóżmy, że są dzieci, które – pomimo ciągłego strofowania w domu – są zdolne stawić czoła wyzwaniu poza domem. Załóżmy też, że niektóre dzieci traktowane w domu z szacunkiem, nie wierzą we własne siły i cofają się przed wyzwaniami. Jednakże wydaje się logiczne, że te dzieci, które wyrastają w rodzinach, gdzie ich intencje są doceniane, będą odważniejsze, będą lepiej radziły sobie z problemami, jakie przynosi życie, będą stawiały sobie wyższe cele.

Jak powiedział Nathaniel Branden w swojej książce *The Psychology of Self Esteem:* „Nie ma bardziej wartościowej, ważniejszej dla człowieka oceny, nie ma czynnika bardziej decydującgo w rozwoju psychicznym i motywacyjnym, niż ocena samego siebie. (...) Istota tej samooceny ma głęboki wpływ na proces myślenia człowieka, jego emocje, pragnienia, wartości i cele. Jest to jeden z najważniejszych czynników kształtujących zachowanie".

Jeżeli samoocena jest taka ważna, to co – jako rodzice – możemy zrobić, aby ją uwypuklić? Oczywiście wszystkie te zasady i sposoby, o których do tej pory mówiliśmy, mogą pomóc dziecku widzieć siebie jako wartościowego człowieka. Za każdym razem kiedy okazujemy szacunek jego uczuciom, gdy oferujemy mu szansę dokonania wyboru lub rozwiązania jakiegoś problemu – rośnie w nim zaufanie i szacunek do samego siebie.

Jak jeszcze możemy pomóc naszym dzieciom budować pozytywne i realistyczne wyobrażenie o sobie?

Z pewnością poprzez udzielanie pochwał. Ale nie jest to wcale takie oczywiste. Czasami w najlepszej wierze udzielona pochwała przynosi nieoczekiwane efekty.

Przekonaj się osobiście, czy tak nie jest. W poniższych ćwiczeniach znajdziesz opis czterech różnych hipotetycznych sytuacji, w których ktoś cię chwali. Przeczytaj, proszę, każdą sytuację i zanotuj swoje reakcje.

**Sytuacja pierwsza:** Masz niezapowiedzianych gości na obiedzie. Podgrzewasz kurczaka z puszki i podajesz go z ryżem błyskawicznym.

Twoi goście mówią: „Umiesz świetnie gotować".

Twoja wewnętrzna reakcja: ..................................................

..................................................................................

..................................................................................

..................................................................................

**Sytuacja druga:** Wybierasz się na ważne spotkanie, dlatego zamiast swetra i dżinsów masz na sobie nowe ubranie. Spotyka cię twój znajomy, przygląda ci się i mówi: „Ty zawsze wyglądasz tak elegancko".

Twoja wewnętrzna reakcja: ..................................................

..................................................................................

..................................................................................

..................................................................................

**Sytuacja trzecia:** Uczestniczysz w kursie dla dorosłych. Po żywej dyskusji z twoim udziałem, ktoś podchodzi do ciebie i mówi: „Masz błyskotliwy umysł".

Twoja wewnętrzna reakcja: ..................................................
..........................................................................
..........................................................................
..........................................................................

**Sytuacja czwarta:** Właśnie uczysz się gry w tenisa i pomimo starań ciągle jeszcze kiepsko serwujesz. Piłka zazwyczaj zahacza o siatkę lub nie trafia w pole. Dzisiaj grasz w debla z nowym partnerem i twój serwis niespodziewanie ląduje tam, gdzie trzeba. Partner komentuje: „Świetnie, masz wspaniały serwis".

Twoja wewnętrzna reakcja: ..................................................
..........................................................................
..........................................................................
..........................................................................

Wnioski wydają się oczywiste. Wraz z pozytywnymi uczuciami mogą się rodzić także uczucia mieszane.

Pochwała może spowodować zwątpienie w wiarygodność osoby chwalącej. („Jeżeli ona uważa, że umiem świetnie gotować, to albo kłamie, albo nic nie wie o dobrej kuchni").

Pochwała może prowadzić do natychmiastowego zaprzeczenia. („Mówi, że zawsze wyglądam elegancko. Żeby mnie tak widziała przed godziną").

Pochwała może wywołać obawę. („Ale jak będę wyglądać na następnym spotkaniu?").

Pochwała może zmusić cię do skoncentrowania się na swojej słabości. („Błyskotliwy umysł? Czy ty żartujesz? Ja jeszcze nie potrafię dodać kolumny cyfr").

Pochwała może wywołać niepokój i zakłócić aktywność. („Nigdy już nie będę w stanie tak uderzyć piłki. Nie mam sił").

Pochwała może być również odczytana jako manipulacja. („Czego ten człowiek naprawdę chce ode mnie?").

Pamiętam swoją własną frustrację, kiedy próbowałam pochwalić moje dzieci. Przyszły do mnie z rysunkiem i spytały: „Czy to dobre?"

Powiedziałam: „Jaki piękny rysunek".

Spytały: „Ale czy on jest dobry?"

Odpowiedziałam: „Dobry? Mówiłam wam, że jest piękny... Fantastyczny!"

„Zauważyły: Ale tobie on się nie podoba".

Im natrętniej chwaliłam rysunek, tym trudniej było mi ich przekonać. Nigdy nie zrozumiałam ich reakcji.

Po wielu spotkaniach z doktorem Ginottem zaczęłam zdawać sobie sprawę, dlaczego dzieci odrzuciły moją pochwałę niemal natychmiast, jak ją usłyszały.

Doktor Ginott zwrócił mi uwagę, że słowa, które oceniają – np. dobry, piękny, fantastyczny – powodują uczucie takiego samego niezadowolenia, jakie było twoim udziałem podczas wykonywania pracy. Jednak co najważniejsze, dowiedziałam się, że dobra pochwała składa się z dwóch części:

1. Dorosły opisuje z uznaniem, co widzi lub czuje.
2. Dziecko – po wysłuchaniu opinii – potrafi pochwalić się samo.

Pamiętałam o tym, gdy po raz pierwszy postanowiłam zasadę tę zastosować w praktyce.

Mój czterolatek wrócił z przedszkola, podstawił mi pod nos pogryzmoloną ołówkiem kartkę i spytał: „Podoba ci się?"

Moja pierwsza reakcja była odruchowa: „Bardzo ładny". Wtedy zreflektowałam się. Nie, najpierw muszę opisać, co widzę. Zastanowiłam się, jak opiszę takie bazgroły.

– No tak – powiedziałam. – A więc widzę, że zrobiłeś kółko, kółko, kółko... zygzak, zygzak, zygzak... tu kropka, kropka, kropka i krecha, krecha!

– Aha! – pokiwał z entuzjazmem głową.

– Jak to zdołałeś wymyślić? – zapytałam.

Chwilę pomyślał: – Bo ja jestem artystą – powiedział.

Pomyślałam: „To nadzwyczajny proces. Dorosły opisuje, a dziecko rzeczywiście wystawia sobie ocenę".

Na następnej stronie znajdziesz wiele przykładów zastosowania pochwały opisowej.

# POCHWAŁA OPISOWA

ZAMIAST OCENIAĆ | OPISZ, CO WIDZISZ LUB CZUJESZ

OPISZ

OPISZ

Muszę jednak przyznać się, że na początku wątpiłam w te nowe metody formułowania pochwał. Nawet jeżeli raz się udało, każda myśl o zastosowaniu opisowego stylu pochwały irytowała mnie. Dlaczego mam zrezygnować ze słów: „piękny", „cudowny", „wspaniały", które przychodziły mi tak naturalnie, i szukać innych sposobów ekspresji mojego szczerego entuzjazmu?

Jednak próbowałam, początkowo z obowiązku, a później zauważyłam, że dzieci rzeczywiście zaczęły same się wychwalać. Na przykład:

**JA:** *(zamiast: „Jill, jesteś znakomita")* Masz rację, Jill, puszki z kukurydzą, te po trzy sztuki za dolara, są droższe. Jak to zauważyłaś?

**JILL:** *(usmiechając się szeroko)* Jestem spostrzegawcza.

**JA:** *(zamiast: „Andy, jesteś niezwykły")* To była skomplikowana wiadomość, którą otrzymałeś od pani Vecchio. Napisałeś ją tak jasno, że dokładnie dowiedziałam się, dlaczego spotkanie zostało odłożone, do kogo mam zadzwonić i co mam mu powiedzieć.

**ANDY:** Aha, jestem niezawodny.

Nie było co do tego wątpliwości, dzieci stały się bardziej świadome tego, co potrafią. To tylko zachęciło mnie do kontynuowania wysiłków. A był to wysiłek! Dużo łatwiej skwitować coś słowem „świetnie", niż rzeczywiście zobaczyć to, przemyśleć i opisać w szczegółach.

W poniższych ćwiczeniach spróbuj zastosować w praktyce opisową pochwałę. Kiedy zapoznasz się z każdą sytuacją, wyobraź sobie przez chwilę, co dziecko zrobiło. Potem opisz w szczegółach, co widzisz lub czujesz.

***Sytuacja pierwsza:*** Małe dziecko po raz pierwszy ubrało się samo. Stoi przed tobą, mając nadzieję, że to zauważysz.

Pochwała nieprzydatna:..............................................................

................................................................................................

................................................................................................

Pochwała opisująca w szczegółach, co widzisz lub czujesz: ..........

................................................................................................

................................................................................................

Co mogłoby dziecko powiedzieć do siebie? ...................................

................................................................................................

................................................................................................

***Sytuacja druga:*** Oglądasz występ teatrzyku szkolnego, w którym twoje dziecko gra pierwszoplanową rolę. Po spektaklu podbiega do ciebie i pyta: „Jak ci się podobał mój występ?"

Pochwała nieprzydatna: ..........................................................................

..........................................................................................................

..........................................................................................................

Pochwała opisująca w szczegółach, co udało ci się zobaczyć lub odczuć: ..........................................................................................

..........................................................................................................

..........................................................................................................

Co mogłoby dziecko powiedzieć do siebie? ..........................................

..........................................................................................................

..........................................................................................................

***Sytuacja trzecia:*** Wdzisz, że twoje dziecko ma lepsze wyniki w szkole. Jego wypracowania są staranne, powtarza też słówka tak długo, aż się ich nauczy. Ostatnie wypracowanie było już zupełnie samodzielne.

Pochwała nieprzydatna: ..........................................................................

..........................................................................................................

..........................................................................................................

Pochwała opisująca w szczegółach, co widzisz lub czujesz: .............

..........................................................................................................

..........................................................................................................

Co mogłoby dziecko powiedzieć do siebie? ..........................................

..........................................................................................................

..........................................................................................................

***Sytuacja czwarta:*** Masz grypę i przez kilka dni musisz leżeć w łóżku. Kiedy powracasz do zdrowia, twoje dziecko wręcza ci laurkę z własnoręcznie narysowanymi balonami i sercami.

Pochwała nieprzydatna: ..........................................................................

..........................................................................................................

..........................................................................................................

Pochwała opisująca w szczegółach, co widzisz lub czujesz:

..........................................................................................................

..........................................................................................................

Co mogłoby dziecko powiedzieć do siebie? ........................................

..........................................................................................................

..........................................................................................................

Po wykonaniu tych ćwiczeń możesz z pewnością lepiej zrozumieć, jak dzieci traktują pochwałę typu:

„Jesteś dobrym chłopcem". „Z ciebie jest świetny aktor". „W końcu będziesz doskonałym uczniem". „Jesteś taki troskliwy".

Możesz też lepiej uświadomić sobie, jak czują się, kiedy słyszą pochwałę, która opisuje ich osiągnięcia:

„Widzę, że włożyłeś koszulę z wiązaniem z tyłu, zapiąłeś spodnie, dobrze dobrałeś skarpety i zawiązałeś buty. Jak wiele różnych rzeczy zrobiłeś!"

„Byłaś taką dostojną królową! Stałaś wyprostowana i kiedy wygłaszałaś swoją wielką mowę, twój głos wypełnił całą salę".

„Wydaje mi się, że ostatnio bardzo przykładasz się do lekcji. Twoje wypracowania są staranne, zadania rozwiązujesz przed czasem, powtarzałeś też sobie słówka".

„Bardzo podobają mi się te żółte balony i czerwone serca. One poprawiają mi humor. Czuję się jeszcze lepiej od samego patrzenia na nie".

Jest jeszcze jeden sposób chwalenia, kiedy również stosuje się opis. Dodatkowym elementem jest tutaj to, że dodajemy do opisu jedno lub dwa słowa, które podsumowują godne pochwały zachowanie dziecka.

OD GODZINY UCZYSZ SIĘ SŁÓWEK. TO SIĘ NAZYWA WYTRWAŁOŚĆ!

POWIEDZIAŁEŚ, ZE BĘDZIESZ W DOMU O PIĄTEJ I JEST DOKŁADNIE PIĄTA. TO SIĘ NAZYWA PUNKTUALNOŚĆ!
ZAUWAZYŁAŚ, ZE KWIATY MAJĄ SUCHO I PODLAŁAŚ JE. CIESZĘ SIĘ, ZE MASZ INICJATYWĘ.

W CELU NABRANIA WPRAWY, NA PONIŻSZYCH RYSUNKACH UZUPEŁNIJ ZDANIA BRAKUJĄCYM SŁOWEM LUB SŁOWAMI.

1.

2.

3.

Możliwe sposoby uzupełnienia zdań:

Rysunek 1. Determinacja, siła woli lub samokontrola.
Rysunek 2. Elastyczność, zaradność lub przystosowanie.
Rysunek 3. Przyjaźń, lojalność lub odwaga.

Słowa wymienione powyżej nie są jedyne; nie ma również dobrych lub złych odpowiedzi. Chodzi o to, by znaleźć słowo, które dziecku powie coś o nim samym, coś czego nie wiedziało przedtem, aby dać mu nowe spojrzenie na siebie.

Osobiście w tym sposobie nagradzania podoba mi się to, że jest ono „wykonalne". Cała sprawa polega na rzeczywistym patrzeniu, słuchaniu i powiedzeniu głośno tego, co się widzi i co czuje.

Zdumiewające wydać się może, że tak prosty sposób może wywołać tak zasadniczy efekt. W istocie jednak dzień po dniu z naszych małych opisów dziecko poznaje własne możliwości: odkrywa, że mając okropny bałagan w pokoju, może zaprowadzić w nim porządek; że może ofiarować rzecz, która będzie przydatna i sprawi przyjemność, że może skupić na sobie uwagę publiczności, że może napisać wiersz, który wzrusza, że jest zdolne do punktualności, do ćwiczenia siły woli, do wykazania inicjatywy, zaradności. Wszystko to zasila jego bank pozytywnych uczuć i nie może już być mu odebrane. A dzieje się tak, kiedy mówimy: „Jesteś dobrym chłopcem", by następnego dnia równie łatwo nazwać go „złym chłopcem". Nigdy jednak nie możemy odebrać dziecku czasu, gdy pocieszało matkę, dając jej laurkę, czasu, w którym pracowało i wytrwało, chociaż było bardzo zmęczone.

Te chwile, w których dobre czyny dziecka zostały potwierdzone, stają się doświadczeniem życiowym, do którego może ono wrócić w czasie zwątpienia lub zniechęcenia. W przeszłości robiło coś, z czego było dumne. To w nim tkwi i może procentować.

## Zadanie do wykonania

1. Cecha, którą lubię w moim dziecku:

..........................................................................................

..........................................................................................

..........................................................................................

..........................................................................................

2. Coś co zrobiło ostatnio, co doceniam, ale nie wspominam o tym:

.................................................................................................

.................................................................................................

.................................................................................................

.................................................................................................

3. Co mogę powiedzieć, aby okazać dziecku moje uznanie, korzystając z pochwały opisowej?

.................................................................................................

.................................................................................................

.................................................................................................

.................................................................................................

**DLA SZYBKIEGO PRZYPOMNIENIA...**

## Pochwały i samoocena

**Zamiast chwalić:**

1. Opisz, co widzisz.

   *„Widzę czystą podłogę, zrobione łóżko, książki równo ułożone na półce".*

2. Opisz, co czujesz.

   *„Przyjemnie wejść do takiego pokoju!"*

3. Podsumuj godne pochwały zachowanie dziecka słowami:

   *„Uporządkowałeś ołówki, kredki i pióra i ułożyłeś w oddzielnych pudełkach. To się nazywa porządek".*

Część II

# Pytania, zalecenia i relacje rodziców

Często słyszałam, że rodzice w naszych grupach opowiadają z entuzjazmem jeden drugiemu o czymś, co ich dziecko właśnie zrobiło:

*„Od trzech dni Donny nastawia sobie budzik i sam wstaje rano. Jestem taka zadowolona, że nie muszę tego robić".*

*„Ostatnio Liza uprzedza nas, że się spóźni. Nie muszę mówić, jakie to ma dla mnie znaczenie!"*

Kiedy pytałam tych rodziców, czy ich dzieci wiedzą o tym uznaniu, często byli zakłopotani.

Znaczy to, że nie nagrodzili poprawy ich zachowania. Jako rodzice jesteśmy odpowiedzialni, aby ten zwyczaj zmienić. Samozadowolenie naszych dzieci jest zbyt cenne, aby zostawić to przypadkowi lub powierzyć komuś obcemu. Natomiast otaczający nas świat nie spieszy się z nagrodami. Kiedy to ostatnio jakiś kierowca samochodu powiedział ci: „Dziękuję za zrobienie mi miejsca. Teraz mogę zaparkować". Nasze wysiłki podejmujemy w celu z góry zakładanej współpracy. Jedna pomyłka i ostra krytyka przekreśla wszystko.

Bądźmy więc inni w domu. Zdajemy sobie sprawę, że razem z żywieniem, ubieraniem i czuwaniem nad bezpieczeństwem mamy jeszcze inne zobowiązania w stosunku do naszych dzieci, mam tu na myśli aprobowanie ich dobrego zachowania. Cały świat będzie im mówił, co robią źle – głośno i często. Nasze zadanie polega na tym, aby im powiedzieć, co robią dobrze.

## Kilka zaleceń dotyczących stosowania pochwał

1. Upewnij się, czy twoja pochwała jest dostosowana do wieku dziecka i poziomu jego percepcji. Kiedy bardzo małemu dziecku mówimy z zadowoleniem: „Widzę że codziennie myjesz zęby", doświadcza ono wtedy dumy ze swego dokonania. Kiedy powiesz to samo do nastolatka, może się poczuć obrażony.

2. Unikaj takiej pochwały, w której ukryta jest poprzednia słabość dziecka lub niepowodzenie:

*„A więc w końcu zagrałeś ten kawałek tak, jak powinieneś".*

*„Wyglądasz dzisiaj ładniej niż wczoraj".*

*„Trudno mi było uwierzyć, że zaliczysz ten kurs, ale dałeś radę".*

Zawsze można tak sformułować pochwałę, że koncentruje się ona na aktualnym osiągnięciu dziecka:

*„Bardzo podoba mi się twój sposób gry – mocne, rytmiczne uderzenia".*
*„To przyjemność patrzeć na ciebie".*
*„Wiem, że włożyłeś dużo pracy, aby ukończyć ten kurs".*

3. Miej świadomość, że przesadny entuzjazm może kolidować z oczekiwaniami dziecka. Czasami ciągłe podniecenie rodziców lub okazywanie nadmiernego zadowolenia z powodu dziecięcej działalności, może być poczytane przez dziecko jak presja. Młody człowiek, który słyszy kilka razy dziennie: „Jesteś takim utalentowanym pianistą! Powinieneś grać w Carnegie Hall" – może pomyśleć sobie: „Oni chcą tego bardziej niż ja sam".

4. Musisz mieć świadomość, że dziecko wielokrotnie powtórzy to zachowanie, które „opiszesz". Dlatego, jeżeli nie chcesz, aby dmuchało w gwizdek jeszcze pięć razy, powstrzymaj się z mówieniem: „Ty rzeczywiście wiesz, jak robić duży hałas tym gwizdkiem". Jeżeli nie chcesz, aby wspinało się na szczyt drabinek, nie mów: „Widzę, że doskonale wiesz, jak korzystać z tego przyrządu". Nie ma co do tego wątpliwości. Pochwała zachęca do powtórzeń i zwiększenia wysiłków. Jest to skuteczny impuls. Stosuj go selektywnie.

## Pytania

**1. Próbuję zmienić swój dotychczasowy sposób wyrażania pochwał, ale czasami zapominam się i mówię: „świetnie" lub „fantastycznie". Co mogę zrobić?**

Potraktuj swoje słowa jako spontaniczną reakcję. Jeżeli odczuwasz autentyczny entuzjazm i powiesz: „wspaniale", dziecko usłyszy entuzjazm w twoim głosie i przyjmie to jako wyraz twoich uczuć. Jednakże możesz zawsze wzbogacić swoją pierwszą reakcję poprzez rodzaj opisu, który pomoże dziecku dowiedzieć się, co budzi twoje szczególne uznanie: „Wracam do domu po ciężkiej całodziennej pracy i co widzę? Przed domem zamiecione, torby z liśćmi zawiązane i ustawione przy bramie. Czuję się tak, jakby to był dla mnie prezent!"

Ten opis jest rozwinięciem słowa „wspaniale".

**2. Jak nagrodzić dziecko za coś, co powinno było robić zawsze?**

Kiedy wybieramy się z rodziną na przejażdżkę, mój starszy chłopiec jest zwykle tak nieznośny, że wszyscy jesteśmy nieszczęśliwi. W zeszłym tygodniu zachowywał się wzorowo. Nie chciałam mu powiedzieć, że zachowywał się „fantastycznie", lub że „wreszcie zachowywał się jak człowiek", a jednak jakoś chciałam okazać mu aprobatę dla jego zachowania. Co miałam powiedzieć?

Jesteś zawsze na bezpiecznym gruncie, gdy wypowiadasz do dziecka zdanie opisowe o swoich uczuciach, na przykład: „Ta wyprawa sprawiła mi szczególną przyjemność".

Syn będzie wiedział dlaczego.

**3. Czy mogę chwalić dziecko mówiąc: „Jestem z ciebie taki dumny"?**

Przypuśćmy, że przez ten tydzień pracowałeś nad trudnym testem egzaminacyjnym. Kiedy ogłoszono wyniki, okazało się, że nie tylko zdałeś, ale również otrzymałeś ocenę bardzo dobrą. Kiedy zadzwoniłeś do przyjaciółki, aby przekazać jej pomyślną wiadomość, powiedziała: „Jestem z ciebie taka dumna!"

Jaka jest twoja reakcja? Podejrzewam, że miałeś uczucie, iż w jakiś sposób wartość twego dokonania została przesunięta na jej dumę. Założę się, że dużo bardziej wolałbyś usłyszeć: „Co za osiągnięcie! Musisz być z siebie taki dumny!"

**4. W zeszłym tygodniu, gdy mój syn wygrał zawody pływackie, powiedziałem mu: „Nie jestem zaskoczony. Wiedziałem, że stać cię na to". Spojrzał na mnie dziwnie. Myślałem, że utwierdzę jego pewność siebie. Co zrobiłem złego?**

Kiedy rodzic mówi: Wiedziałem, że cię na to stać", przypisuje raczej pewność sobie, niż chwali osiągnięcia dziecka, dziecko może nawet pomyśleć: „Jak mój ojciec mógł wiedzieć, że wygram? Przecież ja sam tego nie wiedziałem".

Byłoby bardziej przydatne dla dziecka, gdyby usłyszało opis swojego dokonania: „Ta nagroda to miesiąc twoich ćwiczeń i wielkiej determinacji!"

**5. Często chwalę mojego syna, a jednak on ciągle obawia się ryzyka przegranej. Załamuje się, gdy jego wysiłki nie przynoszą oczekiwanych rezultatów. Jak mogę mu pomóc?**

Istnieje wiele możliwości.

Kiedy jest zdenerwowany, nie pomniejszaj jego zmartwienia. („Nie ma się o co martwić".) Raczej uwypuklij to, co twoim zdaniem może on czuć. („To frustrujące pracować tak długo nad projektem i nie osiągać takiego efektu, jakiego oczekiwałeś!") Kiedy zmartwienie jest rozumiane, dziecko próbuje odprężyć się wewnętrznie.

Zaakceptuj pomyłki dziecka i traktuj je jako ważny etap procesu uczenia się. Można nawet zaznaczyć, że pomyłka bywa czasem odkrywcza. „Odkryłeś, że jajka ugotowane na miękko mogą stwardnieć, jeśli poleżą dłużej w gorącej wodzie".

Pokaż też dziecku, że jako rodzic potrafisz zaakceptować swoje własne pomyłki.

Kiedy rodzic złości się na siebie („Znowu nie mam klucza. Co się ze mną dzieje? Taka głupia rzecz! Chyba mi rozum odjęło! To koszmarne"), dzieci dochodzą do wniosku, że jest to właściwy sposób traktowania siebie; również wtedy, kiedy one robią błędy.

Lepiej jednak proponować dziecku inny model postępowania, sugerujący jednocześnie rozwiązanie. Kiedy zrobiliśmy coś, czego żałujemy, przedstawmy pewne sugestie, mówiąc głośno do siebie:

„No cóż, szkoda, że znowu nie mam klucza. To już drugi raz. Co mogę zrobić, aby upewnić się, że to się nie powtórzy? Wiem, zrobię sobie dodatkowy komplet kluczy i schowam je w wyznaczone miejsce".

Traktując z godnością siebie, uczymy tego samego dziecko.

## Kiedy rodzice chwalą

(relacje)

Pewnego wieczoru kilku rodziców zauważyło, że aby osiągnąć sukces, łatwiej jest chwalić dziecko, natomiast większego wysiłku wymaga formułowanie zdań opisujących dokonania dziecka.

Zadecydowali więc wyznaczyć sobie zadanie aktywnego szukania i omawiania wszystkich pozytywnych zachowań swoich dzieci. Jedna z matek przedstawiła następujący zestaw faktów, których normalnie nigdy by nie zauważyła u swego pięciolatka:

W tym tygodniu Paul nauczył się słowa „wrzeć" i jego znaczenia.
Bawił się grzecznie z siedmiomiesięczną siostrzyczką.
Pozwolił jej spędzać czas w spokoju, kiedy tego potrzebowała.
Wyraził swoją złość słowami.

*

Inna matka powiedziała nam:

Wczoraj Joshua (3 lata i 9 miesięcy) chciał, abym mu przeczytała opowiadanie, kiedy właśnie mieliśmy wychodzić. Wyjaśniłam mu, że teraz nie ma czasu na czytanie, gdyż musimy wyjść, a on zareagował: „Ja nie myślałem o czytaniu p r z e d wyjściem, ale po naszym powrocie do domu".

„Joshua – powiedziałam – ty dobrze wiesz, jaka jest różnica pomiędzy przedtem i potem!"

Joshua odrzekł dumnie: „Pewnie". Pomyślał chwilę i dodał: „I wiem, kiedy chcę ciastko. Przed obiadem!"

*

Oto relacja ojca, który zaczął doceniać siłę woli swej siedmioletniej córki. Pewnego ranka powiedział do niej:

„Widzę dziewczynkę, która potrafi rano wstać sama, zjeść śniadanie, umyć się, ubrać i wyszykować na czas do szkoły. To jest to, co nazywam samodzielnością".

Kilka dni później, kiedy myła zęby, zawołała mnie i wskazała na usta: „To jest to, co nazywam czystymi zębami".

*

Inni rodzice również zaczęli dostrzegać, jak często pochwała motywowała dziecko do większej aktywności.

A oto kilka przykładów:

Oboje z mężem chcieliśmy pospać dłużej w niedzielę rano. Dwoje naszych dzieci nie przyszło obudzić nas tak jak zwykle. Kiedy wstałam, poszłam do nich i powiedziałam: „Brynn, córka (ma 6 lat), udało ci się nie wejść do pokoju mamy i taty. To wymagało wiele silnej woli!"

Brynn odpowiedziała: „Ja wiem, co to silna wola! To znaczy, że kiedy chcesz obudzić mamę i tatę, wiesz, że nie powinnaś. Nie budzisz więc. Teraz mam zamiar nakryć do stołu i zrobić śniadanie". I zaczęła przygotowywać śniadanie.

*

Michael aż skakał z podniecenia, pokazując mi, że po raz pierwszy zrobił łóżko. Nie miałam serca powiedzieć mu, że kapa nie zakryła poduszek i że zwiesza się na podłogę z jednej strony, a z drugiej jest zbyt krótka. Powiedziałam tylko: „Przykryłeś prawie całe łóżko kapą!"

Następnego ranka przywołał mnie znowu: „Zobacz, przykryłem również poduszki i nawet zrobiłem po bokach".

Byłam zdziwiona. Zawsze myślałam, że powinnam zwracać dzieciom uwagę na to, co zrobiły źle, tymczasem gdy powiedziałam Michaelowi, co zrobił dobrze, poprawił się sam.

*

Martwiło mnie, że Hans nigdy nie angażuje się do żadnych prac domowych. Gdy miał dziewięć lat, sądziłam, że powinien mieć jakieś obowiązki. We wtorek wieczorem poprosiłam go, aby nakrył do stołu. Zwykle musiałam go poganiać, aby cokolwiek zrobił, ale tym razem było to niepotrzebne. Powiedziałam więc do męża tak, aby Hans słyszał: „Frank, czy widziałeś, co Hans zrobił? Powyjmował naczynia, wazę do sałatki, serwetki, sztućce, pamiętał nawet o twoim piwie! Zrobił wszystko, jak należało".

Ze strony Hansa nie było żadnej reakcji.

Później, kiedy poszłam do sypialni, aby położyć młodszego syna, poprosiłam Hansa, aby przyszedł do łóżka za piętnaście minut. Usłyszałam: „Dobrze".

Za piętnaście minut Hans był w łóżku. Zareagowałam: „Prosiłam cię, abyś za piętnaście minut przyszedł na górę i położył się do łóżka i oto jesteś dokładnie na czas. To się nazywa umieć dotrzymać słowa". Hans uśmiechnął się.

Następnego dnia Hans wszedł do kuchni przed kolacją i oznajmił: „Mamo, mogę nakryć do stołu".

Byłam oszołomiona. „Przyszedłeś, zanim cię zawołałam. To mi się naprawdę podoba!" – powiedziałam.

Od tego czasu zaczęłam dostrzegać u syna pewne symptomy zmian. Pewnego ranka zrobił swoje łóżko bez żadnych próśb, innego ranka ubrał się sam przed śniadaniem. Wydaje mi się, że im więcej szukałam w nim dobra, tym łatwiej mu było być lepszym.

*

Miałam zwyczaj nagradzać córkę. Kiedy obawiałam się, że Melissa może zachować się nie tak, jak trzeba, mówiłam; „Jeżeli będziesz grzeczna, kupię ci lody lub nową zabawkę, albo co będziesz chciała". Melissa była grzeczna, ale następnym razem znów musiałam przyrzec jej jakąś nagrodę.

Ostatnio przestałam powtarzać: „Jeżeli będziesz grzeczna, to..." Zamiast tego mówię: „Melisso, bardzo byś mi pomogła, gdybyś..." A kiedy zrobi, co chcę, próbuję jej to opisać.

Na przykład, pod koniec zeszłego tygodnia powiedziałem jej, że bardzo by mi pomogła, gdyby sprawiła, żeby babcia i dziadek dobrze czuli się u nas podczas odwiedzin. I tak się też stało, córka zachowywała się wspaniale. Gdy rodzice wyjechali, powiedziałam: „Melissa, dziadkowie byli tacy zadowoleni z pobytu u nas. Opowiedziałaś im dowcipy, poczęstowałaś ich swoimi landrynkami i pokazałaś swoją kolekcję gumowych okładek na książki. To się nazywa gościnność!" Melissa po prostu promieniała.

Gdy stosowałam stary sposób, córka czuła się dobrze tylko w momencie otrzymania nagrody. Teraz jej zadowolenie wynikało z poczucia własnej wartości.

*

Czasami dzieci powinny być chwalone nawet w takich chwilach, gdy zupełnie na to nie zasługują i kiedy nie postępują szczególnie dobrze. Następne dwa przykłady pokazują, w jaki sposób rodzice mogą chwalić dzieci w trudnych okolicznościach.

„W zeszłym roku (trzecia klasa) pismo Lizy było straszne. Wspominała mi o tym nauczycielka. Poczułam się tak, jakbym to ja była krytykowana. Co wieczór zaczęłam zwracać córce uwagę, jak rozmazane ma zadanie domowe i jak niedbale napisane literki.

Kilka miesięcy później Liza napisała do nauczycielki liścik o tym, jak bardzo ją lubi. List nie był podpisany. Gdy wspmniałam Lizie, że zapomniała podpisać się, powiedziała: „Nauczycielka będzie wiedziała, że to ode mnie, z powodu brzydkiego charakteru pisma".

Serce we mnie zamarło! Dziecko powiedziało to tak naturalnie, jakby zaakceptowało swoje brzydkie pismo i uznało, że nic nie może tego zmienić.

Po przeczytaniu książki *Liberated parents. Liberated children* (*Wyzwoleni Rodzice. Wyzwolone Dzieci)* zaangażowałam się raz jeszcze. Każdego wieczora, kiedy Liza pokazywała mi swoje zadanie domowe, zamiast krytykować – starałam się znaleźć jedno porządnie napisane zdanie lub jeden wyraz, albo chociażby jedną ładną literę i pochwalić ją za to. Po kilku miesiącach, wystrzegając się krytykowania i przy ostrożnym dawkowaniu pochwał, pismo córki poprawiło się w sposób nie do poznania.

*

Tego dnia byłam bardzo zadowolona z umiejętności chwalenia dzieci w trudnych sytuacjach. Jechałam do domu samochodem z moimi pociechami: Jennifer (6 lat) postanowiła otworzyć dużą plastykową torbę z chrupkami, które – oczywiście – rozsypała po całym samochodzie. Wszystkie możliwe słowa przemknęły mi przez głowę, łącznie z takimi, jak: „Łakome dzieciaki, nie mogłyście zaczekać, aż dojedziemy do domu. Zobaczcie, co zrobiłyście!"

Jednak zamiast tego po prostu opisałam problem spokojnym głosem. Powiedziałam: „Chrupki są rozrzucone po całym samochodzie. To wymaga czyszczenia odkurzaczem".

Kiedy przyjechaliśmy do domu, Jennifer natychmiast udała się po odkurzacz do mego pokoju. Sprawy się jednak skomplikowały. Kiedy Jennifer wyjęła odkurzacz, wywróciła doniczkę i zabrudziła całą sypialnię. Tego już było dla niej za wiele. Zupełnie się załamała i wybuchnęła histerycznym płaczem.

Przez chwilę nie wiedziałam, co robić. Starałam się wyrazić jej uczucia słowami: „Fatalna doniczka! Jakie to frustrujące!", i tak dalej, i tak dalej. W końcu córka uspokoiła się na tyle, że poszła posprzątać samochód; jednak myśl o rozsypanej ziemi w sypialni ciągle ją jeszcze rozdrażniała.

Wyczyściła samochód i zawołała mnie, aby mi pokazać, co zrobiła. Zamiast spontanicznej pochwały stwierdziłam: „W samochodzie było pełno chrupek, a teraz nie widzę ani jednego kawałka".

Jennifer była z siebie tak zadowolona, że powiedziała: „A teraz zamierzam posprzątać twoją sypialnię".

„Och, rozumiem" – powiedziałam wewnętrznie uradowana.

Kilku rodziców odkryło, że stosowanie pochwały opisowej było możliwe nawet w najbardziej nieprawdopodobnych chwilach, kiedy ich dzieci zrobiły coś, czego nie powinny były zrobić. Zamiast nagany zachęcili je do zmian zachowania poprzez przypomnienie o godnym pochwały zachowaniu w przeszłości.

A oto przypadek opowiedziany przez jedną z matek:

Kiedy Karen oznajmiła mi, że zgubiła swój bilet miesięczny i przypuszcza, że wypadł jej z kieszeni, w pierwszym impulsie chciałam ją zwymyślać, że była tak nieostrożna. Ale zreflektowałam się i powiedziałam tylko: „Pomyśl, Karen, nie zdarzyło ci się to przez ostatnie trzy i pół semestru. Tak wiele dni zachowywałaś się odpowiedzialnie".

Karen odpowiedziała: „Tak. Jednak zgubiłam go. Kiedy dostanę nowy, będę go trzymać w portfelu".

⁂

Inną korzyścią wynikającą z opisowej pochwały jest odwaga, rodząca się u niektórych dzieci. Oto, co powiedziała mama ośmioletniej Chris:

Córka, jak daleko sięgam pamięcią wstecz, zawsze bała się ciemności. Dziesiątki razy po położeniu jej do łóżka, wychodziła albo do łazienki, albo żeby się napić wody, czy po prostu żeby upewnić się, że jesteśmy w pokoju.

W zeszłym tygodniu otrzymała swój arkusz z ocenami. Był pełen pochwał. Cały dzień spędziła, podziwiając go i czytając wiele razy od początku. Przed pójściem do łóżka powiedziała mi, przytaczając niektóre sformułowania z arkusza ocen: „Dziewczynka, która jest odpowiedzialna, która przestrzega regulamin, która odnosi się do innych z szacunkiem, która czyta książki z czwartej klasy, chociaż jest dopiero w trzeciej – nie będzie obawiała się tego, czego nie ma! Idę spać".

Tego wieczora poszła do łóżka i nie zobaczyłam jej aż do następnego ranka.

Nie mogę doczekać się wywiadówki, aby powiedzieć nauczycielowi, jak bardzo pomógł mojej małej dziewczynce.

⁂

Brian ma dziewięć lat i zawsze był bardzo wstydliwy i nieufny. Starałam się ostatnio bardziej wczuwać się w jego uczucia, zaniechałam udzielania mu rad, lecz zamiast tego stosować pochwałę opisową. Dwa dni wcześniej miała miejsce następująca konwersacja:

**BRIAN:** Mamo, mam problemy z panią Z. Ona zawsze czepia się mnie i robi w klasie uwagi na mój temat.

**MAMA:** Och.

**BRIAN:** Tak. Wiesz, kiedy obciąłem włosy, powiedziała: „Patrzcie dzieci, mamy w szkole nowego chłopca".

**MAMA:** Hmmm.

**BRIAN:** A wtedy, gdy założyłem moje nowe kraciaste spodnie, powiedziała: „Och spójrzcie na pana Pstrokate Spodnie".

**MAMA:** (*niezdolna zaprzeczyć* ) Czy chcesz porozmawiać z nią?

**BRIAN:** Już to zrobiłem. Spytałem ją, dlaczego ciągle się mnie czepia? Powiedziała: „Jeszcze jedna taka gadka i wyślę cię do dyrektora szkoły". Mamo, jestem taki przygnębiony, co mogę zrobić? Jeżeli pójdę do dyrektora i naskarżę na nią, jeszcze bardziej się na mnie uweźmie.

**MAMA:** Hmmm.

**BRIAN:** No cóż, może to wytrzymam. Zostało jeszcze tylko trzydzieści dni.

**MAMA:** To prawda.

**BRIAN:** Nie, ja tego po prostu nie mogę znieść. Myślę, że byłoby lepiej, gdybyś poszła ze mną do szkoły.

**MAMA:** Brian, myślę, że jesteś wystarczająco dojrzały, aby stawić samemu czoło tej sytuacji. Mam do ciebie wielkie zaufanie. Jest szansa, że dobrze załatwisz sprawę *(całus i uścisk).*

Następnego dnia.

**BRIAN:** Mamo, jestem z siebie taki zadowolony. Poszedłem do dyrektora i on powiedział, że jest bardzo zadowolony, że miałem odwagę przyjść do niego, i był bardzo ucieszony, że pomyślałem o tym, aby podzielić się z nim moim problemem. Po to on tam jest, wiesz!

**MAMA:** Poradziłeś sobie z tą trudną sytuacją zupełnie sam!

**BRIAN:** Aha!

*

Ostatni przykład pokazuje inspirujące działanie pochwały opisowej użytej przez trenera zespołu piłkarskiego.

Po każdym meczu każdy członek zespołu sześcio– i siedmiolatków otrzymywał od niego list. Przedstawiamy trzy z nich:

*18 września*

*Drogie Tomahawki,*

*W niedzielę byliście niczym NAWAŁNICA. Strzeliliśmy sześć goli, najwięcej jak do tej pory. Cały czas utrzymywaliśmy piłkę na połowie przeciwnika, a bramkę straciliśmy wtedy, gdy wynik meczu był już przesądzony.*

*Trening mamy w sobotę o godzinie 10.00.*

*Do zobaczenia.*

*Wasz*
*Bob Gordon*
*Trener*

*23 października*

*Drogie Tomahawki,*

*CO ZA MECZ! CO ZA DRUŻYNA!*

*Nasz „pomarańczowy czołg" nie tylko „zestrzelił" jedną z drużyn zajmujących czołowe miejsce w lidze, ale również zagrał tak, że nasi przeciwnicy oddali zaledwie kilka dobrych strzałów. Doskonale spisała się piątka naszych napastników. Ale też wiele goli było rezultatem dobrych podań i dobrego wychodzenia na pozycje. Wygrana jest prawdziwym zwycięstwem całej drużyny. Każdy wykonał ważne zadanie.*

*Znajdujemy się na drugim miejscu, mamy tylko jeden punkt straty. Przed nami jeszcze dwa mecze. Jednak bez względu na to, jak skończymy rozgrywki, wszyscy możemy być dumni z naszej gry w tym sezonie.*

*Nasz trening odbędzie się w sobotę o godzinie 10.00.*

*Do zobaczenia*
*Wasz*
*Bob Gordon*
*Trener*

*18 listopada*

*Drodzy MISTRZOWIE,*

*Mecze w tym tygodniu były najbardziej ekscytujące, jakie kiedykolwiek widziałem. W ciągu całego roku „Tomahawki" demonstrowały swoją znakomitą ofensywę i defensywę. W tym tygodniu wykazały wielkie serce i ducha walki. Walczyliście do końca i osiągnęliście wspaniałe zwycięstwo, na które w całej rozciągłości zasłużyliście.*

*Gratuluję wam wszystkim. Jesteście mistrzami, każdy z osobna i wszyscy razem.*

*Wasz*
*Bob Gordon*
*Trener*

## Część III

# Doświadczenia rodziców polskich

Rozdział o samoocenie i pochwałach otworzył przed nami przyjemną perspektywę, jaką może przynieść chwalenie dzieci w nowy sposób. Nie przypuszczaliśmy, że potkniemy się o barierę tkwiącą w nas – rodzicach, a którą w czasie dyskusji uznaliśmy za „wybitnie polską".

Barierę tę określiliśmy jako nastawienie na spostrzeganie głównie negatywnych cech i zachowań.

Nietolerancja dla inności, nadmierne krytykanctwo, strach przed oceną i opinią społeczną, przewrażliwienie na punkcie szacunku dla starszych (nigdy odwrotnie!) i przekonanie, że tylko moja racja jest tą prawdziwą – nie pozwalają nam dostrzegać i doceniać bogactwa niepowtarzalności każdego człowieka; nie pozwalają nam na życzliwy stosunek do niego. Czynią nas ślepymi na wysiłki dziecka, jego dobrą wolę, a czasem nawet na ograniczenia niezależne od dziecka.

W domu, w szkole, w autobusie, na ulicy, wszędzie – my dorośli – jesteśmy skoncentrowani głównie na tropieniu błędów, nietaktów, słabości, niepowodzeń, przewinień, by następnie – w oddziaływaniu wychowawczym – ograniczyć się do ich sumowania, wytykania, etykietowania i wydawania niezwykle surowych werdyktów. („Może i ma zdolności plastyczne, ale jest taki słaby z matematyki!... Cóż z tego, że masz takie dobre serce, kiedy zawsze, wszystko, czego się tylko tkniesz, m u s i s z popsuć!... Owszem, poprawiłaś się ostatnio, ale nie myśl sobie, że z tymi tlenionymi włosami przepuszczę cię do następnej klasy!... Tylko byś chciał leżeć i słuchać tej okropnej muzyki; nic cię nie interesuje!").

Na wywiadówkach w szkole – też nazbyt często – zamiast pełnej informacji o dziecku (w czym jest świetne, przeciętne, a w czym p o t r z e b u j e p o m o c y) słyszymy przede wszystkim narzekania na skandaliczne zachowanie dzieci i pretensje, że się nie uczą i mają dwóje; zdarza się, że nauczyciele oświadczają wprost, iż mają dosyć takich uczniów i ich rodziców.

I chociaż „gotujemy się" z oburzenia, wracamy do domu i powtarzamy destruktywne opinie; nawet wtedy, kiedy negatywne uwagi nie dotyczą naszego dziecka lecz innych. Zadajemy ból naszym dzieciom w taki sam sposób, w jaki zraniono nas.

Z bezmyślną aczkolwiek zastanawiającą gorliwością przekazujemy naszym dzieciom zatruwające ich psychikę przesłanie, że w życiu najważniejszą sprawą i umiejętnością jest dostrzeganie zła; widzieć, wiedzieć i wyliczyć, co kto zrobił złego, co komu się nie udało, kto w czym potknął się, staje się powoli i niezauważalnie naczelną zasadą określającą nasze stosunki z dziećmi i innymi ludźmi.

W ten sposób bezpowrotnie zaprzepaszczamy szansę przekazania dzieciom istotnej hierarchii wartości, za którą teoretycznie się opowiadamy, tracimy szansę nauczenia ich z a u w a ż a n i a i d o c e n i a n i a tego, co piękne i dobre – w nich, w nas, w świecie otaczającym i w życiu.

Uczymy się agresji, krytykanctwa, malkontenctwa, zabijając naturalną zdolność afirmacji życia i motywację do rozwoju własnych umiejętności i zdolności.

Inną szkodliwą konsekwencją tego nastawienia na spotrzeganie wad i negatywnych zachowań jest niezmiernie wąska i nieuczciwa kategoryzacja zachowań ludzi (a szczególnie dzieci!) na złe i... normalne. Złe się napiętnuje i usiłuje modyfikować, a normalne... No, właśnie: czy jest jakikolwiek powód, by podkreślać, chwalić to, co normalne i oczywiste?

Wątpliwości te wyraziła jedna z matek:

Szukałam, co mogłam pochwalić u Agaty, ale nic nie znalazłam: szukałam możliwości nagrodzenia, ale była taka złośliwa, tak mnie wyprowadzała z równowagi, że nie było za co jej chwalić...

Agata zawsze domaga się pochwał za rzeczy, które kosztują niewiele wysiłku:

– Mamo, popatrz, podniosłam z podłogi papierek, a nie pochwaliłaś mnie...

Normalnie takie rzeczy jej się nie zdarzają, więc z wysiłkiem zdobyłam się na zdanie:

– No, widzę, że podniosłaś papierek i wyręczyłaś mnie.

U nas nikt nie podnosi papierków z podłogi, ale czy to, że zdarzyło się jej raz to zrobić, jest powodem do pochwały? Albo czy można chwalić, gdy w łazience „robi porządek", kiedy zostawia po sobie taki bałagan, że nic nie można znaleźć?

Matka Agaty bardzo zdziwiła się, gdy usłyszała nasze gremialne „tak!" i jeszcze pochwałę za wysiłek, który włożyła w słowa doceniające zachowanie córki.

Zaproponowaliśmy, żeby po powrocie do domu na widocznym miejscu powiesiła kartkę ze zdaniem: „Agata zatroszczyła się o mnie, co mnie bardzo ucieszyło i wzruszyło. Chcę o tym pamiętać".

Matka dziewczynki bez przekonania („To nic nie da, Agata jest złośliwa") zrealizowała pomysł grupy i tym większe przeżyła rozczarowanie w chwili, kiedy córka bez słowa zdjęła kartkę z szafki. Ale parę godzin potem, kiedy po kłótni z mężem matka dziewczynki była smutna i w złym nastroju, Agata niespodziewanie zapytała:

– Co ci jest, mamo? Czy to z mojego powodu?

– Nie tylko... Pokłóciłam się z tatusiem – odpowiedziała mama.

Agata kiwnęła głową i odeszła. Ale kiedy przybiegła z powrotem, trzymała w ręce laurkę z wielkim sercem.

– Czy to dla mnie? – spytała matka.

Agata znów tylko kiwnęła głową.

– Wezmę tę laurkę i pokażę grupie, jaką mam kochaną córkę – postanowiła głośno mama.

„I wtedy Agata przytuliła się do mnie" – zakończyła swoje opowiadanie wzruszona matka dziewczynki.

*

Marcin (11 lat) bardzo nie lubi szkoły, pytań o stopnie, odrabiania lekcji, a za każdy większy wysiłek – zakończony oceną lepszą od niedostatecznej – domaga się nagrody; chcąc go zachęć do nauki, spełniałam jego żądania, ale wewnętrznie bardzo mnie to złościło.

Pewnego popołudnia musiałam wyjść z domu i postanowiłam pozostawić Marcinowi decyzję, czy pozostanie w domu z babcią, czy pójdzie do kolegów. Oczywiście wolałam, żeby został z babcią, ale byłam pewna, że buntowałby się, gdybym mu to nakazała.

Po powrocie czekała na mnie kartka: „Pojechałem z babcią na działkę. Dostałem 5 i 3 w nowym zeszycie. Jak przyjedziesz, dasz mi za to na karuzelę!" Nie będąc pewna swojej reakcji „na żywo", też napisałam liścik do syna: „Moje gratulacje! Opłaciło się wczoraj solidnie popracować. Truskawki są w spiżarce; podzielcie się i dla mnie trochę zostawcie". Synowi, gdy wrócił, powiedziałam:

– Przeczytaj liścik. Jest na biurku.

Był wyraźnie zadowolony! Zaraz poleciał po truskawki i... podziękował! Bez żadnych targów dotyczących lunaparku!!!

*

Od starszego syna, który odbywa służbę wojskową, otrzymaliśmy bardzo smutny list. Pisał, jak bardzo jest mu ciężko i jak boi się, czy wytrzyma...

Zdecydowaliśmy się na list–wspomnienie: „Pamiętasz, jak było ci ciężko opanować ortografię? A nauczyłeś się! Pamiętasz, jak bałeś się koni, a potem nie mogli cię nachwalić w klubie jeździeckim?! Pamiętasz..." itd.

W odpowiedzi otrzymaliśmy kartę z jednym zdaniem: „Nie martwcie się o mnie – wytrzymam".

*

Robert nigdy nie przychodził do domu po pierwszym wołaniu; zawsze targował się: jeszcze chwilkę, jeszcze chwilkę... Ostatnio zaczęłam mu dawać do wyboru: „Albo przyjdziesz zaraz, albo za pięć minut, ale już sam, bez wołania". I tak też jest; Robert przychodzi bez wołania. Mówię mu wtedy: „To mi się podoba, to się nazywa odpowiedzialność za swoje słowa". Wydaje mi się, że widzę na jego twarzy dumę z samego siebie.

Kiedyś znów wołałam Roberta:

– Zaraz... – odkrzyknął.

– Dobrze, za chwilę przyjdź sam. Nie będę cię już wołać.

Robert wrócił rzeczywiście po chwili. Powiedziałam bardzo poważnie:

– Widzę, że dotrzymujesz słowa. Jak powiesz, że zaraz przyjdziesz, to przychodzisz. Cieszę się z tego. Można na tobie polegać.

– Bo ja jestem odpowiedzialny! – zapewnił mnie mój syn.

– Tak, oczywiście. Tak właśnie jest! – potwierdziłam.

*

Agnieszka (5 lat) przyszła z rysunkiem. Zerknąłem i na odczepnego powiedziałem: „Jest ładny". W tym momencie zreflektowałem się:

– Czekaj, pokaż jeszcze raz. Hmm! To niebo takie... to słoneczko... Hmm! Ten ludzik!... Takie dobrane kolory!

– Tak, bo ja jestem świetna! – pochwaliła się sama i uznawszy, że swój rysunek może pokazać wszystkim, dodała:

– Może temu panu, co reperuje pralkę, też pokażemy?

Trochę nie dowierzałem autorkom podręcznika, ale – jak widzicie – moja córka rzeczywiście pochwaliła się s a m a! Szkoda tylko, że ja zrejterowałem! Nie będąc pewien reakcji majstra, który przecież tego kursu nie przerabia, i bojąc się, że skrzywi się na te bohomazy – odwiodłem Agnieszkę od jej pomysłu. Ale teraz myślę, że źle zrobiłem, bo po pierwsze – przypisałem człowiekowi prawdopodobnie nieprawdziwą nieczułość na dziecięcą potrzebę pochwały, a po drugie – ograbiłem córkę z jej naturalnego prawa do zdobywania opinii o swoich dziełach od wielu różnych osób.

*

W ostatnim czasie źle się działo w naszej rodzinie. Powodem – jak nam się przed tym kursem wydawało – było postępowanie naszej 18-letniej, ale uczącej się jeszcze córki. Codziennie miały miejsce nieprzyjemne scysje i awantury; zachowywała się okropnie, a każdy następny dzień zdawał się nam gorszy od poprzedniego.

Nie bardzo nam też wychodziło wprowadzanie w życie nowych sposobów komunikowania z poprzednich rozdziałów, bo córka nabijała się z nas. Po spotkaniu na temat pochwał doszliśmy z żoną do wniosku, że do naszej rodziny pasuje jak ulał ten akapit o chwaleniu dzieci nawet wtedy, gdy na to nie zasługują. Postanowiliśmy każdego dnia wyszukać, dostrzec chociażby pięć sytuacji, słów, reakcji, a nawet min (chodzi o wyraz twarzy), które moglibyśmy – przez opisanie tego, co widzę i tego, co czuję – pochwalić: „Tak cicho zamknęłaś drzwi; dziękuję, bo bardzo boli mnie dzisiaj głowa". (Zwykle trzaska nimi.) „Jestem ci wdzięczna, że tak szybko wróciłaś ze szkoły, bo bardzo liczę na twoją pomoc". (Zwykle gdzieś się włóczy.) „Masz teraz taki łagodny wyraz twarzy i takie radosne oczy. Przyjemnie na ciebie popatrzeć".

Chcę powiedzieć o naszych dwóch zaskoczeniach. Pierwsze – dotyczy nas samych; było nam znacznie łatwiej, niż przypuszczaliśmy, szukać pozytywów córki. Widocznie to nastawienie na spostrzeganie negatywów powodowało, że wcześniej nie mogliśmy nic dobrego w niej zobaczyć. Drugie – że to rzeczywiście działa! Córka zrobiła się milsza, łagodniejsza, cichsza.

Po miesiącu zaczęliśmy wprowadzać inne zalecenia (liściki!) i córka przychylniej już reaguje na nasze nowe propozycje i próby porozumienia.

Uważałem, że wychowanie to zwracanie uwagi na wszystko, co niewłaściwe i złe. W ten sposób nauczyłem córkę patrzeć również na nas oczami perfekcjonistycznego, ale bezlitosnego krytyka. Chociaż jesteśmy starszymi już ludźmi, zdecydowaliśmy zrezygnować z dotychczasowej postawy całkowicie. Teraz mówimy córce tylko to, co dobre, a kiedy nam się coś nie podoba, staramy się dać informację, jak naszym zdaniem powinno być, a nie jak bardzo zła lub głupia jest córka.

Ogromne wrażenie zrobiła na mnie wypowiedź tego amerykańskiego ojca, który porównał urazy psychiczne do fizycznych ran; pomyślałem wtedy, że nasza córka wskutek naszych krytycznych uwag wyglądałaby jak zmasakrowana ofiara zbrodni. Nie mogę otrząsnąć się... Chcę leczyć rany, które z niewiedzy i nieświadomości zadałem córce. Póki jeszcze jest czas...

# Uwalnianie dzieci od grania ról 6

## Część I

Pamiętam moment, gdy urodził się mój syn David. Minęło pięć sekund, a on ciągle nie oddychał. Byłam przerażona. Pielęgniarka uderzyła go w plecy. Nie było reakcji. Zapanowało dręczące napięcie. Powiedziała: „Ale uparty!" Nadal nie było reakcji. Chwilę potem wreszcie krzyknął, tym rozdzierającym krzykiem nowo narodzonego. Mojej ulgi nie da się opisać. Nieco później zastanowiłam się: „Czy on jest rzeczywiście uparty?" Zanim przywiozłam go ze szpitala do domu, powiedziałam pielęgniarce, co myślę na ten temat: „Głupie słowa". No bo pomyślcie, przylepiać etykietkę komuś, kto ma mniej niż pół minuty życia!

A jednak w ciągu następnych kilku lat, za każdym razem kiedy nie ustawał w płaczu, bez względu na to, jak długo głaskałam go lub kołysałam, kiedy nie chciał spróbować nowej potrawy, kiedy nie chciał spać, kiedy sprzeciwiał się wsiadaniu do autobusu, jadąc do przedszkola, gdy nie chciał założyć swetra w zimny dzień, przez moją głowę przemykała myśl: „Ona miała rację. On jest uparty".

Powinnam była wiedzieć lepiej. Na wszystkich kursach psychologicznych,w których uczestniczyłam, ostrzegano mnie przed niebezpieczeństwem wszystkowiedzących „proroków".

Jeżeli określasz dziecko mianem „półgłówka", może ono zacząć tak myśleć o sobie. Jeżeli twierdzisz, że twoje dziecko jest złośliwe, jest szansa, że będzie chciało ci pokazać, jak bardzo potrafi być złośliwe. Trzeba za wszelką cenę unikać przyczepiania dziecku etykietki. Zgodziłam się z tym w zupełności, a jednak nie mogłam przestać myśleć o synku, jako o „upartym dzieciaku".

Jedyną pociechą była dla mnie świadomość, iż nie jestem odosobniona. Przynajmniej raz w tygodniu słyszałam, jak inni rodzice mówili:

„Mój najstarszy to trudne dziecko. Młodszy to cała przyjemność".
„Bobby to urodzony tchórz, znęcający się nad słabszymi".
„Billy to fajtłapa. Każdy może go wykorzystać".
„Michael to największy pyskacz w rodzinie. Na wszystko ma odpowiedź".

„Już nie wiem, czym mam karmić Julie. Ona jest takim niejadkiem".

„Kupowanie czegoś nowego Richiemu to wyrzucanie pieniędzy. On psuje wszystko, co mu wpadnie w ręce. Ten chłopak ma instynkt niszczenia".

Zwykle zastanawiałam się, jak dzieci przyjmowały te oceny. Teraz, po latach poznawania tego, co dzieje się wewnątrz życia rodziny, wiem, że dostosowanie się dziecka do wyznaczonej mu roli może zacząć się zupełnie niewinnie. Na przykład, pewnego ranka Mary prosi brata: „Przynieś mi okulary".

Brat odpowiada: „Przynieś sobie sama i przestań rozkazywać".

Trochę później Mary prosi matkę: „Wyszczotkuj moje włosy i sprawdź, czy nigdzie nie są splątane".

Matka odpowiada: „Mary, ty znowu rozkazujesz".

Jeszcze później Mary odzywa się do taty: „Nie mów teraz. Słucham płyty".

Tato odpowiada: „Tak jest, szefie".

I z wolna dziecko, któremu przyczepiono etykietkę „szefa", zaczyna grę. Jeżeli nazywa się ją „szefem", to musi coś w tym być. Rodzi się więc ważne pytanie. Czy sposób, w jaki rodzic myśli o dziecku, może mieć wpływ na to, jak dziecko myśli o sobie?

W celu wyjaśnienia związku pomiędzy tym, jak rodzice widzą dzieci i jak w następstwie tego dzieci patrzą na siebie, przeprowadźmy pewien eksperyment. Czytając trzy poniższe sceny, wyobraź sobie, że jesteś dzieckiem.

***Scena pierwsza:*** Masz około ośmiu lat. Pewnego wieczoru wchodzisz do pokoju i zastajesz rodziców zajętych układaniem dużej układanki. Zobaczywszy, co robią, pytasz, czy możesz się do nich przyłączyć.

Mama pyta: „Czy masz już lekcje odrobione? Czy wszystko rozumiesz?"

Odpowiadasz: „Tak" i znowu pytasz, czy możesz im pomóc układać. Mama pyta: „Czy naprawdę rozumiesz całe zadanie domowe?"

Ojciec mówi: „Trochę później powtórzę z tobą matematykę".

Znowu pytasz, czy możesz wziąć udział w grze.

Ojciec mówi: „Patrz uważnie, jak mama i ja układamy puzzle, a potem powiemy ci, czy możesz ułożyć jedną część".

Kiedy usiłujesz dopasować jeden kawałek, matka mówi: „Nie tak, kochanie, czy nie widzisz, że ta część ma prosty brzeg? Jak możesz kłaść prosty brzeg w środku układanki!" Wygląda na wzburzoną.

Jak widzą cię rodzice? ..............................................................

.........................................................................................

.........................................................................................

Jak ich sposób patrzenia wpływa na ciebie? ...............................

.........................................................................................

.........................................................................................

***Scena druga:*** To samo. Wchodzisz do pokoju i zastajesz rodziców zajętych układaniem układanki. Pytasz, czy możesz się przyłączyć.

Matka pyta: „Czy nie masz nic innego do robienia? Dlaczego nie popatrzysz na telewizję?"

Twój wzrok pada na kawałek pasujący w szczelinę układanki. Sięgasz po niego.

MATKA: Uważaj! Rujnujesz to, co zrobiliśmy.

OJCIEC: Czy nigdy nie możemy mieć chwili spokoju?

TY: Proszę, tylko tę jedną część!

OJCIEC: Nigdy nie rezygnujesz, prawda?

MATKA: No dobrze, jedną część, ale to wszystko! *(Spogląda na ojca, kręci głową z niezadowoleniem).*

Jak widzą cię rodzice? ..............................................................

.........................................................................................

.........................................................................................

Jak ich sposób patrzenia wpływa na ciebie? ...............................

.........................................................................................

.........................................................................................

***Scena trzecia:*** To samo. Widząc swoich rodziców nad układanką, podchodzisz bliżej i przyglądasz się ich zabawie.

Pytasz: „Mogę pomóc?"

MAMA: Oczywiście, jeśli chcesz.

OJCIEC: Przysuń krzesło.

Widzisz jeden kawałek, co do którego jesteś pewien, że jest częścią chmury, i próbujesz go dopasować. Nie udaje się.

MAMA: Prawie dobrze.

OJCIEC: Części z prostym bokiem zwykle są na brzegach.

Rodzice nadal układają. Przez chwilę studiujesz obrazek. W końcu odnajdujesz właściwe miejsce dla swojej części.

Mówisz: „Patrzcie, pasuje!"

Mama uśmiecha się.

Tata mówi: „Jednak nie dałeś za wygraną".

Jak widzą cię rodzice? ..........................................................

.......................................................................................

.......................................................................................

Jak ich sposób patrzenia wpływa na ciebie? ...................................

.......................................................................................

.......................................................................................

Czy zdziwiła cię łatwość uzyskania informacji o tym, jak rodzice patrzą na ciebie? Czasem wystarcza tylko kilka słów, spojrzenie, ton głosu, aby powiedzieć ci, że jesteś albo „ociężałym i głupim," „utrapieniem", albo z gruntu sympatycznym i mądrym człowiekiem. To co rodzice myślą o tobie, może być zakomunikowane w kilka sekund. Jeżeli pomnożysz te sekundy przez godziny codziennych kontaktów rodziców i dzieci, zaczniesz rozumieć, jak silny wpływ na młodego człowieka ma sposób patrzenia na niego przez rodziców. Nie tylko ich uczucia mają wpływ, ale również ich zachowanie.

Kiedy w czasie wykonywania ćwiczenia twoi rodzice patrzyli na ciebie jak na „półgłówka", czy ogarnęło cię uczucie braku pewności siebie? Czy chciało ci się ułożyć więcej puzzli? Czy ogarnęło cię uczucie frustracji, bo wydawało ci się, że inni ułożą szybciej puzzle niż ty?

Kiedy potraktowano cię jak „intruza", czy ogarnęło cię uczucie żalu z powodu lekceważenia twojej obecności. Czy narastała w tobie złość i chęć, by porozrzucać tę głupią układankę i odpłacić rodzicom pięknym za nadobne?

Kiedy zaakceptowano twoją obecność, czy ogarnęło cię wrażenie, że zachowujesz się w sposób naturalny i dojrzały? A kiedy zdarzyło ci się popełnić kilka błędów, czy uczucie rezygnacji zdominowała w tobie chęć, by spróbować raz jeszcze?

Jakiekolwiek były twoje reakcje, z pewnością można stwierdzić, że sposób, w jaki rodzice postrzegają swoje dzieci, może wpływać nie tylko na sposób patrzenia dzieci na siebie samych, ale także na sposób ich zachowania się.

Cóż zatem czynić, gdy dziecko – z jakiegoś powodu – już „weszło" w jakąś rolę? Czy znaczy to, że musi ją grać do końca życia? Czy jest na nią skazane, czy też jest w stanie z niej się wyzwolić?

Na następnych kilku stronach znajdziesz opis sześciu metod, które mogą być używane przez rodziców, pragnących uwolnić swoje dzieci od odgrywania ról.

**Aby uwolnić dzieci od grania określonych ról:**

1. Wykorzystaj okazję pokazania dziecku, że nie jest tym, za kogo się uważa.
2. Stwórz sytuację, w której dziecko spojrzy na siebie inaczej.
3. Pozwól dziecku „podsłuchać", gdy mówi się o nim pozytywnie.
4. Zademonstruj zachowanie godne naśladowania.
5. W szczególnych momentach bądź dla dziecka skarbnicą wiedzy.
6. Kiedy dziecko postępuje według starych nawyków, wyraź swoje uczucia lub swoje oczekiwania.

## WYKORZYSTAJ OKAZJĘ POKAZANIA DZIECKU, ŻE NIE JEST TYM, ZA KOGO SIĘ UWAŻA

~~Niedbały~~ ~~Maruda~~

~~Tępak~~ ~~Niefrasobliwy~~

# STWÓRZ SYTUACJĘ, W KTÓREJ DZIECKO SPOJRZY NA SIEBIE INACZEJ

~~Nieobowiązkowy~~

~~Postrzeleniec~~

~~Niezręczny~~

~~Łakomy~~

# POZWÓL DZIECKU „PODSŁUCHAĆ”, GDY MÓWI SIĘ O NIM POZYTYWNIE

Beksa

Roztrzepany

## ZADEMONSTRUJ ZACHOWANIE GODNE NAŚLADOWANIA

Nieumiejący przegrywać

Niezorganizowany

## W SZCZEGÓLNYCH MOMENTACH BĄDŹ DLA DZIECKA SKARBNICĄ WIEDZY

Niewygimnastykowana

KIEDY DZIECKO POSTĘPUJE WEDŁUG STARYCH NAWYKÓW, WYRAŹ SWOJE UCZUCIA LUB OCZEKIWANIA

~~Łakomy~~

~~Obcesowy~~

~~Nieporządny~~

~~Nieumiejący przegrywać~~

Opisane tu metody pomocy dziecku w uwalnianiu się od grania określonych ról stanowić mogą punkt wyjścia dla dalszych działań. Jedna z matek, która miała zwyczaj nazywać swego syna „zapominalskim", napisała taki oto liścik, aby pomóc mu myśleć o sobie jak o osobie, która potrafi pamiętać, jeżeli tego chce.

*Drogi George,*

*Dzwonił dzisiaj twój nauczyciel muzyki, aby powiedzieć, że na ostatnich dwóch próbach orkiestry nie miałeś trąbki.*

*Wierzę, że teraz znajdziesz sposób, aby o tym pamiętać.*

*Mama*

Jeden z ojców postanowił zastosować metodę „rozwiązywania problemów". Zamiast nazywać swego syna „tyranem", powiedział: „Jason, wiem, że kiedy usiłujesz skoncentrować się nad lekcjami, twój brat gwiżdże. Złościsz się z tego powodu, jednak bicie jest zabronione. Jak inaczej mógłbyś osiągnąć spokój, którego potrzebujesz?"

Kiedy dziecko uporczywie demonstruje przez jakiś czas swe złe nawyki, wymaga to z naszej strony opanowania i rozwagi. W szczególności uważać należy, aby nie wzmacniać negatywnego zachowania krzykiem: „Znowu to samo!" Potrzeba wiele cierpliwości i dobrej woli, aby pomóc dziecku uwolnić się od grania określonych ról.

Jeżeli możesz, odpowiedz teraz:

1. Czy jest jakaś rola, którą gra twoje dziecko – w domu, w szkole, w stosunku do przyjaciół, czy krewnych?
Na czym polega ta rola? ..........................................................
.......................................................................................
.......................................................................................

2. Czy jest coś pozytywnego w tej roli? (Na przykład: duch zabawy u „intryganta", wyobraźnia u „marzyciela.") ..............................
.......................................................................................
.......................................................................................

3. Jak chcesz, aby twoje dziecko myślało o sobie? (Odpowiedzialny, zdolny do doprowadzania pracy do końca, itd.) .......................
.......................................................................................
.......................................................................................

A teraz spójrz na metody wymienione poniżej i wypisz właściwe słowa, których mógłbyś/mogłabyś użyć w praktyce.

A. *Wykorzystaj okazję pokazania dziecku, że nie jest tym, za kogo się uważa.*

B. *Stwórz sytuację, w której dziecko spojrzy na siebie inaczej.*

C. *Pozwól dziecku „podsłuchać", gdy mówi się o nim pozytywnie.*

D. *Zademonstruj zachowanie godne naśladowania.*

E. *Bądź skarbnicą wiedzy dla dziecka w szczególnych momentach.*

F. *Kiedy dziecko postępuje według starych nawyków, wyraź swoje uczucia lub oczekiwania.*

G. *Czy są jakieś inne metody, które według ciebie mogłyby być pomocne?*

.................................................................................................

.................................................................................................

.................................................................................................

.................................................................................................

Ćwiczenie, które właśnie udało ci się wykonać, jest tym, które wykonałam sama wiele lat temu. Co mnie do tego skłoniło? Pewnego wieczoru, gdy odbierałam Davida po zbiórce harcerskiej, drużynowy poprosił, abym przeszła z nim do drugiego pokoju. Wyglądał na niezbyt zadowolonego.

– O co chodzi? – spytałam nerwowo.

– Chciałbym porozmawiać o chłopcu. Mamy małe problemy.

– Problemy?

– David odmawia stosowania się do instrukcji.

– Nie rozumiem. Do czego? Ma pan na myśli ćwiczenia, które teraz wykonujecie?

Starał się uśmiechać cierpliwie

– Mam na myśli wszystkie zadania, które wykonujemy od początku roku. Kiedy pani synowi wpadnie do głowy jakiś pomysł, nie ustąpi ani na krok. Ma swój własny sposób wykonywania zadań i nie słucha żadnych objaśnień. Prawdę mówiąc, inni chłopcy mają go dość. On zabiera tyle czasu... Czy w domu też jest taki uparty?

Nie pamiętam, co odpowiedziałam. Coś zamruczałam, zaciągnęłam Davida do samochodu i szybko odjechałam. David był spokojny w drodze do domu. Włączyłam radio, na szczęście nie musiałam rozmawiać.

Miałam wrażenie, jak gdyby David został w końcu „nakryty". Przez lata wmawiłam sobie, że jest po prostu trochę uparty – w stosunku do mnie, do swojego ojca, siostry, brata. Teraz nie było ucieczki od przyjęcia tej gorzkiej prawdy. Inni odkryli to, w co nigdy nie chciałam uwierzyć. David jest nieustępliwy, uparty, samolubny.

Wiele godzin minęło, zanim zdołałam usnąć. Leżałam w łóżku, winiąc Davida za to, że nie jest taki jak inne dzieci, i winiąc siebie za to, że tyle razy nazywałam go „mułem" lub „upartym wołem". Następnego ranka raz jeszcze przeanalizowałam to, co powiedział mi drużynowy, i zaczęłam myśleć o tym, jak pomóc synowi.

Jednej rzeczy byłam pewna. Musiałam uważać, aby nie popchnąć Davida do dalszego grania roli „upartego wołu". Moim zadaniem było znalezienie i potwierdzenie jego najlepszych cech. (Jeżeli nie ja, to kto mógłby to zrobić?) Jest więc David chłopcem silnej woli i stanowczym. Ale nie jest zdolny do otwartości i ustępliwości. I to są właśnie cechy wymagające potwierdzenia.

Zrobiłam spis wszystkich metod, które znałam, mogących pomóc mu spojrzeć na siebie inaczej. Przypomniałam też sobie sytuacje, które w przeszłości skłaniały Davida do sprzeciwu. Co powiedziałabym mu, gdyby coś takiego zdarzyło się znowu? A oto, do czego doszłam:

A. *Wykorzystaj okazję pokazania dziecku, że nie jest tym, za kogo się uważa.*

„David, zgodziłeś się pójść z nami do babci, pomimo że bardzo chciałeś zostać w domu i bawić się z kolegą. To było »poświęcenie« z twojej strony".

B. *Stwórz sytuację, w której dziecko spojrzy na siebie inaczej.*

„Każdy z członków rodziny chce iść do innej restauracji. David, może ty masz jakiś pomysł, który pomógłby nam tę sprawę rozwiązać?"

C. *Pozwól dziecku „podsłuchać", gdy mówi się o nim pozytywnie.*

„Tato, David i ja doszliśmy dziś rano do kompromisu. On nie chciał założyć kaloszy. Ja nie chciałam, aby siedział w szkole z mokrymi nogami. W końcu wpadł na pomysł założenia swoich starych trampek i zabrania pary suchych skarpet na zmianę".

D. *Zademonstruj zachowanie godne naśladowania.*

„Jestem po prostu niezadowolona! Tak bardzo chciałam iść dzisiaj wieczorem do kina, a tato przypomniał mi, że uzgodniliśmy, by pójść na mecz koszykówki... No cóż, myślę, że mogę odłożyć kino na potem".

E. *Bądź dla dziecka skarbnicą wiedzy w szczególnych momentach.*

„Pamiętam, jak początkowo byłeś przeciwny jechaniu na obóz harcerski. Ale później zacząłeś o tym myśleć, czytać i rozmawiałeś z kolegą, który już tam był. I w końcu zdecydowałeś się sam spróbować".

F. *Kiedy dziecko postępuje według starych nawyków, wyraź swoje uczucia lub oczekiwania.*

„David, dla uczestników wesela stare dżinsy mogą być uznane jako wyraz ich lekceważenia. Dla nich znaczy to, że »ten ślub nie jest ważny!« Chociaż wiem, że nienawidzisz garnituru i krawata, oczekuję, że ubierzesz się odpowiednio".

G. *Czy są jakieś inne metody, które mogłyby być pomocne?*

Więcej akceptacji dla negatywnych uczuć Davida.

Więcej propozycji wyboru. Częstsze „rozwiązywanie problemów".

Było to ćwiczenie, które zmieniło mój kierunek postępowania z Davidem. Umożliwiło mi ono zobaczenie syna w nowym świetle i rozpoczęcie traktowania go tak, jak zaczęłam go widzieć.

Z dnia na dzień nie było żadnych wyraźniejszych zmian. Wydawało mi się jednak, że im bardziej doceniam skłonności Davida do ustępliwości, tym staje się bardziej ustępliwy. Były również momenty zupełnie złe. Moja złość i frustracja kierowały mnie z powrotem w ślepy zaułek, znowu prowadziłam swoją „grę" krzykiem.

Jednak po pewnym czasie przestałam się zniechęcać i kurczowo już trzymałam się obranej drogi. Mój „zdeterminowany" syn miał równie „zdeterminowaną" matkę.

*

David przestał już być małym chłopcem. Ostatnio, kiedy nie chciał słuchać moich racji, tak się zezłościłam, że zapomniałam się i nazwałam go „baranią głową".

Wydał się być zaskoczony i na chwilę zamilknął.

– To w ten sposób mnie widzisz? – spytał.

– No więc, ja... ja... – jąkałam się zakłopotana.

– W porządku, mamo – powiedział uprzejmie. – Dziękuję ci, mam o sobie inne zdanie.

**DLA SZYBKIEGO PRZYPOMNIENIA...**

## Aby uwolnić dziecko od grania określonych ról:

1. Wykorzystaj okazję pokazania dziecku, że nie jest tym, za kogo się uważa.
   *„Masz tę zabawkę od trzeciego roku życia, a wygląda ona prawie jak nowa".*
2. Stwórz sytuację, w której dziecko spojrzy na siebie inaczej.
   *„Sara, mogłabyś wziąć śrubokręt i przymocować uchwyty do tej szuflady?"*
3. Pozwól dziecku „podsłuchać", gdy mówi się o nim pozytywnie.
   *„Trzymał rękę spokojnie, chociaż zastrzyk był bolesny".*
4. Zademonstruj zachowanie godne naśladowania.
   *„Trudno jest przegrywać, ale muszę się z tym pogodzić. Gratuluję!"*
5. Bądź skarbnicą wiedzy dla dziecka w szczególnych momentach.
   *„Pamiętam czas, gdy ty..."*
6. Kiedy dziecko postępuje według starych nawyków, wyraź swoje uczucia lub swoje oczekiwania.
   *„Nie podoba mi się to. Mam nadzieję, że pomimo silnych emocji nie zrobisz mi zawodu i potrafisz także przegrywać".*

Część II

# Relacje rodziców

Oto doświadczenia niektórych rodziców, którzy postanowili uwolnić swoje dzieci od grania określonych ról.

Podczas spotkania na temat „wpadania" dzieci w role, poczułam, że rozbolał mnie brzuch. Pomyślałam o tym, jak ostatnio byłam oburzona na Grega i co wygadywałam:

„Chciałabym, żebyś sam się zobaczył. Postępujesz jak głupek".

„Dlaczego zawsze jesteś tym, który nadstawia za wszystkich głowę?"

„Wiem, że nie mogę spodziewać się po tobie niczego więcej. Powinnam była wiedzieć, jaki jesteś wstrętny".

„Nigdy nie będziesz miał przyjaciół".

„Bądź poważny. Zachowujesz się jak dwuletnie dziecko".

„Jesz tak niedbale. Nigdy nie nauczysz się jeść porządnie".

Byłam dla niego, niczym „karzący miecz" i nigdy nie łagodniałam. W tym samym duchu odbyłam rozmowę z jego nauczycielką, która narzekała, że syn jest niedojrzały. Trochę wcześniej pewnie bym się z nią zgodziła, ale tego dnia jej słowa przygniotły mnie jak tona cegieł. Zdałam sobie jednak sprawę, że sytuacja nie może już być gorsza i zdecydowałam się na zmianę postępowania.

Na początku byłam zbyt zła, aby stać się miłą. Wiedziałam, że Greg potrzebuje jakiegoś wsparcia, ale z ledwością mogłam z nim rozmawiać. Napisałam więc do niego liścik, gdy po raz pierwszy zrobił coś dobrze. Pisałam:

*Drogi Greg,*

*Wczoraj miałam miły dzień. Ułatwiłeś mi przygotowanie się na czas do wyjścia z domu. Byłeś gotowy, ubrany i czekałeś na mnie.*

*Dziękuję*
*Mama*

Kilka dni później musiałam zabrać go do dentysty. Jak zwykle biegał po całej poczekalni. Zdjęłam z ręki zegarek i wręczyłam mu go. Powiedziałam: „Wiem, że możesz siedzieć spokojnie przez pięć minut". Wyglądał na zdziwionego, ale siedział tak długo, aż dentysta wywołał go.

Po wizycie u dentysty zrobiłam coś, czego nie robiłam nigdy przedtem. Zabrałam go na gorącą czekoladę. Wyobraźcie sobie, że prowadziliśmy rozmowę. Tego wieczora, kiedy kładłam go do łóżka, powiedziałam, że miło spędziliśmy razem czas.

Trudno mi było uwierzyć, że te kilka drobnych zdarzeń mogły zmienić Grega, ale wydawało mi się, że on pragnie zrobić mi więcej przyjemości i to dodało mi odwagi. Na przykład, zostawił na podłodze w kuchni książkę i kurtkę. Normalnie byłby to impuls do skrzyczenia go. Zamiast tego powiedziałam mu, że wściekam się, kiedy muszę zbierać po nim rzeczy, ale że ufam, iż następnym razem zapamięta, by położyć rzeczy na swoje miejsce.

A przy obiedzie przestałam krytykować jego maniery przy stole. Zwracałam mu uwagę tylko wtedy, gdy zrobił coś absolutnie karygodnego, ale i wtedy starałam się upomnieć go tylko raz.

Próbuję również zlecić mu pewne prace domowe, mając nadzieję, że zacznie zachowywać się bardziej dojrzale. Proszę go o wyjęcie rzeczy z wirówki, wypakowanie i ułożenie artykułów spożywczych i innych. Pozwoliłam mu nawet pewnego ranka usmażyć sobie jajko. (I nie skrzyczałam go, kiedy jajko wylądowało na podłodze).

Sądzę, że jego zachowanie znacznie się poprawiło. Może dlatego, że jestem dla niego lepsza.

*

Heather jest dzieckiem adoptowanym. Od pierwszego dnia, kiedy do nas przyszła, była naszą radością i wyrastała na przemiłe, cudowne dziecko. Myślałam o niej tylko jako o mojej radości i dumie. Mówiłam jej dziesiątki razy dziennie, jakim jest dla mnie szczęściem. Było tak do czasu, kiedy przeczytałam rozdział o „rolach", i zaczęłam zastanawiać się, czy czasem nie kładę na nią zbyt ciężkie brzemię, aby była „dobra", aby była „moim szczęściem". Zastanawiałam się również, czy może wewnątrz nie ukrywa ona uczuć, które boi się okazać. Mój niepokój spowodował, że spróbowałam kilku nowych metod. Myślę, że najważniejszą sprawą, którą zrobiłam, było obmyślenie sposobów, aby Heather dowiedziała się, że wszystkie jej uczucia były dobre, że nie jest nic złego w tym, że się jest zdenerwowanym lub sfrustrowanym. Kiedy pewnego dnia spóźniłam się pół godziny, by odebrać ją ze szkoły, powiedziałam: „Musisz być zła na mnie, że tak długo kazałam ci czekać". (To było zamiast zwykłego: „Dziękuję, że byłaś tak cierpliwa, moje kochanie"). Innym razem powiedziałam jej: „Założę się, że miałabyś ochotę powiedzieć koleżance kilka słów prawdy za to, że nie przyszła na spotkanie". (Zamiast mojego zwykłego: „No cóż, skarbie, inni ludzie nie są tak delikatni jak ty".)

Próbowałam również zasugerować, czego od niej oczekuję. Zaczęłam częściej mówić o moich negatywnych uczuciach. Pewnego dnia powiedziałam: „Jestem teraz poddenerwowana i chciałabym być trochę sama". A kiedy poprosiła mnie, abym pożyczyła jej mój szalik, stwierdziłam, że nie mam ochoty na pożyczanie go teraz.

Starałam się nagradzać ją inaczej. Zamiast ciągłego uświadamiania, jakim szczęściem jest dla mnie jej nauka w szkole, podkreślałam, co ona osiągnęła („Jest to jasne i dobrze ułożone wypracowanie") i dalej postępowałam w ten sposób.

Tego ranka miało miejsce znamienne zdarzenie. Heather brała prysznic, a ja spłukiwałam jakieś naczynia. Dziewczynka zapukała w ścianę, dając mi znak, bym odkręciła do połowy ciepłą wodę. Po chwili wpadła wzburzona do kuchni i wrzasnęła z całych sił: „Prosiłam cię, abyś nie puszczała ciepłej wody. Zostałam zlana lodowatą wodą!"

Gdyby postąpiła tak miesiąc temu, byłabym zaszokowana. Powiedziałabym do niej: „Heather, to niepodobne do ciebie, aby zachowywać się w ten sposób".

Tym razem zareagowałam inaczej: „Słyszę, że jesteś zła! I zapiszę sobie w pamięci, aby następnym razem wcale nie używać gorącej wody, gdy będziesz brała prysznic".

Mam wrażenie, że Heather w przyszłości „uzewnętrzni" się dużo bardziej, i jestem pewna, że nie spodoba mi się to wszystko, co od niej usłyszę. Jednak myślę, że ważniejsze, aby była naturalna, niż miałaby w dalszym ciągu być „radością matki".

Ps. Teraz, kiedy mówi mi ktoś, jak „dobre" są jego dzieci, jestem trochę nieufna.

*

Wczoraj byłam na placu zabaw z moimi dwiema córkami. Kilka razy wołałam do Kate, starszej córki (lat osiem), by uważała na Wendy, szczególnie kiedy wchodzi na zjeżdżalnię.

Zaczęłam się zastanawiać, czy aby nie narzucam córce roli odpowiedzialnej starszej siostry. To prawda, okazywałam jej wiele zaufania, ale być może wywierałam na nią także nacisk. Faktem jest jednak, że w codziennych warunkach, często potrzebowałam jej pomocy.

Zastanowiłam się również, czy nie traktuję Wendy (lat pięć) jak zbyt małe dziecko. Nie planuję mieć więcej dzieci, więc myślę, że sprawia mi przyjemność traktowanie jej w ten sposób. Mimo wszystko ona jest małym dzieckiem.

Im więcej o tym myślałam, tym bardziej dochodziłam do wniosku, że Kate czuje się dotknięta. Nie chciała przyprowadzać Wendy do domu z półkolonii, nie chciała jej więcej czytać. Doszłam do wniosku, że kiedy Kate była w wieku Wendy, wykonywała zadania, których Wendy jeszcze nie umie, jak na przykład nalanie sobie mleka.

Jeszcze nie podjęłam żadnych kroków, ale powoli zaczynam rozumieć, czego potrzebuje każda z moich córek.

Wendy należy pomóc, aby stała się bardziej samodzielna, to ważne dla niej samej, ale również dlatego, aby odciążyć Kate. Kate natomiast musi mieć szansę decydowania, czy chce opiekować się siostrą, czy też nie – oprócz tych momentow, kiedy absolutnie potrzebuję jej pomocy. Być może mogłabym też od czasu do czasu okazać jej trochę więcej miłości i pieszczot. Nie czyniłam tego już długo.

*

Na szczęście dla Neila byłam na spotkaniu z grupą w zeszłym tygodniu. Kiedy tego ranka weszłam do domu, zadzwoniła sąsiadka. Jej głos drżał. Widziała Neila, który w drodze do szkoły zerwał jej trzy nagrodzone w konkursie tulipany.

Myślałam, że eksploduję. A więc znowu to samo – pomyślałam. On zaprzeczy, że miał z tym coś wspólnego, tak samo jak wtedy, gdy rozebrał na części zegar. Albo gdy powiedział mi, że w ciągu roku szkolnego uzyskał promocję do wyższej klasy. (Kiedy zadzwoniłam do nauczycielki, ta oświadczyła mi, że jeszcze nikomu się to nie zdarzyło). Ostatnio kłamał tak często, że nawet jego brat mówił: „Mamo, Neil znowu kłamie".

Wiem, że nie postępowałam z nim właściwie. Zawsze domagałam się, żeby mówił mi prawdę, a kiedy to nie skutkowało, nazywałam go kłamcą, robiłam mu wykład na temat kłamania i nawet go karałam. Zdaję sobie sprawę, że robiłam źle, ale uczciwość jest dla mnie i mojego męża bardzo ważna.

Na szczęście uczestniczyłam w spotkaniu na temat „ról", gdyż chociaż byłam wytrącona z równowagi, wiedziałam, że nie chcę ponownie przypisać synowi roli „kłamcy".

Kiedy przyszedł do domu na obiad, nie zaczęłam typowej gadaniny. („Zrobiłeś to? Czy jesteś pewien, że tego nie zrobiłeś? Nie okłamuj mnie tym razem"). Od razu przystąpiłam do rzeczy.

– Neil, pani Osgood powiedziała, że zerwałeś jej tulipany.

– Nie, nie zerwałem. To nie byłem ja.

– Neil, ona cię widziała. Stała w oknie.

– Myślisz, że to ja jestem kłamcą. To ona kłamie.

– Neil, ja nie chcę rozmawiać na temat, kto kłamie, a kto nie. To już wiadomo. Z jakiegoś powodu postanowiłeś zerwać trzy jej tulipany. Teraz musimy zastanowić się nad tym, jak naprawić szkodę.

Neil zaczął płakać.

– Ja chciałem wziąć jakieś kwiaty dla nauczyciela.

– Och, to dlatego. Dziękuję, że powiedziałeś mi o tym, czasem trudno jest powiedzieć prawdę, szczególnie wtedy, gdy myślisz, że z tego powodu mógłbyś mieć kłopot.

Neil zaczął jeszcze bardziej szlochać. Posadziłam go na kolanach.

– Neil, słyszę, jak ci jest przykro. Pani Osgood jest bardzo wzburzona. Co można by zrobić?

Neil znowu wybuchnął łzami.

– Ja boję się jej powiedzieć, że ją przepraszam!

– Czy mógłbyś to napisać?

– Nie wiem... Pomóż mi.

Zredagowaliśmy mały liścik, a on to przepisał (jest w pierwszej klasie).

– Czy myślisz, że to wystarczy? – zapytałam.

Wyglądał na zakłopotanego.

– A co byś powiedział na to, aby kupić jej doniczkę z tulipanami i posadzić na pustych miejscach?

Neil uśmiechnął się szeroko.

– Moglibyśmy?

Zaraz po szkole poszliśmy do kwiaciarni. Neil wybrał doniczkę z czterema tulipanami i zaniósł ją z listem pod drzwi pani Osgood. Zadzwonił i pobiegł do domu.

Myślę, że nigdy więcej nie zerwie jej kwiatów. Wiem, że odtąd też będzie dla mnie bardziej otwarty. A jeżeli nie będzie (muszę być realistką), nigdy nie przypiszę mu etykietki „kłamcy". Znajdę sposób, aby mówił prawdę.

*

Pewnego dnia, pod koniec kursu o „rolach", jeden z ojców zaczął się zwierzać.

Pamiętam – mówił – że kiedy byłem dzieckiem, miałem zwyczaj przychodzić do taty z najbardziej zwariowanymi pomysłami. Zawsze słuchał mnie bardzo poważnie, by w którymś momencie powiedzieć: „Synu, możesz chodzić z głową w chmurach, ale nogami trzeba stąpać po ziemi". Do teraz zatrzymałem w pamięci swój obraz, jaki dał mi ojciec, kogoś kto marzy, ale również kogoś, kto wie, jak radzić sobie z rzeczywistością. Był tym, który pomógł mi przebrnąć przez bardzo ciężkie chwile... Zastanawiam się, czy ktoś z tu obecnych miał podobne doświadczenia.

Zapanowała pełna zamyślenia cisza. Każdy z nas przebiegał myślą przeszłość i szukał zdarzeń, które wywarły piętno na własnym życiu. Powoli zaczęliśmy głośno przypominać sobie:

Kiedy byłem małym chłopcem, moja babcia ciągle mówiła mi, że mam „cudowne ręce". Zawsze kiedy nawlokłem jej igłę lub rozpętałem supły na włóczce, twierdziła, że mam „złote ręce". Myślę, że był to jeden z powodów, że zdecydowałem się zostać dentystą.

Pierwszy rok nauczania był dla mnie ciężkim przeżyciem. Drżałam cała, gdy wchodził dyrektor, aby przyglądać się lekcji. Potem dawał mi jedną lub dwie wskazówki i zawsze dodawał: „Nie boję się o ciebie, Ellen. Potrafisz sama siebie kontrolować". Zastanawiam się, czy zdawał sobie sprawę, jak inspirujące były dla mnie jego słowa. Pomogły mi uwierzyć w siebie.

Kiedy miałam dziesięć lat rodzice kupili mi rower. Przez miesiąc ciągle przewracałam się. Myślałam, że nigdy nie nauczę się na nim jeździć. Ale pewnego dnia nadusiłam na pedały i udało mi się utrzymać równowagę. Moja mama uznała, że jestem nadzwyczajna. Od tego czasu, gdy bałam się uczenia czegoś nowego – jak na przykład francuskiego – matka mówiła: „Dziewczynka, która umie jeździć na rowerze o dwóch kołach, nie będzie miała trudności z francuskim". Wiem, że nie było w tym logiki. Co ma wspólnego jeżdżenie na rowerze z uczeniem się języków? Ale uwielbiałam słuchać tego. To było prawie trzydzieści lat temu. Do dzisiejszego dnia, kiedy muszę stawić czoło nowemu wyznaniu, słyszę głos mojej matki: „Dziewczynka, która umie jeździć na rowerze..." Może to śmieszne, ale to wspomnienie pomaga mi.

Kiedy spotkanie dobiegło końca, siedzieliśmy i patrzeliśmy zaskoczeni jeden na drugiego. Ojciec, który wywołał nasze wspomnienia, potrząsnął głową ze zdumieniem. Swoim zażenowaniem wyzwolił w nas to, o czym myśleliśmy wszyscy. I tak to też skwitował: „Nigdy nie doceniamy wagi naszych słów w życiu młodego człowieka.

Część III

# Doświadczenia rodziców polskich

Rozpoznanie roli, jaką mimo woli i nieświadomie j u ż przypisaliśmy dziecku, okazało się najtrudniejszym zadaniem. Wielu rodziców uznało, że bez pomocy grupy nie byliby w stanie uczciwie tego rozszyfrować i następnie spróbować uwolnić s i e b i e od widzenia dziecka w sposób zdeterminowany rolą – etykietką.

*

Wojtuś (8 lat) nie wrócił do domu, zniknął też z podwórka. Szukaliśmy go z mężem w ogromnym niepokoju, bo dopiero od niedawna wychodzi sam z domu. Wreszcie znaleźliśmy go wewnątrz wielkich cementowych kręgów. Umorusany, ze zwycięskim uśmiechem wyszeptał konspiracyjnie: „Uciekłem im!"

Wymusiliśmy na nim zeznanie: „Ja robiłem miny, oni mnie gonili; jeden uderzył mnie w buzię, drugi w brzuch, ale ja im uciekłem!!!"

Syn zachowywał się jak triumfujący zwycięzca, ale ja byłam wściekła na niego za to, że uciekał i szukał ratunku na własną rękę, że nie przyszedł do domu, nie zaufał mi; nie mogłam mu pomóc i ci chłopcy mogliby go dalej bić. Było mi też żal, bo przecież jest jeszcze taki mały. Bałam się, że nie trafi do domu. Mąż też się wściekł; starsi go pobili, a on nie płakał i nawet się nie poskarżył...

Myślę, że Wojtuś gra rolę chłopca, który nie umie wejść w towarzystwo i zaczepia, wchodzi w konflikt... Chciałabym, żeby nie był kozłem ofiarnym, żeby był sobą, umiał wybierać i radzić sobie w trudnych sytuacjach.

Grupa natychmiast uchwyciła sprzeczność między tym, co rzeczywiście robili rodzice, a ich oczekiwaniami względem syna. Było dla nas jasne, że oboje przypisują mu rolę nieporadnego, słabego dzidziusia, przez co nie pozwalają mu być normalnym 8–letnim chłopcem, który przecież – w opisanym zdarzeniu – doskonale sobie poradził z agresją starszych i silniejszych chłopców.

Matka Wojtka słuchała nas w zamyśleniu, a potem cicho powiedziała:

– To tak jak w gabinecie krzywych zwierciadeł. Inny jest człowiek, i inne jego zniekształcone odbicia... Zacznę chyba od tego, że spełnię prośbę syna: nie będę mówić Wojtuś, tylko W o j t e k. I powiem mu, że chłopiec, który tak dzielnie poradził sobie sam w sytuacji z silniejszymi napastnikami, zasługuje na to, by go doroślej traktować...

*

Dziwimy się nieraz, że dzieci z jednej rodziny mogą być tak różne, mimo że wychowujemy je – twierdzimy z uporem – jednakowo. Jeden z ojców uważał podobnie do czasu, kiedy opowiedział nam o „rolach" swoich dzieci.

Starsza Marta (12 lat) gra rolę męczennicy – zbyt dorosłej, zbyt karcącej, zbyt odpowiedzialnej. Mnie przeraża sposób, w jaki ona „ustawia" dzieci, jak je strofuje... Mnie, ojca, uważa za nieodpowiedzialnego. Jest podobna do babci... Marta działa mi podwójnie na nerwy: jako mała staruszka i... hmm! jako plagiat babci (mojej teściowej, której zbytnio nie lubię). O Boże! Nigdy dotąd nie pomyślałem, że Marta obrywa ode mnie za teściową!

Co innego Anetka (5 lat). To artystka! Lekko kapryśna, ale tak przy tym urocza! Jest podobna do mojej matki. Tak... Bez wątpienia... Ja ją wzmacniam w tych zachowaniach chimerycznej ale uroczej primadonny.

8–letniemu Mateusz przypisałem rolę ciapy, mamisynka. Nie znoszę jego wiecznego płaczu, lękliwości, niezaradności. Chciałbym, żeby zachowywał się jak mężczyzna i nie był tak zależny od matki!

Syn jest podobny do mnie... Zrozumiałem, że drażni mnie w nim to, czego nie lubię w sobie samym; chciałbym, żeby był inny, a powielam zachowania swoich rodziców, utrwalając niepożądane reakcje syna. Przecież ja do dzisiaj niczego w swoim domu nie naprawię (choć już nie tylko potrafiłbym, ale i powinienem jako głowa rodziny); tak jakbym jeszcze słyszał swojego ojca: „Zostaw to, jesteś taka ciapa, że zaraz cię prąd złapie! No i czego znowu się mazgaisz?" Zdumiewające, dokładnie te same bolesne słowa powtarzałem mojemu synowi.

Widzę, jak dobrze robi Mateuszowi akceptowanie jego negatywnych uczuć (to z I rozdziału). I chociaż jest to trudne, dobrze robi też mnie samemu. Zacząłem mieć nadzieję, że nie skażę syna na podobny do mojego dramat – dramat ciapowatego mężczyzny.

*

Piotr (16 lat) gra rolę osobnika, który potrafi wykorzystać innych, żeby było mu dobrze. Taki udzielny książę.

Nie umiałam i nie lubiłam prosić; jak ktoś nie wykonywał moich poleceń, szłam i robiłam to sama. I w domu, i w pracy. I te wieczne telefony: „Jak się czujesz? Co potrzebujesz? Co ci załatwić". Kilka razy dziennie! W pracy śmieli się ze mnie po cichu, ale nikt mi nic nie powiedział, bo byłam kierownikiem.

Teraz dbam o zachowywanie pewnego dystansu. Nie pytam: z kim, kiedy, dlaczego... Powoli przestaję mu dawać rady i odgadywać życzenia. Próbuję rozmawiać w nowym duchu i pilnuję się, żeby w różnych sytuacjach Piotr sam rozwiązywał swoje problemy i sam załatwiał swoje sprawy. Przestałam dręczyć go swoimi telefonami, najwyżej zostawiam liścik z zadaniami do wykonania. I to bez szczegółowych instrukcji! Syn zaczyna zmagać się z życiem i uczy się szanować siebie i innych, a ja – uwalniając go od roli księcia – uwalniam siebie od roli matki–służącej.

*

Nie wiem, czy to jest granie roli... Mój syn jest obrażalski, leniwy, agresywny. Chciałam, żeby był dobrym uczniem i często krzyczałam na niego: „Jesteś śmierdzącym leniem!" Chciałam, żeby wyrósł na dobrego człowieka i dlatego wiecznie go przestrzegałam: „Nie rób tak! Tak postępują chuligani i bandyci! Nie wolno ci być niegrzecznym!"

Nauczycielka też przypisywała Olkowi rolę najgorszego ucznia w klasie. Ale kiedy ona czy ktoś obcy krytykowali syna, ja się nie zgadzałam z tymi uwagami. Irytowały mnie. Napadałam słownie na tę osobę, nawet przy synu.

W drugiej klasie Olek powiedział o nauczycielce: „Ja tę facetkę zabiję!", a ja – choć przeraziły mnie te słowa tak, że zapamiętałam je do dzisiaj – przejęłam się wtedy tylko krzywdą i niesprawiedliwością, jakiej doświadcza w szkole moje dziecko; powiedziałam synowi: „Nie daj się krzywdzić, broń się!"

Wychowuję syna sama. Jego ojciec okazał się alkoholikiem i kryminalistą. Olek jest fizycznie bardzo podobny do ojca, a dziadkowie, którzy wpierw nie akceptowali mojego małżeństwa, a teraz nie akceptują mojego syna, twierdzą z przekonaniem: „Olek to wykapany ojciec". Nie wiedziałam, że ja podświadomie im uwierzyłam i myślę podobnie; przypisałam synowi rolę kryminalisty podobnego do ojca.

Nie wiedziałam, że porównując zachowanie syna z zachowaniem chuliganów i bandytów i żądając przysiąg, że więcej tak nie zrobi, praktycznie dawałam mu do zrozumienia, że niczego dobrego się po nim nie spodziewam. I proroctwo to samo się spełniało.

Nie wiedziałam, że kiedy dawałam mu ojca za przykład, pragnąc tylko tego, by los ojca był ostrzeżeniem dla Olka, prowokowałam syna do agresywnych zachowań. Tak jakbym sama skazywała syna na powtórzenie losu ojca. Straszne! Ileż ja błędów popełniłam! Jeden kurs mi nie wystarczy. Widzę, jak głębokie są moje problemy. Uświadomiłam sobie przy okazji, że moi rodzice przypisali mi swego czasu rolę najgorszej córki i ja do dzisiaj dźwigam brzemię tej roli. Być może to właśnie jest źródłem moich problemów...

*

Dramatyczna wypowiedź matki Olka skłoniła też innych rodziców do poszukiwań związków między ich aktualnymi problemami, a rolami przypisanymi im w dzieciństwie. Okazało się, że ojciec, który jako dziecko był „dobrym chłopcem i zawsze ustępował innym", nie potrafi w życiu dorosłym bronić swojego zdania ani należnych mu praw; matka – „królewna, której niczego się nie odmawia" – ma kłopoty we współżyciu z ludźmi i uchodzi za najbardziej konfliktową osobę w swoim biurze; „nieodpowiedzialny głupiec" wyrósł na mężczyznę, który ma problemy z podejmowaniem decyzji... Ale chłopiec, któremu w dzieciństwie powtarzano: „O! Ty wszystko potrafisz! Nie martw się, błędy mogą zdarzyć się każdemu!" – jest pełnym inicjatywy przedsiębiorcą, współczesnym człowiekiem sukcesu.

Nasze rozmowy przeciągały się do późnych godzin nocnych. Nie mieliśmy wątpliwości, że Autorki mają rację, i że dobrze życzą nam i naszym dzieciom.

# 7 Podsumowanie

Rodzice twierdzili, że proces uwalniania dzieci od grania określonych ról jest skomplikowany. Pociąga on za sobą potrzebę gruntownej zmiany postawy wobec dziecka i wymaga również praktycznej znajomości wielu nowych metod. Jeden z ojców zauważył, że aby zmienić postawę dziecka, trzeba rzeczywiście umieć połączyć wiele elementów w jedną całość – uczucia, samodzielność, nagradzanie, rezygnację ze stosowania kar.

W celu zilustrowania kontrastu pomiędzy rodzicami mającymi dobre intencje, a rodzicami, którzy połączyli umiejętności wychowawcze z miłością do dziecka, napisaliśmy dwie sceny (opierając się na przykładach z książki *Liberated Parents. Liberated Children*).

W każdej z nich siedmioletnia Susie usiłuje grać rolę „księżniczki". Obserwując, jak radzi sobie z nią matka w scenie pierwszej, możesz postawić sobie pytanie: „Co jeszcze mogła ona zrobić?"

## Księżniczka

### Scena pierwsza

MATKA: Już jestem! Cześć, Susie! Nie powiesz „cześć" swojej mamie (*Susie patrzy posępnie w górę i kontynuuje kolorowanie, ignorując matkę*).

MATKA: (*kładąc zakupy*) Myślę, że jestem prawie gotowa na przyjęcie gości dziś wieczorem. Mam bułki, owoce oraz (*kołysze papierową torbą przed córką, przymilając się, aby wywołać jej uśmiech*) małą niespodziankę dla Susie.

SUSIE: (*chwytając torbę*) Co masz dla mnie? (*Wysypuje wszystko z torby*). Kredki? Fajnie. Piórnik... (*z oburzeniem*) Niebieski zeszyt! Wiesz, że nienawidzę niebieskiego. Dlaczego nie kupiłaś mi czerwonego?

MATKA: (*broniąc się*) Tak się zdarzyło, młoda damo, że obeszłam dwa sklepy i w żadnym z nich nie było czerwonych zeszytów. W supersamie nie było, również w papierniczym.

SUSIE: Dlaczego nie próbowałaś w sklepie obok banku?

MATKA: Nie miałam czasu.

SUSIE: A więc idź jeszcze raz. Ja chcę czerwony.

**MATKA:** Susie, nie mam zamiaru znowu robić wyprawy po jeden zeszyt. Mam dzisiaj jeszcze wiele do zrobienia.

**SUSIE:** Nie będę używała niebieskiego zeszytu. Niepotrzebnie wydałaś pieniądze.

**MATKA:** (*wzdychając*) Dziecko, jakaś ty rozpieszczona! Zawsze musisz mieć wszystko to, co chcesz, prawda?

**SUSIE:** (*przymilając się*) Nie, nie muszę, ale czerwony to mój ulubiony kolor. A niebieski jest taki wstrętny. Och, proszę, mamusiu, proszę!

**MATKA:** No dobrze... Może będę mogła pójść później.

**SUSIE:** Ooch, świetnie. (*Wraca do kolorowania.*) Mamo?

**MATKA:** Tak?

**SUSIE:** Chcę, żeby Betsy spała dzisiaj u nas.

**MATKA:** Teraz to wykluczone. Wiesz, że mamy dzisiaj wieczorem gości.

**SUSIE:** Ale ona musi dzisiaj spać. Już powiedziałam jej, że może.

**MATKA:** Zadzwoń więc do niej i powiedz, że nie może.

**SUSIE:** Jesteś wstrętna.

**MATKA:** Nie jestem wstrętna. Nie chcę po prostu, aby kręciły mi się pod nogami dzieci, gdy mam gości. Pamiętasz, jak zachowywałyście się obie ostatnim razem?

**SUSIE:** Nie będziemy ci przeszkadzać.

**MATKA:** (*głośno*) Odpowiedź brzmi: nie!

**SUSIE:** Nie kochasz mnie. (*Zaczyna płakać.*)

**MATKA:** (*wyczerpana*) Ależ Susie, wiesz doskonale, że cię kocham (*głaszcze pieszczotliwie jej policzek*). No, kto jest moją małą księżniczką?

**SUSIE:** Och, proszę, mamo, bardzo proszę. Będziemy bardzo grzeczne.

**MATKA:** (*mięknąc na moment*) Dobrze... (*Po chwili macha ręką*). Susie, tego nie da się zrealizować. Dlaczego zawsze robisz mi takie trudności? Kiedy mówię „nie", to znaczy „nie!"

**SUSIE:** (*rzucając książkę do kolorowania na podłogę*) Nienawidzę cię!

**MATKA:** (*groźnie*) Od kiedy to rzuca się książki na podłogę? Podnieś ją.

**SUSIE:** Nie podniosę.

**MATKA:** Natychmiast ją podnieś!

**SUSIE:** (*krzyczy z całych sił w płucach i rzuca na podłogę kredki*) Nie! Nie! Nie!

**MATKA:** Nie waż się rzucać kredek!

**SUSIE:** (*zrzuca jeszcze jedną*) Będę zrzucać, co tylko będę chciała.
**MATKA:** (*daje Susie klapsa po ręce*) Powiedziałam, przestań, niedobry dzieciaku!
**SUSIE:** (*wrzeszcząc*) Uderzyłaś mnie! Uderzyłaś mnie!
**MATKA:** Połamałaś kredki, które ci kupiłam.
**SUSIE:** (*płacząc histerycznie*) Patrz! Zrobiłaś mi znak.
**MATKA:** (*bardzo przejęta, rozciera rękę Susie*) Przepraszam, kochanie. To tylko malutkie zadraśnięcie. To pewnie paznokciem. Zagoi się migiem.
**SUSIE:** Skaleczyłaś mnie!
**MATKA:** Wiesz, że tego nie chciałam. Mama nie skaleczyłaby cię nigdy w życiu... Wiesz co? Zadzwońmy do Betsy i powiedzmy jej, że może przyjść wieczorem. Czy to poprawi ci samopoczucie?
**SUSIE:** (*ciągle płaczliwa*) Aha.

Okazuje się, że są chwile kiedy miłość, spontaniczność i dobre intencje po prostu nie wystarczają. Kiedy rodzice znajdą się w trudnej sytuacji, potrzebne im są określone umiejętności.

Czytając następną scenę, zobaczysz tę samą matkę i to samo dziecko. Tylko że tym razem matka użyje wszystkich znanych jej sposobów, aby pomóc dziecku zachować się inaczej.

## Księżniczka

### Scena druga

**MATKA:** Jestem już w domu! Cześć, Susie. Widzę, że jesteś bardzo zajęta kolorowaniem.
**SUSIE:** (*nie podnosząc głowy*) Aha.
**MATKA:** (*kładąc zakupy*) Myślę, że jestem gotowa na przyjęcie gości dziś wieczorem. A propos, przyniosłam ci przybory szkolne.
**SUSIE:** (*chwytając torbę* ) Co kupiłaś dla mnie? (*Wyjmuje rzeczy.*) Kredki... fajnie... piórnik... (*z oburzeniem* ) Niebieski zeszyt! Wiesz, że nie cierpię niebieskiego. Dlaczego nie kupiłaś mi czerwonego?
**MATKA:** Właśnie, dlaczego nie kupiłam?
**SUSIE:** (*z wahaniem*) Ponieważ w sklepie nie mieli czerwonego?
**MATKA:** (*przyznając rację*) Zgadłaś.
**SUSIE:** To powinnaś była iść do innego sklepu.
**MATKA:** Susie, kiedy specjalnie zbaczam z drogi, aby kupić coś dla

mojej córki, chciałabym usłyszeć: „Dziękuję, mamo". Dziękuję za kredki. Dziękuję za piórnik. Dziękuję za przyniesienie zeszytu, nawet jeżeli nie jest tego koloru, który lubisz.

**SUSIE:** (*niechętnie*) Dziękuję..., ale nadal uważam, że niebieski jest okropny.

**MATKA:** Nie ma wątpliwości, jeżeli chodzi o kolory, to jesteś osobą o wyrobionym smaku!

**SUSIE:** Aha! Wszystkie kwiaty robię czerwone... Mamo, czy Betsy może dzisiaj u nas spać?

**MATKA:** (*odpowiadając na prośbę*) Tatuś i ja mamy dzisiaj gości. Ale może oczywiście spać innej nocy. Jutro? W następną sobotę?

**SUSIE:** Ale ona musi spać dzisiaj. Już jej powiedziałam, że może.

**MATKA:** *(stanowczo)* Susie, masz do wyboru albo jutro, albo w następną sobotę. Jak wolisz.

**SUSIE:** (*jej usta drżą*) Nie kochasz mnie.

**MATKA:** (*przysuwając do niej krzesło*) Susie, teraz nie jest czas na to, aby rozmawiać o miłości. Teraz mamy spróbować ustalić najlepszy dzień na wizytę twojej przyjaciółki.

**SUSIE:** (*płaczliwie*) Najlepszy jest dzisiejszy dzień.

**MATKA:** (*wytrwale*) Musimy znaleźć czas, który odpowiada twoim i moim potrzebom.

**SUSIE:** Nie obchodzą mnie twoje potrzeby! Jesteś dla mnie wstrętna! *(Zrzuca na podłogę książkę do kolorowania i zaczyna płakać).*

**MATKA:** Hej, nie podoba mi się to! Książki nie są do rzucania! *(Podnosi książkę i wyciera ją z kurzu).* Susie, kiedy jesteś wzburzona, opowiedz mi swoje uczucia słowami. Powiedz mi: „Mamo, jestem zła! Jestem bardzo niezadowolona! Liczyłam na to, że Betsy będzie tu dzisiaj spała".

**SUSIE:** (*skarżąco*) Miałyśmy razem robić czekoladowe chrupki, oglądać telewizję!

**MATKA:** Rozumiem.

**SUSIE:** Betsy miała zamiar przynieść swój śpiwór, a ja chciałam położyć przy niej na podłodze mój materac.

**MATKA:** Miałyście zaplanowany cały wieczór!

**SUSIE:** Miałyśmy! Rozmawiałyśmy o tym dzisiaj w szkole cały dzień.

**MATKA:** Jeżeli się na coś czeka i trzeba zmienić plany, to może być bardzo frustrujące.

**SUSIE:** Właśnie! Może więc ona przyjść dzisiaj wieczorem? Mamo proszę... proszę... bardzo proszę!

MATKA: Bardzo bym chciała, żeby ustalony przez nas dzień także i mnie odpowiadał, bo ty tak bardzo tego pragniesz. Ale tym razem tak nie jest. (*Wstaje*). Susie, idę teraz do kuchni...

SUSIE: Ale mamo...

MATKA: (*wychodząc*) Kiedy będę przygotowywać obiad, będę myślała o tym, jak bardzo jesteś niezadowolona.

SUSIE: Ale mamo...

MATKA: (*wołając z kuchni*) Kiedy zdecydujesz się, jaki wybrałaś dzień na wizytę Betsy, zawiadom mnie.

SUSIE: (*podchodzi do telefonu i wykręca numer*) Halo, Betsy. Nie możesz przyjść dziś wieczorem... Moi rodzice mają jakichś głupich gości. Możesz przyjść jutro albo w następną sobotę.

W tej drugiej scenie matka wiedziała, jak powstrzymać Susie od grania roli „księżniczki". Czy nie byłoby cudownie, gdybyśmy również w naszych własnych domach byli zawsze zdolni do dawania takich odpowiedzi, które pomagałyby naszym dzieciom i nam samym?

Ale życie nie jest prostym małym skryptem, który można wertować i odtwarzać. W prawdziwej sztuce życia dzieci angażują nas bez reszty, nie dając czasu na powtórki lub poszukiwanie bezpiecznej odpowiedzi. Jednakże bogatsi o wiedzę, o nowe umiejętności, chociaż zdarzyć się może, że zrobimy lub powiemy coś, czego będziemy żałować, możemy zawsze skorygować nasze postępowanie. Możemy oprzeć się na podstawowych zasadach.

Z pewnością nie popełnimy zbyt dużych błędów, jeżeli zadamy sobie trud wsłuchania się w uczucia naszych dzieci lub porozmawiamy z nimi o naszych własnych uczuciach oraz jeśli bardziej zaabsorbuje nas myślenie o ich przyszłości, a nie rozwiązywanie zaszłości.

Uwaga końcowa: Nie stawiajmy się w roli ani rodziców dobrych, ani złych, ani tolerancyjnych, ani autorytatywnych. Zacznijmy myśleć o sobie jako o istotach ludzkich z wielkimi możliwościami tworzenia i wprowadzania zmian. Współżycie i współpraca z dziećmi to proces długi i wyczerpujący. Wymagający serca, inteligencji i wytrwałości. Jeżeli nie udaje nam się żyć zgodnie z własnymi oczekiwaniami – a nie zawsze się udaje – bądźmy dla siebie takimi, jakimi jesteśmy dla naszych dzieci. Jeżeli nasze dzieci zasługują na tysiąc i jedną szansę, to dajmy sobie tysiąc szans – i jeszcze dwie.

# *Zamiast posłowia*

Przedstawiając tu nowe metody wychowawcze i proponując praktyczne sposoby ich wdrożenia, przy równoczesnej eliminacji starych wzorców, warto mieć zawsze na uwadze nadrzędny cel, jaki nam przyświeca, jaki chcemy osiągnąć.

Chcemy więc znaleźć taki sposób życia, który pozwoli nam samym czuć się dobrze, a także pomoże osobom, które kochamy, aby czuły się jeszcze lepiej; aby żyć bez oskarżania i wzjemnego obwiniania się; aby stać się bardziej wrażliwym na uczucia innych; aby wyrazić naszą irytację lub złość bez wyrządzania komukolwiek krzywdy.

Chcemy znaleźć drogę, która pozwoli traktować z pełnym szacunkiem potrzeby naszych dzieci i z równym szacunkiem – nasze własne.

Chcemy przerwać krąg bezużytecznych rozmów, przekazywanych z pokolenia na pokolenie, i wyposażyć nasze dzieci w odmienne dziedzictwo – w taki sposób komunikowania się, z którego będą mogli korzystać do końca swojego życia w kontaktach z rodzicami, przyjaciółmi, współpracownikami, a pewnego dnia ze swoimi własnymi dziećmi.

# ANEKS
# *Dwadzieścia lat później*

*Drogi Czytelniku,*

Kiedy w 1980 roku ukazało się pierwsze wydanie książki *Jak mówić...*, trzymałyśmy kciuki. Nie miałyśmy pojęcia, jak ludzie ją przyjmą. Tak bardzo różniła się charakterem od naszej poprzedniej książki. W *Wyzwolonych rodzicach, wyzwolonych dzieciach* opowiedziałyśmy historię naszych osobistych doświadczeń. Kolejna książka powstała przede wszystkim jako rezultat warsztatów, które prowadziłyśmy w całym kraju. Czy okaże się pomocna rodzicom?

Wiedziałyśmy, jak ludzie reagują, gdy pracuje się z nimi bezpośrednio. Podczas prezentacji dwuczęściowego programu (poranne warsztaty poprzedzone wieczornym wykładem) okazywało się, że rodzice czekają na nas niecierpliwie już przed rozpoczęciem porannych zajęć, aby opowiedzieć nam, w jaki sposób wypróbowali wieczorem nowe metody i jak bardzo zadowoleni są z rezultatów.

Jednak działo się tak, ponieważ byłyśmy tam obecne osobiście – odgrywałyśmy ze słuchaczami scenki z podziałem na role, odpowiadałyśmy na pytania, ilustrowałyśmy każdą zasadę przykładami, wkładając w to całą swoją energię i wprowadzając w czyn własne przekonania. Czy czytelnicy będą w stanie „załapać" to z książki?

Byli. I to tylu, że wprawiło nas to w osłupienie. Nasz wydawca informował, że drukują dodatkowe egzemplarze, aby sprostać zapotrzebowaniu. W artykule w „New York Timesie" donoszono, że spośród setek książek o wychowaniu zalewających rynek *Jak mówić...* znalazło się w pierwszej dziesiątce najlepiej sprzedających się publikacji. Stacja PBS na podstawie kolejnych rozdziałów książki wyprodukowała cykl złożony z sześciu odcinków. Największą niespodzianką była jednak obfitość korespondencji zapełniającej nasze skrzynki pocztowe. Listy płynęły nieprzerwanym strumieniem nie tylko ze Stanów Zjednoczonych i Kanady, ale z całego świata, niekiedy z krajów tak małych lub nieznanych, że musiałyśmy szukać ich w atlasie.

Większość ludzi pragnęła wyrazić swoje uznanie. Wielu czytelników opisywało ze szczegółami, jaki wpływ wywarła nasza książka na ich życie. Chcieli nam opowiedzieć, jak zmienili swoje postępowanie, które metody sprawdzały się z ich dziećmi, a które nie. Wydawało się, że rodzice na całym świecie, niezależnie od różnic kulturowych, borykają się z podobnymi problemami i szukają rozwiązań.

W listach pojawiał się też inny wątek. Ludzie pisali, jak trudno jest im zmienić stare nawyki: „Kiedy pamiętam o stosowaniu nowych metod, wszystko idzie lepiej, ale zbyt często zapominam się, szczególnie gdy działam pod presją". Wyrażali również potrzebę dodatkowej pomocy: „Chciałabym, aby przychodziło mi to w bardziej naturalny sposób. Potrzeba mi praktyki i wsparcia. Czy macie jakieś materiały, które można by wykorzystać, aby przećwiczyć te metody razem z przyjaciółmi?"

Rozumiałyśmy ich potrzeby. Będąc młodymi matkami, omawiałyśmy wraz z innymi rodzicami kolejne metody. Wspólnie staraliśmy się wypracować najskuteczniejsze i świadczące o szacunku sposoby radzenia sobie z nie kończącymi się wyzwaniami, przed którymi stawiały nas dzieci. Ponieważ wiedziałyśmy, jak cenne mogą być doświadczenia grupy, przyszedł nam do głowy pomysł napisania na podstawie naszej książki cyklu warsztatów do samodzielnej realizacji. Byłyśmy pewne, że jeśli rodzice otrzymają łatwy do wprowadzenia w życie, przystępny program, będą mogli razem poznawać nowe metody i ćwiczyć je na własną rękę, bez pomocy przeszkolonego nauczyciela.

Nasz „mistrzowski plan" zdał egzamin. Rodzice organizowali grupy, zamawiali nasze materiały szkoleniowe i rzeczywiście z powodzeniem potrafili z nich korzystać. Nie przewidziałyśmy jednak, że tak wielu ludzi zawodowo zajmujących się tą problematyką będzie zamawiać i stosować nasz program. Otrzymywałyśmy korespondencję od psychiatrów, psychologów, pracowników opieki społecznej, nauczycieli, pastorów, księży i rabinów.

Zdumiała nas także różnorodność organizacji wykorzystujących nasze materiały – od ośrodków zajmujących się przemocą w rodzinie, oddziałów leczenia uzależnień od narkotyków i alkoholu, urzędów sprawujących opiekę kuratorską nad młodocianymi, skautów, więzień stanowych, szkół dla niesłyszących, do baz wojskowych w Stanach Zjednoczonych oraz za granicą. W sumie ponad 150 tysięcy grup na świecie stosowało lub stosuje nasze programy audio i wideo.

Przez cały ten czas kierowano do nas nieustanne prośby, zwłaszcza z ośrodków opieki społecznej: „Rodzicom bardzo brakuje metod porozumiewania się. Czy macie jakieś materiały, które pomogłyby nam wyszkolić ochotników do pracy wśród lokalnych społeczności i prowadzenia zajęć według programu *Jak mówić...?*"

Jaki ciekawy pomysł! Szkoda, że nie mamy takich materiałów. Może za jakiś czas napiszemy...

Zadzwoniono do nas z Uniwersytetu Stanu Wisconsin. Dokonali tego! Bez naszej wiedzy i we współpracy z Komitetem Zapobiegania Molestowaniu Dzieci w stanie Wisconsin uzyskali wsparcie finansowe od rządu federalnego na stworzenie podręcznika dla osób chcących prowadzić warsztaty według naszego programu *Jak mówić...* Wyszkolili już ponad stu ochotników, którzy poprowadzili warsztaty dla ponad siedmiu tysięcy rodziców w trzynastu hrabstwach. Opowiadali z wielkim entuzjazmem o sukcesie tego projektu i o tym, iż marzy im się powtórzenie go w każdym stanie. Czy zechciałybyśmy przejrzeć ich podręcznik, dokonać koniecznych zmian i wesprzeć ich plany wydawnicze?

Kiedy otrząsnęłyśmy się z szoku wywołanego tą propozycją – zbyt piękną, by była prawdziwa – postanowiłyśmy spotkać się z nimi i razem popracować. Podręcznik ten niedawno ukazał się drukiem.

I tak mają się sprawy w rocznicę ukazania się książki, zainicjowanej przez nas nie bez obaw dwadzieścia lat temu. Nikt nie mógł wtedy przewidzieć, a już na pewno nie my, że będzie ona oddziaływać z taką siłą oraz że zacznie żyć własnym życiem i przybierać tak wiele różnych kształtów i form.

Mimo to ponownie nasunęły nam się pytania. Czy *Jak mówić...* będzie nadal wytrzymywać próbę czasu? Minęły przecież dwie dekady. Nie tylko postęp techniczny powoduje zmiany w psychice, ale zmienia się też wizerunek rodziny. Coraz więcej jest rodziców samotnie wychowujących dzieci, rozwiedzionych i przybranych, więcej rodzin nietradycyjnych, więcej domów, w których zarówno matka, jak i ojciec pracują, coraz więcej dzieci uczęszczających do przedszkoli. Czy te metody porozumiewania się pasują do dzisiejszego świata, tak samo jak pasowały całe pokolenie temu, chociaż życie stało się trudniejsze, surowsze i szybsze?

Kiedy ponownie przeczytałyśmy książkę, starając się na nią spojrzeć z perspektywy nowego tysiąclecia, obie doszłyśmy do tego samego wniosku. Zasady pasują bardziej niż niegdyś. Rodzice, niezależnie od swego statusu, żyją w większym stresie i poczuciu winy niż kiedykolwiek – są rozdarci między pracą i rodziną, usiłują wcisnąć swój czterdziestoośmiogodzinny plan zajęć w jedną dobę, starając się zrobić wszystko i być wszystkim dla każdej ważnej osoby w ich życiu. Dorzućmy do tego konsumpcyjną kulturę, która bombarduje ich dzieci materialistycznymi wartościami, telewizję, która prezentuje im bez osłonek obrazy seksu, komputery, które oferują im natychmiastowe, czasami nieprzyjemne towarzystwo, gry wideo, które czynią ich niewrażliwymi na przemoc, filmy, które pobudzają niezliczonymi morderstwami w imię zabawy i rozrywki, a nietrudno będzie zrozumieć, dlaczego rodzice czują się dziś niepewni i przytłoczeni.

Wiemy aż za dobrze, że ta książka nie daje odpowiedzi na wszystkie pytania. Niektórych problemów nie da się rozwiązać jedynie za pomocą technik porozumiewania się. Mimo to wierzymy, że na stronicach tej książki rodzice znajdą solidne wsparcie – strategie, które pomogą im radzić sobie z narastającą frustracją związaną z wychowywaniem dzieci; jasne metody, które wskażą im, jak ustanawiać ograniczenia i przekazywać swoje wartości; konkretne techniki, dzięki którym wzmocnią więzi rodzinne pomimo zgubnych wpływów z zewnątrz; język, który umożliwi im stanowcze wychowawcze podejście – wychowawcze zarówno dla nich samych, jak i dla dzieci.

Cieszymy się, że to rocznicowe wydanie daje nam taką wspaniałą sposobność. Mamy szansę podzielić się z wami naszymi nowymi przemyśleniami i opisać reakcje, z jakimi spotkałyśmy się w ciągu tych lat – w listach, pytaniach, ustnych relacjach, refleksjach innych rodziców.

Mamy nadzieję, że w tej mieszance znajdziecie dodatkowe źródło informacji czy też inspiracji, które pomogą wam wykonywać najważniejsze zajęcie na świecie.

*Adele Faber*
*Elaine Mazlish*

# Listy I

Korespondencja od naszych czytelników zawsze sprawia nam wielką przyjemność, ale największą nagrodą są listy, w których ludzie opisują, jak w praktyce stosowali zasady zawarte w *Jak mówić...* i rozwiązywali za ich pomocą złożone problemy.

*

Wasza książka dała mi do rąk narzędzia, których rozpaczliwie szukałam. Nie wiem, jak poradziłabym sobie z dziewięcioletnim synem, który czuł się pokrzywdzony i zagniewany z powodu mojego rozwodu, gdybym nie przeczytała *Jak mówić...*

Oto najświeższy przykład: Po dniu spędzonym z ojcem Tommy wrócił do domu w ponurym nastroju, ponieważ ojciec nazwał go „głupolem".

Musiałam się z całych sił powstrzymywać, żeby nie wygarnąć, co myślę o moim „eks", i nie powiedzieć Tommy'emu, że to jego ojciec jest „głupolem". Zamiast tego stwierdziłam: „Ojej, musiało cię to zaboleć. Nikt nie lubi być przezywany. Wolałbyś pewnie, żeby tata powiedział ci po prostu, czego chce, zamiast cię poniżać".

Widziałam po wyrazie twarzy Tommy'ego, że moje słowa mu pomogły. Ale nie mam zamiaru puścić tego płazem. Mam zamiar porozmawiać z ojcem Tommy'ego. Muszę tylko pomyśleć, jak to zrobić, żeby jeszcze wszystkiego nie pogorszyć.

Dziękuję wam za tę pewność, którą w sobie odnalazłam.

*

Kupiłam waszą książkę za cztery dolary w antykwariacie, a teraz mogę uczciwie powiedzieć, że była to najlepsza inwestycja w moim życiu. Jedną z pierwszych metod, które zastosowałam, było „Opisz, co widzisz". Mało nie spadłam z krzesła, widząc pozytywny rezultat. Mój syn Alex (cztery lata) ma bardzo silną wolę (moi rodzice nazywają go „uparciuchem"), co daje mi wiele okazji do stosowania zasad zawartych w książce.

Opiszę, jak pomogły mi rozdziały na temat grania ról i rozwiązywania problemów. Kiedy uczestniczyłam w zajęciach przedszkolnych Alexa, zauważyłam, że nauczycielka coraz bardziej się irytuje jego zachowaniem, zwłaszcza tym, że nie śpiewa z innymi dziećmi ani nie włącza się do zajęć, które go nie interesują. Gdy Alex jest znudzony lub zniecierpliwiony, trudno mu usiedzieć spokojnie. Wierci się, biega, chodzi. Nauczycielka bez przerwy powtarzała jego imię: „Alex, siadaj... Alex, przestań!.. Alex".

Zauważyłam, że narzuca mu rolę dziecka sprawiającego kłopoty.

Pewnego dnia po powrocie do domu zagadnęłam go, co mu się podoba na zajęciach, a co nie. Okazało się, że męczy go śpiewanie piosenki „Old McDonald" i słuchanie ciągle tych samych bajek, za to bardzo lubi zajęcia praktyczne i gry.

Wyjaśniłam mu, że nauczycielka ma trudności z uczeniem dzieci piosenek i opowiadaniem im bajek, jeśli jeden chłopiec biega po sali i przeszkadza pozostałym. Już miałam go poprosić, żeby zastanowił się nad jakimiś rozwiązaniami, kiedy ni stąd, ni zowąd powiedział: „Dobrze, mamo. Będę szalał na boisku po zajęciach!"

Nabrałam tchu i stwierdziłam: „To dobre wyjście". Od tamtej pory nauczycielka nie ma powodu do narzekań. Im dłużej stosuję nowe techniki, tym więcej widzę pozytywnych zmian w zachowaniu syna. Jakby wyłaniał się nowy mały człowiek.

*

Pedagog ze szkoły podstawowej polecił nam książkę *Jak mówić...*, kiedy nasz sześcioletni syn sprawiał problemy wychowawcze.

Przeczytałam książkę, pożyczyłam kasety wideo z pobliskiej filii Uniwersytetu Stanowego w Michigan i nauczyłam się stosowania nowych metod. Kilkoro moich przyjaciół zauważyło ogromną zmianę w zachowaniu syna. Pytali, co robię, że nastąpiła taka poprawa w jego postępowaniu i w moich stosunkach z nim. (Od wykrzykiwania: „Nienawidzę cię. Żałuję, że jestem twoim synem" przeszedł do: „Mamo, jesteś moim najlepszym kumplem").

Kiedy opowiedziałam znajomym o książce, poprosili, żebym ich uczyła. Dostałam wszystkie niezbędne materiały z filii uniwersytetu - cykl kaset wideo i książki z ćwiczeniami - i poprowadziłam sześciotygodniowy kurs dla klasy złożonej z dwadzieściorga rodziców (łącznie z moim mężem!). Po jakimś czasie filia uniwersytetu poprosiła mnie o poprowadzenie zajęć dla szerszego grona słuchaczy, na co wyraziłam zgodę. Nauczam tych metod już od kilku lat i dostrzegam niewiarygodne zmiany na lepsze w życiu dzieci, których rodzice brali udział w warsztatach.

Ostatnio zauważyłam, że niektórym rodzicom zrozumienie ducha tego programu zabiera nieco więcej czasu. Żyją pod większą presją; żądają szybkich odpowiedzi. Może pozostają pod wpływem porad, jakie się ostatnio pojawiły. Wmawia się im, że jeśli nie wychowują dzieci z całą surowością (kary, klapsy), to znaczy, że nie robią tego, co do nich należy, że nie są odpowiedzialni. Jednak gdy już sami zaczynają stosować wasze metody, dostrzegają, jak to działa, zauważają, że po jakimś czasie dzieci są bardziej chętne do współpracy. Stopniowo stają się entuzjastami tego programu.

Co się tyczy mnie, to kiedy patrzę wstecz, widzę, że nasz syn wyrastał na pełnego złości, zbuntowanego chłopca. To, że natrafiłam na wasze materiały i nauczyłam się stosować metody opisane w *Jak mówić...*, dosłownie ocaliło nasze życie rodzinne i o sto procent polepszyło stosunki z synem. Mocno wierzę, że dopóki te metody są częścią naszego życia, ustrzeżemy naszego syna, aby nie stał się zbuntowanym nastolatkiem dokonujących nieodwracalnych, podyktowanych złością wyborów.

Dziękuję wam za przedstawienie tego, czego same się nauczyłyście, w tak przejrzysty sposób, że można się uczyć samodzielnie.

*

Znalazłam *Jak mówić...* w naszej bibliotece i muszę powiedzieć, że jest to najbardziej zniszczona książka, jaką widziałam. Jestem pewna, że tylko jej treść sprawiła, że jeszcze się nie rozpadła.

Okazała się ogromnie pomocna w postępowaniu z moją dziesięcioletnią córką, która ostatnio nabrała pewnej maniery. Nie wiem, skąd się to bierze, od przyjaciół czy z telewizji, ale ma zwyczaj mówić w taki sposób: „Nigdy nie kupujesz nic dobrego do jedzenia", „Jak mogłaś mi kupić taką głupią grę telewizyjną? To dla maluchów".

Dzięki wam już się nie bronię ani nie próbuję okazywać zrozumienia. Kiedy zaczyna pyskować, od razu zamykam jej buzię. Mówię na przykład: „Lisa, nie lubię, jak mnie oskarżasz. Jeśli czegoś chcesz lub nie chcesz, musisz mi to powiedzieć w inny sposób".

Za pierwszym razem zauważyłam, że była zdumiona. Teraz dostrzegam, że kiedy zaczyna być nieprzyjemna, nie muszę nawet nic mówić. Czasami tylko posyłam jej znaczące spojrzenie, a ona podejmuje wysiłek, by zachowywać się w cywilizowany sposób.

*

Wasza książka jest największym wynalazkiem od czasów zmywarki do naczyń i mikrofalówki! Nie dalej jak dziś rano w pośpiechu szykowałam młodsze dziecko do żłobka i przypomniałam Julie (cztery lata), że zanim się ubierze do przedszkola, musi zastosować kurację aparatem przeciwko astmie. Zignorowała mnie i zaczęła się bawić lalką Barbie. Normalnie krzyknęłabym na nią i zabrała jej lalkę, na co Julie dostałaby ataku histerii, a ja białej gorączki. Spóźnienie do pracy murowane!

Zamiast tego wzięłam głęboki oddech i powiedziałam: „Widzę, jak bardzo chcesz się bawić Barbie. Na pewno ona też chce być z tobą. Czy wolisz sama włączyć aparat, czy może Barbie wolałaby go włączyć?" Córka odparła: „Barbie chce go włączyć", po czym podeszła do urządzenia, udała, że włącza je lalka, dokończyła kurację i ubrała się.

Dziękuję wam za lek na moje stargane nerwy.

## *Od rodziców nastolatków*

Często spotykamy się z pytaniami, w jakim wieku najlepiej zacząć stosowanie tych metod. Odpowiadamy zwykle tak: „Nigdy nie jest za wcześnie ani za późno". Oto, co mają nam do powiedzenia rodzice nastolatków.

*

Ludzie ciągle mnie pytają, jakim cudem moje dzieci są takie wspaniałe. Odpowiadam, że to przede wszystkim zasługa żony, ale mówię im także o książce *Jak mówić...*, ponieważ pomogła mi urzeczywistnić to, w co wierzę. Wyjaśniam im, że nie w tym rzecz, aby mówić czy robić jakieś konkretne rzeczy. Książka pokazuje, jak współżyć w atmosferze prawdziwego szacunku. A kiedy już ten szacunek zaistnieje, to właśnie dzięki niemu człowiek ma moc wpływania na dzieci, które stają się nastolatkami.

Wiem, że nie ma żadnej gwarancji i nie mówię, że jest łatwo. Niedawno Jason, mój czternastoletni syn, poprosił mnie o pieniądze na kino. Okazało się, że chce obejrzeć film przeznaczony dla dorosłych, o którym słyszałem i który moim zdaniem nie był dla niego odpowiedni. Podzieliłem się z nim moimi zastrzeżeniami, włączając w to fakt, że nie ma skończonych osiemnastu lat. Powiedział, że wszyscy koledzy idą i że nie chce tego przegapić. Ponownie określiłem swoje stanowisko. Odparł, że nie mogę go powstrzymać, bo jest wysoki i na pewno go wpuszczą, a jeśli nie, to jakoś się prześliźnie.

Powiedziałem: „Wiem, że nie mogę cię powstrzymać, ale mam nadzieję, że nie pójdziesz. Czytałem, że w tym filmie seks jest powiązany z przemocą, a ja sądzę, że to niezdrowe połączenie. Seks nie powinien mieć nic wspólnego z krzywdzeniem lub wykorzystywaniem jednej osoby przez drugą. Seks to dwoje ludzi, którzy się o siebie troszczą".

Nie dałem mu pieniędzy i mam nadzieję, że nie poszedł. Ale nawet jeśli poszedł, to mam przeczucie, że przez cały czas słyszał w myślach moje słowa. Ponieważ mamy dobry kontakt, istnieje szansa, że przynajmniej rozważy mój punkt widzenia. To jedyna obrona przed zalewem śmieci, jaką mogę mu zapewnić.

*

Chcę, żebyście wiedziały, że wasza książka zmieniła moje życie i sposób myślenia...

...oraz życie moich dzieci.

...oraz moje relacje z mężem.

...oraz jego relacje z dziećmi.

...oraz, przede wszystkim, nasze stosunki z kilkunastoletnią córką Jodie.

Zawsze wybuchały między nami kłótnie z powodu jej spóźniania się do domu. Obojętnie, jaką godzinę ustaliliśmy, zawsze wracała później, nie pomagały żadne napomnienia ani inne środki. Przysparzało nam to zmartwień, ponieważ w naszym mieście wiele dzieciaków chodzi na prywatki, na których nie ma dozoru dorosłych. Kiedyś wzywano policję, ponieważ na prywatkę przyplątało się mnóstwo nieproszonych gości i sąsiedzi narzekali na hałas i na butelki po piwie walające się na ich trawnikach. Nawet gdy rodzice są w domu, większość czasu spędzają na górze, oglądając telewizję albo śpiąc, i nie mają pojęcia, co się dzieje na dole. W pewien sobotni ranek mąż i ja usiedliśmy z Jodie, aby wspólnie rozwiązać ten problem. Mąż powiedział jej, że gdyby tylko mógł, to na następne dwa lata, aż Jodie pójdzie do college'u, przeprowadziłby się z całą rodziną na bezludną wyspę. Ponieważ to jest niewykonalne, musimy pomyśleć o czymś innym.

Ja dodałam: „Mówiąc serio, Jodie, masz prawo wychodzić wieczorem z przyjaciółmi. Tata i ja mamy prawo spędzić wieczór, nie martwiąc się o ciebie. Musimy wymyślić coś, co zadowoli obie strony".

Tak też zrobiliśmy. W końcu ustaliliśmy, co następuje: Do ojca i do mnie będzie należało sprawdzenie, czy w domu jest ktoś dorosły. Jodie zobowiąże się wracać do domu między wpół do dwunastej a dwunastą w nocy. Ponieważ chodzimy spać wcześnie, nastawię budzik na dwunastą piętnaście – na wypadek, gdyby wydarzyło się coś nieprzewidzianego. Gdy tylko Jodie wróci do domu, wyłączy budzik. W ten sposób będzie mogła wyjść się zabawić, a rodzice będą spokojnie spać. Ale jeśli budzik się włączy, to uruchomi się również nasz system alarmowy i zaczniemy jej poszukiwać.

Nasza umowa zdała egzamin. Jodie dotrzymała swojej części zobowiązania i pilnowała, żeby za każdym razem wyłączać budzik.

Dziękuję wam za książkę, która uratowała nam życie!

## *Nie tylko dla dzieci*

Gdy pisałyśmy *Jak mówić...*, naszym celem było pomóc rodzicom w polepszeniu relacji z dziećmi. Nie spodziewałyśmy się, że ludzie będą korzystać z książki, aby poprawić swoje stosunki z własnymi rodzicami lub też, że zaczną patrzeć na siebie w innym świetle.

*

Wychowywano mnie bez pochwał, w atmosferze wyzwisk. Przez kilkanaście lat uciekałam przed życiem w narkotyki i alkohol, aż zdecydowałam się na terapię i próbę zmiany mojego destrukcyjnego postępowania. Mój terapeuta polecił mi waszą książkę, która okazała się ogromnie pomocna. Zmieniła nie tylko mój sposób zwracania się do osiemnastomiesięcznego syna, ale i do siebie samej.

Staram się już siebie nie poniżać. Zaczynam doceniać siebie samą i wszystko, co robię, aby stworzyć dom dla siebie i syna. Jestem samotną matką i przerażała mnie myśl, że powielę model wychowawczy moich rodziców, ale teraz wiem, że tak nie będzie. Dziękuję wam, że pomogłyście mi uwierzyć w siebie.

*

*Jak mówić...*, moja „biblia", pomogło mi przerwać łańcuch negowania ludzi i uczuć ciągnący się od pięciu pokoleń. Zabrało mi to wiele czasu, ale w końcu nauczyłam się, że nie muszę tłumić uczuć – nawet tych niedobrych. Jestem, jaka jestem, i tak jest dobrze. Mam nadzieję, że moje dzieci (siedemnaście, czternaście, dwadzieścia i dziesięć lat) docenią w pewnym momencie wysiłek (kilka lat uczęszczania na wasze zajęcia dla rodziców), który włożyłam w to, aby móc wychować kolejne pokolenie ludzi chcących i potrafiących się porozumiewać, zamiast negować, negować, negować.

PS Sięgnęłam po waszą książkę, kiedy mój siedemnastolatek miał roczek. To było moje wybawienie!

*

Mam czterdzieści lat i dwóch synów. Po przeczytaniu waszej książki najbardziej uderzające było uświadomienie sobie, jakie szkody wyrządzili mi swoim podejściem rodzice. Ojciec nadal, za każdym razem kiedy się widzimy, próbuje mi powiedzieć coś kąśliwego. Odkąd mam dzieci, są to najczęściej paskudne szpileczki: że jestem beznadziejną matką, że wychowuję synów bez dyscypliny. Rozumiem teraz, że chociaż jestem dorosła, nadal kryje się we mnie pokrzywdzone dziecko, pełne wahań i niechęci do samego siebie.

Najdziwniejsze jest to, że jestem sumienną, pracowitą osobą i odniosłam pewien sukces jako artystka. Jednak mój ojciec zawsze odmalowuje wizerunek człowieka będącego moim całkowitym przeciwieństwem.

Po przeczytaniu waszej książki odnalazłam w sobie odwagę, by mu się przeciwstawić. Kiedy niedawno powiedział mi, że jestem leniwa, odrzekłam, że może mnie tak postrzegać, ale ja mam inny obraz siebie samej. (Był zakłopotany). Nabrałam teraz nadziei, że wyleczę dziecko, które się we mnie kryje, zapewniając mu rodzicielską troskę, jakiej nigdy nie zaznało.

## *Od nauczycieli*

Niemal na każdej konferencji podchodzi do nas jeden lub dwóch nauczycieli, aby opowiedzieć, jaki wpływ wywarły nasze książki zarówno na ich życie osobiste, jak i zawodowe. Niektórzy opisują swoje doświadczenia w listach.

*

Przeczytałem *Jak mówić, żeby dzieci nas słuchały...* dziewięć lat temu, kiedy zaczynałem uczyć. Przywykłem do pracy z dorosłymi i nie miałem jeszcze własnych dzieci. Wasza książka prawdopodobnie ocaliła mi życie. Z pewnością pomogła mi być o wiele lepszym nauczycielem dla moich siódmo- i ósmoklasistów i dużo szczęśliwszym człowiekiem.

Najbardziej pożyteczną odmianą w moim myśleniu było to, że przestałem zadawać sobie pytanie, jak „kazać" dzieciom, aby się uczyły czy dobrze zachowywały. Teraz zadaję sobie pytanie, jak motywować uczniów, aby sami zajęli się swoim problemem.

Ostatnim moim sukcesem była sprawa z Marco, samozwańczym klasowym klaunem, który przeszkadzał innym uczniom, a na testach miał zero punktów. Pewnego dnia zatrzymałem go po lekcjach. Powiedziałem: „Marco, muszę z tobą porozmawiać. Co, twoim zdaniem, mogłoby ci pomóc w nauce?"

Moje pytanie go zaskoczyło. Spodziewał się pewnie, że odeślę go do gabinetu dyrektora. Po długim milczeniu odparł: „Może powinienem robić notatki?"

Następnego dnia Marco nie tylko zaczął notować, ale podnosił rękę i zabierał głos w klasie. Jeden z chłopców powiedział: „O do diaska, Marco. Ty coś wiesz!"

Przez tych parę lat polecałem waszą książkę, pożyczałem ją innym i dyskutowałam o niej z setkami rodziców i nauczycieli. Zazwyczaj trzymam egzemplarz na nocnym stoliku. Uważne i świadome stosowanie jej nakazów pomaga mi też być takim ojcem, mężem i przyjacielem, jakim chcę być jak najczęściej.

*

Wszyscy moi uczniowie wynieśli korzyści z rozdziału na temat pochwał. Mam w klasie chłopca z ADD (zespół zaburzeń uwagi). W ciągu dziewięciu miesięcy rozwiązał tylko trzy zadania z matematyki. Po przeczytaniu *Jak mówić...* zaczęłam stosować opisowy język, aby uwypuklić jego pozytywne strony. Zaczęłam od komentarzy w rodzaju: „Rozwiązałeś to" albo „O, zauważyłeś własny błąd" albo „Tak długo się starałeś, aż znalazłeś dobrą odpowiedź". W następnym tygodniu rozwiązał *wszystkie* zadania. Jest taki dumny ze swojej pracy, że chce, abym na następnym zebraniu powiedziała o tym jego matce.

Mam też ucznia, którego pismo jest tak niestaranne, że nawet on sam nie potrafi odczytać, co napisał. Wyniki z dyktanda nie przekraczają pięćdziesięciu punktów. Chodzi do innej nauczycielki na korepetycje. Powiedziałam jej o książce i wspólnie zaczęliśmy obsypywać go pochwałami. Obie wymieniałyśmy *wszelkie dobre cechy* jego pisma i ortografii. Dzisiaj wpadł do mojego pokoju i obwieścił, że napisał dobrze dziewiętnaście słów na dwadzieścia. Po raz pierwszy w życiu dostał piątkę z dyktanda.

*

Jestem wizytatorką w dużym okręgu w Teksasie. Po wielu latach szkolenia nauczycieli i stosowania całego przekroju rozmaitych metod – modyfikacje zachowania, teoria motywowania, coraz surowsze kary, odbieranie czasu wolnego, wydalanie ze szkoły, zawieszanie – doszliśmy z kolegami do tego samego wniosku: powinniśmy wprowadzać w życie zasady i metody, o których piszecie we wszystkich książkach, i nauczać tego innych nauczycieli. Jesteśmy przekonani, że praca w klasie daje pozytywne rezultaty tylko wtedy, kiedy stosunki międzyludzkie dobrze się układają. A one z kolei dobrze się układają, jeśli sposób porozumiewania się jest pełen wzajemnego szacunku i troski.

## Oddźwięk z zagranicy

Byłyśmy zdumione oddźwiękiem z zagranicy. Fakt, że nasza praca może mieć wartość dla ludzi wywodzących się z kultur tak różnych od naszej, był dla nas źródłem nieustannego zdziwienia. Kiedy Elaine miała spotkanie autorskie na Międzynarodowych Targach Książki w Warszawie, poprosiła słuchaczy o wytłumaczenie tak gorącego przyjęcia naszej książki w Polsce (*Jak mówić...* było tam bestsellerem). Jeden z ojców powiedział: „Przez wiele lat rządzili nami komuniści. Teraz mamy polityczną wolność, ale wasza książka pokazuje nam, jak możemy stać się wewnętrznie wolni, jak okazywać szacunek samym sobie i własnym rodzinom".

*

Pewna kobieta napisała z Chin:

Uczę angielskiego w Kantonie w Chinach. Kiedy byłam na stypendium w college'u w Nowym Jorku, pracowałam również jako opiekunka Jennifer, pięcioletniej dziewczynki. Przede mną opiekowała się nią osoba z innego kraju, która była dla niej niemiła. Biła ją i od czasu do czasu zamykała w ciemnym pokoju za nieposłuszeństwo. W rezultacie Jennifer coraz bardziej dziwaczała i stroniła od ludzi. Co więcej, często wybuchała histerycznym płaczem.

Przez kilka pierwszych tygodni stosowałam wobec Jennifer tradycyjne chińskie metody, które polegają na mówieniu dzieciom, jak powinny się zachowywać. Jednak okazały się one nieskuteczne. Dziewczynka jeszcze częściej wybuchała histerycznym płaczem, a nawet mnie uderzyła.

Matka Jennifer tak bardzo mi współczuła, że udała się nawet po poradę do psychologa. Polecił on waszą książkę *Jak mówić, żeby dzieci nas słuchały. Jak słuchać, żeby dzieci do nas mówiły*. Jej matka i ja pilnie przestudiowałyśmy ją i starałyśmy się jak najlepiej wprowadzać w czyn to, czego się nauczyłyśmy. Jak się okazało, z dobrym skutkiem. Jennifer zaczęła się częściej odzywać i stopniowo stałyśmy się dobrymi przyjaciółkami. „Xing, Xing, tak dobrze sobie radzisz z Jennifer" – powiedzieli wdzięczni rodzice.

Wróciłam już do Chin i sama jestem matką małego chłopczyka. Stosuję wobec niego metody, których nauczyłam się z waszej książki, i okazują się one skuteczne. Bardzo bym chciała dopomóc innym rodzicom w Chinach, aby ich podejście do dzieci dawało lepsze rezultaty, a relacje z nimi układały się pomyślniej.

*

Matka ze stanu Wiktoria w Australii napisała:

Wykorzystałam niektóre z waszych sugestii wobec moich dzieci i zauważyłam, że moje małomówne pociechy, szczególnie dwoje starszych, częściej ze mną rozmawiają. Kiedy wracają z uczelni albo ze szkoły, a ja ich witam zdaniem: „Miło widzieć was w domu" albo czymś w tym stylu (zamiast: „Jak było dzisiaj w szkole/na uczelni?"), to posyłają mi uśmiech. Moja starsza córka wręcz wyciąga mnie na rozmówki i nie unika mnie.

*

Pracownica opieki społecznej, która prowadziła zajęcia według programu *Jak mówić...* w Montrealu w Kanadzie, opisała w liście wizytę u teściów w Capetown w Republice Południowej Afryki:

Spotkałam się z szefem ośrodka dla rodziców na tym terenie, aby przyjrzeć się ich pracy. Ośrodek prowadzi zajęcia zarówno dla ludzi z klasy średniej mieszkających nieopodal, jak i dla mieszkańców rozległych dzielnic ubóstwa na obrzeżach miasta.

Rodziny mieszkają tam w maleńkich domkach, każdy wielkości pokoju sypialnego – bez elektryczności, bieżącej wody i sanitariatów. Pracownicy ośrodka prowadzą tam zajęcia, wykorzystując jako podstawę książkę *Jak mówić...*, i tłumaczą rysunki na język afrikaans, aby tamtejsi mieszkańcy mogli je zrozumieć. Powiedzieli, że w ich wypożyczalni jest około dziesięciu egzemplarzy książki, wszystkie zniszczone i z pogiętymi narożnikami.

Mam zamiar wysłać egzemplarz waszej najnowszej książki *Jak mówić, żeby dzieci się uczyły* znajomej w Johannesburgu, która prowadzi program szkoleniowy dla nauczycieli pracujących w maleńkich społecznościach z dala od miast.

Pomyślałam, że chciałybyście wiedzieć, jak daleko rozciąga się wasz wpływ!

## *Rodzice w sytuacjach przymusowych*

Większość przykładów zawartych w *Jak mówić...* ukazywała rodziców borykających się z codziennymi, zwyczajnymi problemami. Kiedyś po wykładzie podeszła do nas kobieta i opowiadała ze łzami w oczach, jak poprawiły się jej stosunki z synem cierpiącym na syndrom Tourette'a*: z beznadziejnych i wrogich na pełne ciepła i miłości. Byłyśmy poruszone, ponieważ przypisywała to naszej książce. Od tamtej pory otrzymałyśmy wiele listów od matek i ojców, którym nasza książka pomagała radzić sobie ze szczególnie stresującymi i poważnymi problemami.

Prawie zawsze przypisywali nam zasługi za zmiany, które tak naprawdę były ich udziałem. Naszym zdaniem słowa uznania należą się im samym. Każdy może przeczytać książkę. Jednak tylko osoba o wielkiej determinacji, zdolna do poświęcenia potrafi przestudiować stronę po stronie i zatriumfować nad wewnętrznym cierpieniem. Oto czego dokonali niektórzy rodzice:

*

* Zespół Tourette'a charakteryzuje się drobnymi bezwiednymi tikami i odruchami, a w przypadkach zaawansowanych mimowolnymi ruchami całego ciała, wydawaniem dźwięków (świsty, szczekanie), a czasem także niekontrolowaną chęcią wypowiadania słów wulgarnych.

Mój dom przypomina nieraz front III wojny światowej. Córka (siedem lat) cierpi na ADHD (nadaktywność). Kiedy bierze lekarstwa, jest na ogół znośna we współżyciu. Gdy przestają działać, dziecko całkowicie wymyka się spod kontroli. (Znam wielu rodziców dzieci z ADHD, którzy zakosztowali tej „trudnej miłości").

Po przeczytaniu waszej książki zastanawiałam się, czy te metody sprawdzą się w wypadku dziecka z ADHD. Otóż tak, sprawdzają się. Zauważam teraz, że gdy zwracam się do niej w ten nowy sposób, kiedy jest pod wpływem leków – pomagam jej przeżyć cały dzień, ułatwiając szczególnie kontakty z ludźmi. Jestem pewna, że jeśli będę dalej tak postępować, pomoże jej to również później w życiu. Dziękuję wam za tę książkę.

*

Obydwoje z mężem jesteśmy psychologami. U naszego syna, który ma osiem lat, zdiagnozowano niedawno ADHD. Przeżyliśmy z nim wiele trudnych chwil. Znajoma powiedziała nam o waszych książkach *Wyzwoleni rodzice, wyzwolone dzieci* i *Jak mówić, żeby dzieci nas słuchały...* i odkryliśmy, że opisują one najbardziej skuteczne podejście, z jakim do tej pory się spotkaliśmy.

Nauczono nas stosowania przede wszystkim metod behawioralnych, które okazały się całkowicie nieskuteczne w postępowaniu z naszym synem. Wasze podejście, oparte na wzajemnym szacunku i zrozumieniu, stopniowo pomaga nam wyegzekwować od niego to, czego chcemy, bez kontrolowania każdego kroku. To dla nas największa ulga!

Czuję, że moja wiedza na temat technik skutecznego porozumiewania się jest dopiero w powijakach, ale gorliwie dzielę się nią w praktyce klinicznej. Wasze metody okazują się skuteczne w rozmaitych sytuacjach i z rozmaitymi ludźmi.

Dziękuję za waszą gotowość dzielenia się swoimi doświadczeniami i przyznawania się do słabości. Pomaga to czytelnikom zauważyć własne.

*

U mojego syna Petera stwierdzono zeza w „podeszłym wieku" sześciu lat. Lekarz powiedział bez ogródek, że syn przez sześć miesięcy musi nosić okulary z zasłoniętym jednym szkłem.

W przeciwnym razie istnieje ryzyko poważnego upośledzenia widzenia w prawym oku. Miał nosić okulary przez cztery godziny dziennie, w szkole.

Nie muszę mówić, że dla Petera było to krępujące i niewygodne. Codziennie próbował się od tego wymigać i byłam już u kresu wytrzymałości. Narzekał, że pęka mu głowa, że widzi gorzej niż zwykle i że go to „boli". Wykazałam zrozumienie dla jego uczuć i początkowo byłam stanowcza, ale jego postawa nie zmieniła się na lepsze.

Wreszcie po pięciu czy sześciu dniach tych zmagań byłam wykończona. Powiedziałam: „Peter, nałożę na oko przepaskę na cztery godziny, żeby się przekonać, jak to jest, a potem postaramy się coś wymyślić, żeby to polepszyć". Powiedziałam tak, bo mu współczułam. Nie sądziłam, że odniesie to taki skutek.

Po dwudziestu minutach okropnie rozbolała mnie głowa. Straciłam głębię widzenia i wszystkie zwyczajne czynności, jak otwarcie drzwi od szafy, wyjęcie prania z suszarki, wypuszczenie na dwór kota czy nawet wejście na górę po schodach, stały się niewiarygodnie trudne. Po upływie tych czterech godzin byłam nieszczęśliwym, wyczerpanym strzępem człowieka i *w pełni* rozumiałam, przez co przechodzi moje dziecko.

Odbyliśmy rozmowę. Chociaż nie mogłam zmienić zaleceń lekarza, oboje z Peterem doświadczyliśmy tego samego. Potrzebował tylko potwierdzenia, jak trudna jest jego sytuacja, oraz mojego przyznania się, że ja również nie umiem sobie z nią poradzić. Od tego momentu rygorystycznie przestrzegał noszenia opaski na okularach przez cztery godziny w szkole. Wzrok mu się poprawił i Peter nawet później nie musiał nosić okularów.

Ja zaś otrzymałam lekcję, że czasami nie wystarczy powiedzieć dziecku, że się rozumie jego uczucia. Czasami trzeba zrobić dodatkowy krok i „popatrzeć jego oczami".

*

Od wielu lat prowadzę warsztaty na podstawie waszej książki *Jak mówić...* Odkąd w 1976 roku natrafiłam na pierwszą książkę, stałam się adwokatem waszej sprawy. Urodziło się wtedy moje pierwsze dziecko, syn Alan. W tej chwili ma dwadzieścia dwa lata i cierpi na poważną chorobę psychiczną. To choroba mózgu, dziedziczna w mojej rodzinie. Dzięki metodom, których się nauczyłam i których nauczam, prognozy w przypadku Alana są o wiele lepsze niż u innych chorych, a ja jestem w stanie pomóc mu uporać się z żalem i zaakceptować upośledzenie. Potrafię również, stosując moje metody, poradzić sobie z emocjonalnymi wzlotami i upadkami, jakie towarzyszą tej chorobie.

Uczestniczę w grupach wsparcia dla rodziców, których dzieci są podobnie upośledzone, i uświadamiam sobie, że dzięki waszym metodom mamy pozytywne perspektywy i lepsze możliwości. Mam nadzieję, że dzięki naszej pomocy Alan będzie robił postępy, a co ważniejsze, uchronimy go przed nawrotem choroby i hospitalizacją, które tak często się zdarzają.

Jestem bardzo wdzięczna za doświadczenia tych siedemnastu lat, w czasie których stosowałam te zasady. Rodzeństwo Alana również cierpi, zarówno z powodu strachu przed chorobą, jak i z powodu dotkliwego braku stabilności finansowej w naszej rodzinie wskutek upośledzenia brata. Wasze metody pomagają mojemu mężowi i mnie w okazywaniu im współczucia i zrozumienia. Wasza praca jest wspaniałym darem dla mojej rodziny.

# Tak, ale...<br>A co, jeśli...<br>Co byś powiedział na...? II

Nie zawsze oddźwięk był pozytywny. Niektórzy rodzice czuli się zawiedzeni, że nie znaleźli w książce pomocy dla dzieci z poważnymi lub skomplikowanymi problemami. Inni byli niezadowoleni, że nie uzyskali odpowiedzi na konkretne pytania. Jeszcze inni czuli się sfrustrowani, ponieważ zdobyli się na wysiłek powiedzenia czy zrobienia czegoś w inny sposób z niewielkim bądź żadnym skutkiem. Jak refren powtarzało się w takich listach zdanie: „Próbowałam, ale to nie skutkuje".

Kiedy prosiłyśmy o dokładne opisanie wydarzeń i otrzymywałyśmy szczegółowe relacje, prawie zawsze można było bez trudu stwierdzić, co poszło nie tak i dlaczego. Najwyraźniej pewne idee należało bardziej rozwinąć. Przytaczamy niektóre komentarze i pytania, z którymi się zetknęłyśmy, oraz nasze odpowiedzi.

## *O dokonywaniu wyborów*

**Dałam mojemu nastolatkowi wybór, ale to nie wypaliło. Powiedziałam mu, że albo obetnie włosy i przyjdzie na obiad z okazji Święta Dziękczynienia, albo zje obiad w swoim pokoju – decyzja należy do niego.**

**Odpowiedział: „Dobrze, zjem w swoim pokoju". Byłam zaszokowana. Powiedziałam: „Co?! Zrobisz mi coś takiego? I swojej rodzinie?" Odwrócił się na pięcie i poszedł. Może ta metoda nie sprawdza się z nastolatkami.**

Zanim zaproponujesz dziecku w jakimkolwiek wieku wybór, zadaj sobie pytanie: *Czy sama akceptuję obie opcje i czy moje dziecko może je zaakceptować?* Czy może pod tymi wyborami kryje się w gruncie rzeczy groźba? Czy odbierze to jako zastosowanie pewnej metody, czy też próbę manipulacji? Najlepiej jeśli wydźwięk takiego wyboru brzmiałby następująco: „Jestem po twojej stronie. Chcę, żebyś coś zrobił (albo nie zrobił), ale zamiast dawać ci polecenie, wolę podsunąć ci pewną sugestię w tej sprawie".

Jaki wybór mogła pani dać synowi w kwestii jego włosów? Być może żadnego. Większość nastolatków nie toleruje rodzicielskich komentarzy na temat swoich włosów – fryzury, koloru, długości, czystości czy zaniedbania. Odbiera to jako naruszanie ich osobistej przestrzeni.

Ale przypuśćmy, że nie możemy się powstrzymać. Jeśli chcemy ryzykować wkraczanie w te niebezpieczne rejony, zróbmy to z zastrzeżeniem: „Wiem, że to nie moja sprawa, jednak może mógłbyś rozważyć pójście do fryzjera i obcięcie włosów chociaż tak, żebyśmy widzieli twoje oczy. Miałbyś zapewnioną wdzięczność matki w Święto Dziękczynienia".

Potem najlepiej szybko wyjść.

**Co zrobić, jeśli daje się dziecku dwie rzeczy do wyboru, a ono obie odrzuca? Lekarz przepisał mojej córce lekarstwo, którego nie cierpi. Zrobiłam dokładnie to, co sugerujecie. Powiedziałam jej, że może to zażyć z sokiem jabłkowym albo piwem imbirowym. Odparła: „Nie chcę tego z niczym" i zacisnęła usta.**

Kiedy dzieci mają do czegoś bardzo silne negatywne nastawienie, to prawdopodobnie nie zaakceptują żadnego wyboru. Jeśli chce pani, aby córka zaakceptowała proponowane opcje, trzeba najpierw okazać szacunek dla jej negatywnych odczuć: „Ojej, tak marszczysz nosek, widzę, że niedobrze ci na samą myśl o łykaniu tego lekarstwa". Podobne stwierdzenie pomoże jej się odprężyć, znaczy bowiem: „Mama rozumie i jest po mojej stronie". Teraz córka jest bardziej gotowa emocjonalnie do rozważenia pani słów. „Kochanie, w jaki sposób to lekarstwo będzie dla ciebie mniej wstrętne: z sokiem czy piwem imbirowym? A może sama wymyślisz coś, co ci pomoże – chociaż troszeczkę".

W gruncie rzeczy możliwości podsuwania wyborów są nieskończone:

Wolisz to połykać szybko czy powoli?
Z otwartymi czy z zamkniętymi oczami?
Na dużej łyżce czy małej łyżeczce?
Zatykając nos czy zaciskając palce?
Mam przy tym śpiewać czy siedzieć cicho?
Mam ci podać łyżeczkę czy wolisz połykać to samodzielnie?

Niektóre rzeczy łatwiej przełknąć, gdy ktoś rozumie, jakie to dla ciebie trudne, i gdy masz choć odrobinę do powiedzenia, w jaki sposób to przełknąć.

## *O konsekwencjach*

Inne niepowodzenia w stosowaniu metod pojawiały się, kiedy do procesu rozwiązywania problemu włączano kwestię konsekwencji. Jedna z matek opowiedziała nam o swoim rozczarowaniu, gdy pewnego razu próbowała wypracować z dziećmi rozwiązanie, a skończyło się na wielkiej kłótni.

**Zwołałam naradę rodzinną i przekazałam dzieciom, że weterynarz powiedział, iż nasz pies ma nadwagę i za mało ruchu. Pokonaliśmy wspólnie kolejne etapy procesu rozwiązywania problemów i robiliśmy postępy. Ustalaliśmy, kto będzie za co odpowiedzialny i o jakiej porze, kiedy średni syn zapytał, jakie będą konsekwencje, jeśli ktoś się nie wywiąże ze swojego zadania. Moje najstarsze dziecko zaproponowało szlaban na telewizję przez jeden wieczór. Pozostała dwójka stwierdziła, że to nie fair. Krótko mówiąc, zawikłaliśmy się w kłótnię na temat konsekwencji, każdy wściekał się na każdego i nie ustaliliśmy planu działania dotyczącego psa. Nasuwa mi się jedynie wniosek, że moi chłopcy nie są dostatecznie dojrzali do rozwiązywania problemów.**

Nie jest dobrym pomysłem mówienie o konsekwencjach, kiedy staracie się rozwiązać problem. Cały proces ma być ukierunkowany na zbudowanie zaufania i pobudzenie dobrej woli. Samo pojawienie się myśli o konsekwencjach w razie niepowodzenia zatruwa atmosferę. Rodzi zwątpienie, zabija motywację i niszczy zaufanie.

Kiedy dziecko pyta o to, jakie będą konsekwencje, jeśli nie wywiąże się z zadania, rodzice mogą odpowiedzieć: „Nie chcę, żebyśmy zastanawiali się nad konsekwencjami. W tej chwili musimy obmyślić, co zrobić, aby nasz pies był zdrowo odżywiany i zdrowo się chował. Aby tak się stało, musimy wspólnie nad tym popracować.

Z pewnością niejednemu z nas wiele razy nie będzie nam się chciało wykonać swojego zadania. Jednak mimo to wykona je, ponieważ nie chcemy sprawić zawodu sobie nawzajem i naszemu psu. A jeśli ktoś z nas zachoruje albo wyniknie inna nagła sytuacja, zamienimy się dyżurami. W tej rodzinie wszyscy troszczą się o siebie nawzajem".

## *Zamiast „ale"*

Wielu rodziców narzekało, że kiedy potwierdzili uczucia dzieci, to ich pociechy były jeszcze bardziej przygnębione. Gdy pytałyśmy, co dokładnie powiedzieli, wszystko stawało się jasne. Ich pełne empatii stwierdzenia zawierały „ale". Wskazywałyśmy, że „ale" ma tendencję do unieważniania, pomniejszania i przekreślania wszystkiego, co zostało wcześniej powiedziane. Poniżej przytaczamy stwierdzenia rodziców oraz proponowane przez nas poprawki, które eliminują „ale".

**Stwierdzenie**: Wydajesz się bardzo rozczarowana, że nie będziesz na przyjęciu Julie. Ale nie da się ukryć, że jesteś mocno przeziębiona. Poza tym to tylko jedno przyjęcie. Jeszcze będziesz w życiu na wielu przyjęciach.

**Dziecko myśli:** Tata mnie nie rozumie.

**Poprawione stwierdzenie:** (Zamiast pomniejszać uczucie za pomocą *ale*, w pełni je potwierdź). Wydajesz się bardzo rozczarowana, że nie będziesz na przyjęciu Julie. Tak niecierpliwie czekałaś, żeby uczcić z przyjaciółką jej urodziny. Nie chciałaś spędzać tego dnia w łóżku z gorączką – to ostatnie miejsce na ziemi, w którym chciałabyś dzisiaj być.

Jeśli ojciec czuje się zbyt nachalny, może wyrazić, co prawdopodobnie czuje córka: „Czy nie marzy ci się, żeby ktoś wreszcie wynalazł lekarstwo na zwykły katar?"

**Stwierdzenie**: Wiem, że niedobrze ci na samą myśli, że masz znowu zostać z opiekunką, ale muszę pójść do dentysty.

**Dziecko myśli**: Zawsze znajdziesz powód, żeby mnie zostawić.

**Poprawione stwierdzenie**: (Usuń *ale*. Zastąp je określeniem: *Problem w tym...*). Wiem, że niedobrze ci na samą myśl, że masz znowu zostać z opiekunką. *Problem w tym*, że muszę pójść do dentysty.

Na czym polega różnica? Jak stwierdził jeden z ojców: „Użycie *ale* to jak zatrzaśnięcie drzwi przed nosem. Określenie *problem w tym* otwiera drzwi i zachęca dziecko do rozważenia ewentualnego rozwiązania". Dziecko może powiedzieć: „Może mógłbym posiedzieć u Gary'ego w domu, kiedy będziesz u dentysty?" Mama może powiedzieć: „Możesz pójść ze mną i poczytać książkę w poczekalni". Istnieje prawdopodobieństwo, że żadne z tych rozwiązań nie zadowoli dziecka. Mimo to uznając, że jest jakiś problem, ułatwiamy dziecku poradzenie sobie z nim.

**Stwierdzenie**: Holly, widzę, że nie jesteś zadowolona z nowej fryzury. Ale zobaczysz, że włosy odrosną. Za parę tygodni o wszystkim zapomnisz.

**Dziecko myśli**: Rzeczywiście. Jakbym sama o tym nie wiedziała.

**Poprawione stwierdzenie**: (Usuń *ale*. Zastąp je: *I chociaż wiesz, że...*). Holly, widzę, że nie jesteś zadowolona z nowej fryzury. *I chociaż wiesz, że* włosy odrosną, to żałujesz, że nikt cię nie posłuchał, kiedy mówiłaś, że mają je skrócić tylko o dwa centymetry.

Poprzedzając swoje słowa stwierdzeniem *i chociaż wiesz, że*, doceniasz inteligencję córki i przedstawiasz swój punkt widzenia, nie poniżając jej.

## *Dlaczego...? Dlaczego nie...?*

Niektórzy rodzice skarżyli się, ponieważ czuli, że robią wszystko, co w ich mocy, aby okazać dzieciom zrozumienie, a spotykają się z wrogą reakcją z ich strony.

**Jako świeżo upieczona przybrana matka doskonale wiem, jak trudno jest powstrzymać się od krytykowania dzieci. Pozostawiam dyscyplinę ich ojcu. Ale kiedy wyjechał z miasta, a nauczycielka przysłała notatkę, że mój przybrany syn spóźnia się z oddaniem pracy kontrolnej, wiedziałam, że muszę to załatwić. Byłam bardzo spokojna. Zapytałam go tylko w przyjazny sposób, dlaczego nie oddał na czas pracy kontrolnej, a on wybuchnął gniewem. Dlaczego?**

Każde zdanie zaczynające się od *Dlaczego?* albo *Dlaczego nie?* może zostać odebrane jako oskarżenie. Pytanie takie zmusza młodego człowieka do myślenia o swoich niepowodzeniach. Zamiast twojego przyjaznego *dlaczego nie?* może on odczytać: „Czy nie dlatego, że jesteś leniwy, niezorganizowany, nieodpowiedzialny i odkładasz wszystko na później?"

Teraz dzieciak jest na cenzurowanym. Jakiej odpowiedzi ma udzielić? Staje przed wyborem nie do zaakceptowania. Albo może przyznać się do własnych błędów, albo podjąć próbę obrony i szukać wymówek: „Bo temat nie był jasno sformułowany... Bo biblioteka była zamknięta" itp. W przeciwnym razie będzie jeszcze bardziej przygnębiony swoją postawą, bardziej zły na panią i nie zdoła wymyślić, jak naprawić sytuację.

W jaki sposób zwrócić się do dziecka, aby nie wywoływać reakcji defensywnej? Może pani przedstawić problem przybranemu synowi i zaproponować pomoc. Wręczając notatkę od nauczycielki, może pani powiedzieć:

„Ta notatka jest skierowana do taty i do mnie, ale ty będziesz wiedział, co w tej sytuacji zrobić. Jeżeli coś ci nie pozwala rozpocząć lub zakończyć pracy nad referatem, albo jeśli chcesz, żeby ktoś ci podsunął pomysły, jestem do dyspozycji".

## *O miejscu odosobnienia*

Niektórzy rodzice byli rozczarowani, że po przeczytaniu książki od deski do deski nie znaleźli nic o „miejscach odosobnienia". Początkowo zdziwiły nas te komentarze. Wychowałyśmy łącznie sześcioro dzieci i nigdy nie korzystałyśmy z tej metody. Stopniowo zaczęłyśmy dostrzegać zalew książek i artykułów w czasopismach propagujących „miejsce odosobnienia" jako nową metodę wychowawczą, humanitarną alternatywę dla bicia, w których to artykułach znajdowały się szczegółowe wskazania dla rodziców, w jaki sposób ją z powodzeniem stosować.

Jak mogłyśmy tego nie poruszyć? Wyjaśnienie wydawało się nawet rozsądne. Jeśli odeślemy niesforne dziecko w inne miejsce, gdzie nic nie będzie go rozpraszać – ani książki, ani zabawki, ani gry – każemy mu tam siedzieć przez jakiś konkretny czas, na przykład minutę za każdy rok życia, dziecko dostrzeże wkrótce własny błąd i gdy do nas powróci, będzie utemperowane i układne.

Jednak im więcej o tym myślałyśmy, im więcej czytałyśmy o różnych odmianach tej metody, tym mniej nam się ona podobała. W naszej opinii „miejsce odosobnienia" nie było nową ani nowatorską metodą, ale zaktualizowaną wersją przestarzałej praktyki odsyłania nieposłusznego dziecka do kąta.

Przypuśćmy, że Billy bije swoją młodszą siostrę, ponieważ ta bez przerwy ciągnie go za rękę, kiedy rysuje, a mama, w złości, odsyła go do „miejsca odosobnienia", na specjalne krzesełko. Uważa, że to lepsze niż dać Billy'emu klapsa za to, że bił siostrę. Co jednak może dziać się w głowie chłopca, kiedy tam siedzi? Czy myśli: „Dostałem nauczkę. Nie wolno mi bić siostry, bez względu na to, co ona zrobi"? A może czuje coś innego: „To nie fair! Mama mnie nie kocha. Kocha tylko moją głupią siostrę. Dołożę jej, kiedy mama nie będzie widziała". A może dojdzie do wniosku: „Jestem taki niedobry, zasłużyłem na to, żeby tu siedzieć w samotności".

Żywimy przekonanie, że dziecko, które niewłaściwe się zachowuje, nie musi być izolowane od pozostałych członków rodziny, nawet na krótki czas. Jednak należy je powstrzymać i nakierować na właściwe tory: „Billy, nie wolno bić! Możesz przekazać siostrze *słowami*, jak bardzo cię to złości, że cię ciągnie za rękę, kiedy rysujesz".

Przypuśćmy, że Billy jej mówi, a ona dalej ciągnie. I przypuśćmy, że Billy znowu ją bije. Czy to nie wymaga umieszczenia go w „miejscu odosobnienia"?

Odsyłanie Billy'ego do „izolatki" może w tym momencie ukrócić jego zachowanie, ale nie rozwiązuje głębszego problemu. Billy tak naprawdę nie potrzebuje izolacji, ale rozmowy sam na sam z kochającą matką czy ojcem, którzy pomogą mu określić uczucia i wymyślić lepsze sposoby radzenia sobie z nimi. Mama może powiedzieć: „Nie jest łatwo mieć młodszą siostrę, która ciągle cię zaczepia, żeby zwrócić na siebie uwagę. Dzisiaj tak cię rozzłościła, że ją uderzyłeś. Billy, nie mogę pozwolić na to, żeby którekolwiek z moich dzieci biło drugie. Musimy zapisać, co możesz zrobić zamiast bicia, kiedy znowu będzie ci przeszkadzała w rysowaniu".

Jakie są alternatywy dla bicia?

– Billy może krzyknąć „Przestań!" prosto w jej twarz – bardzo głośno.

– Może odsunąć jej rękę – delikatnie.

– Może dać jej kawałek papieru i kredkę.

– Może dać jej coś innego do zabawy.

– Może rysować, kiedy jego siostra śpi.

– Może rysować w swoim pokoju, przy zamkniętych drzwiach.

– Jeśli nic nie działa, może wezwać mamę na pomoc.

Billy może przeczytać listę rozwiązań, kiedy zechce, i odwołać się do niej, gdy zajdzie taka potrzeba. Nie postrzega już siebie jako osoby, która w złości tak nagannie się zachowuje, że trzeba ją odizolować, lecz jako osobę, która zna wiele sposobów radzenia sobie z gniewem.

## *O współmałżonkach i innych ważnych osobach*

Wielu naszych czytelników miało podobne zmartwienie. Nie znaleźli w książce żadnej rady, w jaki sposób dotrzeć do opornego współmałżonka.

**Staram się zmienić sposób mówienia do dzieci, ale mąż/żona/partner podkopuje moje wysiłki, bo nie stosuje razem ze mną nowego podejścia. Czy macie dla mnie jakieś propozycje?**

Kiedy poruszono tę sprawę na jednym z naszych wykładów, zapytałyśmy ludzi na sali, jak sobie z tym poradzili. Przytaczamy ich odpowiedzi:

– Rozmawiam z mężem o zmianach, które próbuję wprowadzić. W ten sposób czuje się włączony w cały proces, ale nie odczuwa presji, żeby samemu się zmienić.

– Trzymamy książkę w samochodzie. To, które nie prowadzi, czyta fragment na głos, a potem o tym rozmawiamy.

– Mój mąż nie przeczyta książki o wychowaniu. Wyznaje teorię: „Co za różnica, jak mówisz, skoro dzieciaki i tak wiedzą, że je kochasz". W końcu powiedziałam mu: „Słuchaj, gdy zdecydowaliśmy się na dzieci, wiedzieliśmy, że chcemy dla nich jak najlepiej. Nie ubralibyśmy ich w jakieś łachy ani nie dawalibyśmy byle jakiego jedzenia. Idąc tym torem rozumowania, dlaczego mamy zwracać się do nich w sposób, który im nie służy – zwłaszcza że są przecież lepsze metody? Nasze dzieci zasługują na to, co najlepsze – i to od nas obojga".

– Staram się wciągnąć mojego męża, pytając go o radę w pewnych konkretnych sytuacjach dotyczących naszych dwóch synów. Mówię na przykład: „Kochanie, potrzebuję twojej rady. W tej sprawie nie mam żadnego doświadczenia, bo nigdy nie byłam małym chłopcem. Co by cię bardziej zachęciło do współpracy: gdyby twoja matka powiedziała to, czy gdyby powiedziała tamto? Zwykle odpowiada od razu, ale czasami musi trochę pomyśleć i proponuje coś, na co nigdy bym nie wpadła.

– Moja żona nie cierpi, kiedy mówię jej, co ma powiedzieć albo jak ma to powiedzieć. Stosuję więc sam metody i nic nie mówię – tak jest najlepiej. Coś musiało do niej dotrzeć, bo kiedy wczoraj rano szykowaliśmy się w pośpiechu do wyjścia, moja córka nie chciała włożyć bluzy. Zamiast się z nią sprzeczać, żona dała jej wybór. Zapytała, czy chce ją nałożyć *normalnie*, czy *tyłem do przodu*. Córka zachichotała, włożyła bluzę tyłem do przodu, po czym wyszliśmy.

## Siła zabawy

Kilkoro rodziców postawiło nam zarzut, że nie dołączyłyśmy rozdziału o znaczeniu humoru. Na swoją obronę wyjaśniłyśmy, że w rozdziale *Zachęcanie do współpracy* w zasadzie tę kwestię omówiłyśmy. Wiemy, że robiąc coś odbiegającego od normy i nieoczekiwanego, możemy w jednej chwili zmienić nastrój złości w zadowolenie. Ale jak mogłyśmy wymagać od rodziców, żeby przy wszystkich swoich obowiązkach byli jeszcze zabawni? Ograniczyłyśmy się więc do dwóch krótkich paragrafów o humorze. Wielki błąd. Rodzice, jak się okazuje, są skorzy do zabawy. Nawet ci, którzy nie wierzą, że to potrafią. Obojętnie kiedy i gdzie prowadziłyśmy warsztaty i prosiłyśmy bardzo poważnych, dojrzałych rodziców, aby uwolnili skore do zabawy i błazeństwa, pełne humoru, niemądre dziecko, które w nich tkwi, robili to. Podsuwali najwspanialsze przykłady tego, co można zrobić lub co sami zrobili, aby podnieść się na duchu i przełamać opór dziecka.

*

Czasami mój trzyletni syn nie chce się sam ubrać, ponieważ woli, abym ja to zrobiła. Kiedy jest w takim nastroju, nakładam mu majtki na głowę i próbuję wsunąć skarpetki na ręce. Oczywiście syn mówi mi, że źle to robię, po czym wkłada majtki i skarpetki. Następnie mówi: „Zobacz, mamo, jak to trzeba zrobić". Udaję, że jestem całkowicie zaskoczona i próbuję nałożyć mu spodnie na ręce, a koszulkę na nogi. Zabawa zawsze kończy się śmiechem i całusami.

*

Aby skłonić mojego syna do szczotkowania zębów, wymyśliliśmy zarazki – Geraldine i Joe – które się przed nami chowają. Myjemy zęby, a one śpiewają: „Jesteśmy na przyjęciu w buzi Beniamina". Potem krzyczą, kiedy je szczotkuje i zawodzą, gdy płucze usta i wypluwa je do umywalki. Na koniec wołają: „Jeszcze wrócimy!"

*

Utrzymywanie względnego porządku w domu zamieszkanym przez dzieci w jakimkolwiek wieku jest nie lada wyzwaniem. Rodzą się z tego najbardziej pomysłowe rozwiązania.

Próbujemy wprowadzić pewne tradycje, aby skonsolidować naszą nową „połączoną" rodzinę – troje dzieci żony (siedem, dziewięć i jedenaście lat) i dwoje moich (dziesięć i trzynaście) – i lepiej ze sobą współżyć. Sprzeczki na temat podziału obowiązków były zawsze punktem zapalnym. Teraz co sobotę rano zapisujemy każde zadanie do wykonania na osobnej kartce papieru. Następnie zwijamy karteczki, wsadzamy w kolorowe baloniki, nadmuchujemy balony i puszczamy wszystkie w powietrze. Każde dziecko łapie jeden balon, przekłuwa go, wykonuje daną pracę, wraca i przekłuwa następny balon. Powtarzamy to, dopóki wszystkie obowiązki nie zostaną wykonane, a potem gratulujemy sobie znakomitej pracy zespołowej.

*

Jestem ojcem, który nie pracuje. Ostatnio wymyśliłem nowy sposób radzenia sobie z bałaganem, który robią dzieci. Wyjmuję specjalną talię kart, z której usunąłem wszystkie wysokie numery. Następnie każdy chłopiec wyjmuje kartę, która mówi mu, ile rzeczy ma odłożyć na swoje miejsce. Są bardzo podekscytowani, kiedy liczą, ile rzeczy uprzątnęli, i biegną do mnie, żeby się przekonać, jaka będzie następna karta. Kiedy ostatnio zastosowałem tę metodę, dzieci zakończyły sprzątanie w dwadzieścia minut i były rozczarowane, że już po zabawie.

*

SCENARIUSZ: Jeden pokój, dwie dziewczynki. Fragmenty trzech układanek rozrzucone po całym pokoju.

MAMA: Dzieci, ta zabawa nazywa się *Czy potrafisz wyprzedzić muzykę?* Nastawię taśmę, a wy spróbujecie powkładać kawałki puzli do pudełek, zanim skończy się pierwsza piosenka.

Złapały przynętę, a wykonanie pracy zajęło im dwie i pół piosenki.

*

Mam czterech synów. Przynajmniej pięćdziesiąt razy dziennie nawołuję, aby odstawiali buty. Pierwsza rzecz, którą robią po przyjściu do domu, to zrzucenie butów i pozostawienie ich na środku kuchni. Ciągle potykam się o osiem butów.

POMYSŁ: Piszę słowo *buty* na kartce papieru, przeciągam sznurek w poprzek wejścia do kuchni i zawieszam na nim kartkę, na tyle nisko, aby wpadli na nią po wejściu do domu.

Kevin, mój ośmioletni syn, wraca pierwszy. Kartka muska go po włosach, kiedy wchodzi do kuchni.

**KEVIN:** Co to jest?
**JA:** Przeczytaj.
**KEVIN:** Buty? Co to ma znaczyć?
**JA:** A jak myślisz?
**KEVIN:** Pójdziemy dzisiaj kupić nowe buty?
**JA:** Nie.
**KEVIN:** (Głęboko myśli). Chcesz, żebyśmy odstawiali buty?
**JA:** Zgadłeś.

Kevin odstawia buty! Wraca i objaśnia znaczenie napisu trzem braciom, którzy *odstawiają buty!!!*

**KEVIN:** Powinnaś zrobić taki sam napis o myciu rąk.

*

Moje nastoletnie dzieci nie cierpią sprzątać łazienki. („Mamuś, jest duża!"). Nie wdawałam się w spory. Zawiesiłam notatkę na lustrze nad umywalką. Oto wiersz, który zadziałał:

Weźcie mopa i ściereczkę
I wyczyśćcie łazieneczkę.
Krany, wanna, umywalki
Chcą czystością lśnić jak szklanki.
Lustro płacze, że nie widzi,
A półka kurzu się wstydzi.
Tak, to praca bardzo nudna,
Ale wcale nie tak trudna.

Dzięki. Kochająca Mama

*

Matka, która opowiedziała nam tę historię, zatytułowała ją „Nic nie trwa wiecznie".

Chciałam, żeby ze skrytki zniknęły wszystkie kolejki i szyny, więc wkroczyłam do pokoju syna i udawałam, że do niego dzwonię. Dzyń. Dzyń.
Odebrał na niby telefon i powiedział: „Halo".
Zapytałam: „Czy to Przesiębiorstwo Kolei Żelaznych?"
Odparł: „Tak".

Ja na to: „Mam duże zlecenie: trzeba przetransportować ciężkie wagony i tory w inne miejsce, a słyszałam, że wasza firma jest najlepsza".

Poszedł i wszystko sprzątnął. Próbowałam tej metody po raz drugi i znowu zadziałało. Kiedy zadzwoniłam do niego po raz trzeci i zapytałam: „Czy to Przedsiębiorstwo Kolei?", syn odpowiedział: „Zlikwidowali je".

# III

# *Ich język ojczysty*

Nasz mentor, dr Haim Ginott, nie urodził się w Stanach Zjednoczonych. Przybył tu z Izraela jako młody człowiek. To tutaj obronił doktorat, opublikował swoje książki i prowadził zajęcia dla rodziców. Pamiętam, że gdy dołączyłyśmy do jednej z jego grup dla rodziców, narzekałyśmy, że tak trudno jest zmienić stare nawyki: „Zaczynamy coś mówić do dzieci, przerywamy, gryziemy się w język". Wysłuchał nas uważnie, po czym odparł: „Nie jest łatwo nauczyć się nowego języka. Zawsze pozostanie obcy akcent... Jednak dla waszych dzieci to będzie język ojczysty!"

Jego słowa były prorocze. Odnosiły się nie tylko do naszych dzieci, ale i do dzieci naszych czytelników. Słyszałyśmy od wielu rodziców, że ich pociechy używają tego nowego języka w najbardziej naturalny sposób. Przytaczamy relacje.

*

Jestem pracującą matką i mam bardzo napięty harmonogram. Mój trzyletni synek nie cierpi rano wstawać i jest zwykle bardzo poirytowany. Na ogół mawiam: „Jesteś dzisiaj w kapryśnym nastroju, co?" Opowiada: „tak" i czuje się lepiej, jest też bardziej skłonny do współpracy.

Pewnego ranka wstałam zdenerwowana, bo zaspałam. Popatrzył na mnie zatroskany i powiedział: „Czy jesteś w kapryśnym nastroju, mamusiu? Ja i tak cię bardzo kocham". Zdumiała mnie jego spostrzegawczość. Dzięki niemu poczułam się lepiej i miałam wspaniały dzień!

*

Moja czteroletnia córka Megan powiedziała do brata: „Justin, nie lubię, kiedy mnie kopiesz". (Zazwyczaj mu oddaje). Odparł: „No dobra, Megs". To było to! Potem Megan przyszła do mnie i powiedziała, że użyła nowej metody i to podziałało. Była zdziwiona i dumna z siebie.

*

Gdyby nie wasze magiczne zaklęcia, chybabym już postradała zmysły. Musicie wiedzieć, że bardzo często stosuję wasze metody. Tak często, że gdy ostatnio przypomniałam córce, że pora spać, powiedziała: „Ale co mam do wyboru, mamusiu?" (Uwielbia, kiedy ją pytam, czy chce wejść, czy wskoczyć do łóżka).

Kiedy indziej bawiłyśmy się razem, córka udawała mamę i powiedziała do mnie: „Kochanie, masz wybór: możesz dostać jeepa albo samochód sportowy, decyduj!"

*

Mój czteroletni syn Danny siedzi na podłodze ze swoim kolegą Christopherem. Bawią się gumowymi zwierzakami i udają bitwę. Nagle przeradza się to w prawdziwą bójkę.

**CHRISTOPHER:** Danny, przestań! Nie bij, ręka mnie boli!
**DANNY:** To ty mnie uderzyłeś!
**CHRISTOPHER:** Musiałem! Ciągnąłeś mnie za rękę.
**DANNY:** Musiałem, bo ty też ciągnąłeś mnie za rękę.
**JA:** (*Myślę, że powinnam interweniować, ale nie wiem, co powiedzieć*).
**DANNY:** Poczekaj chwilę. (Przysiada na piętach i myśli). Christopher, mamy do wyboru: Możemy bawić się zwierzakami i nie ciągnąć się za ręce... albo możemy zostawić zwierzaki i pobawić się w coś innego. Co wybierasz?
**CHRISTOPHER:** Pobawmy się w coś innego.

I pobiegli się bawić! Wiem, że to nie do wiary, ale naprawdę się zdarzyło.

*

Kiedyś po śniadaniu szłam do pokoju córki, myśląc po drodze, co powiedzieć, zamiast po raz kolejny prawić jej długie kazanie, że mleko należy odstawiać do lodówki. Wyprzedził mnie syn, który ma osiem lat. Stał już pod drzwiami jej pokoju i mówił: „Mleko kwaśnieje, jeśli się go nie wstawi do lodówki".

Ku mojemu zdziwieniu drzwi się otworzyły i pokazała się w nich moja sześcioletnia córka, która szybko pobiegła do kuchni i wstawiła mleko do lodówki.

*

Byłam w salonie i podsłuchałam rozmowę między moją dziesięcioletnią córką Liz a jej koleżanką Sharon, która szukała czegoś w kredensie w kuchni.

**SHARON:** (*tonem skargi*) Jestem głodna. Dlaczego twoja mama tak wysoko chowa wszystkie chipsy? Nigdy nie schowa ich tak, żeby można było sięgnąć.

**LIZ:** Sharon, w naszym domu nie obwiniamy się. Powiedz mi czego chcesz, a ja ci to dam.

Stałam tam, myśląc, że człowiek próbuje, próbuje i nigdy nie wie, czy to dociera do dziecka. Aż tu pewnego dnia okazuje się, że tak!

*

Najważniejsze, czego nauczyłam się z waszej książki, to przyzwolenie na okazywanie złości – o ile nie mówimy niczego, co mogłoby wyrządzić krzywdę drugiej osobie. Zwykle starałam się zachować spokój i tłumiłam w sobie gniew. Zawsze kończyło się na tym, że wykrzykiwałam rzeczy, których żałowałam. Ostatnio doszło do tego, że informuję dzieci, gdy tylko zaczynam się czuć spięta czy poirytowana albo gdy potrzebuję czasu dla siebie.

Wczoraj spotkała mnie nagroda.

Robiłam zakupy z Ryanem, moim trzynastoletnim synem, który bardzo wyrósł w lecie i potrzebuje nowej kurtki na zimę. Byliśmy w dwóch sklepach, ale nic mu się nie spodobało. W drodze do trzeciego sklepu Ryan powiedział: „Jedźmy do domu".

**JA:** Ryan, kiedy przyjdą pierwsze chłody, nie będziesz miał co na siebie włożyć.

**RYAN:** Mamo, proszę, chcę jechać do domu.

**JA:** Ale Ryan...

**RYAN:** Mamo, próbuję ci powiedzieć! Czuję, że wpadam w zły nastrój i nie chcę się na tobie wyładować.

Kiedy jechaliśmy do domu, byłam bardzo dumna i czułam, że ktoś się o mnie troszczy. Dziękuję, że pokazałyście moim dzieciom i mnie, jak się bronić, gdy jesteśmy bliscy wybuchu.

*

Przez ostatni miesiąc chodziłam na warsztaty *Jak mówić...* Ostatnio odbyłam z moim ośmioletnim synem rozmowę, którą muszę wam przytoczyć.

**ERIC:** (*wysiadając ze szkolnego autobusu*) Zgadnij, co się dzisiaj stało na przerwie.

**JA:** Zamieniam się w słuch.

**ERIC:** Michael miał kłopoty, bo kogoś uderzył i pani M. na niego nakrzyczała. Zaczął płakać, a ona kazała mu przestać i nazwała go beksą.

**JA:** Musiało ci być przykro, że coś takiego spotkało Michaela.

**ERIC:** No! Objąłem go ramieniem, o tak. (*Obejmuje ramieniem niewidzialnego chłopca i klepie niewidzialne ramię*).

**JA:** Założę się, że Michael lepiej się poczuł.

**ERIC:** Mhm. Pani M. powinna pójść na te lekcje co ty, mamo.

Wierzę, że dzięki nowemu sposobowi mówienia do mojego syna i słuchania go wyrośnie on na bardziej wrażliwą osobę, która nie stoi z boku, gdy widzi niesprawiedliwość.

*

Dotąd przyglądaliśmy się, jak dzieci stosują nowe metody. W ostatnim cytowanym liście pewna kobieta opisuje swoją własną drogę do opanowania „nowego języka".

Kiedy tak siedzę, czując pod powiekami łzy radości i dumy, po prostu muszę do was napisać i podziękować. Tysięczne dzięki. Dzisiaj uświadamiam sobie, jak bardzo się zmieniłam, jak wiele rzeczy przychodzi mi w sposób naturalny. Był u nas z wizytą kuzyn (dziewięć lat) mojego trzyletniego syna. Pokazywał mojemu synowi, jak ułożyć deski, aby mógł wdrapać się na ogrodzenie. Wyjrzałam na dwór i powiedziałam spokojnym i przyjaznym tonem: „Hej, widzę stertę desek, która jest chwiejna i niebezpieczna. A ogrodzenie nie służy do tego, żeby się po nim wspinać. Nogi na ziemię, bardzo proszę".

Oddaliłam się. Parę minut później wyjrzałam przez okno. *Zdemontowali stertę desek i bawili się w co innego – bezpiecznie!* Nagle do mnie dotarło, że osiągnęłam więcej, niż chciałam (po prostu odciągnąć ich od sterty desek), i nie musiałam w tym celu:

- Rozmyślać, którą z waszych metod zastosować. Słowa po prostu popłynęły w sposób naturalny.
- Krzyczeć jak potępieniec – zazwyczaj taki był rezultat narastającego lęku na myśl o tym, jaka krzywda może spotkać moje dziecko.
- Fizycznie uczestniczyć w całym akcie. Kiedy wypowiedziałam swoją kwestię, nie podjęłam świadomej decyzji, aby odejść. Po prostu tak się stało. Zostawiłam chłopców i pozwoliłam im zadecydować, co zrobić. Było to do tego stopnia nieuświadomione, że dotarło do mnie dopiero wtedy, gdy usiadłam, aby napisać ten list! Naprawdę się czegoś uczę! Uczę się! Hurrra!

Potem rozmyślałam, ale tego tu nie opiszę, w jaki sposób postąpiłabym w podobnej sytuacji jeszcze rok temu. I skuliłam się w sobie. Na samą myśl, jak wyglądałoby życie mojego dziecka bez waszych książek, chce mi się płakać. Podarowałyście podobnym do mnie – perfekcjonistom, pracoholikom, dorosłym dzieciom alkoholików – niewiarygodny dar: zdolność porozumiewania się z ukochanymi dziećmi w sposób pełen miłości i pozbawiony krytyki.

Płakałam razem z moją matką, gdy uświadomiła sobie, w jaki sposób zwracała się do nas, gdy byliśmy dziećmi: „Kiedy słyszę, jak rozmawiasz ze swoim synem, wstyd mi za to, jak zwracałam się do was". Szybko jej przebaczyłam, a ona szybko się uczy.

Zagrzewają ją do tego ciepłe uczucia, które rodzice i dziadkowie mogą gromadzić w sobie po każdym sukcesie.

Moja siostra, która niedawno odeszła od napastliwego męża, rozmawiała z dziećmi w tonie tak poniżającym, że byłam u kresu cierpliwości: nie mogłam znieść jej towarzystwa. Tak bardzo współczułam jej dzieciom, którym działa się krzywda, że nie mogłam już tego słuchać. Kupiłam jej *Jak mówić...* i *Rodzeństwo bez rywalizacji* i zaproponowałam, aby chociaż przejrzała rysunki i zorientowała się, o co chodzi. Miałam nadzieję, że znajdzie na nich siebie. Moja matka twierdzi, że dostrzega zmiany w jej sposobie rozmawiania z dziećmi. Szacunek kolejnych dwojga dzieci do samych siebie zostanie ocalony dzięki waszym książkom.

Nie potrafię wyrazić słowami, jak bardzo jestem wam wdzięczna, że zapoznałyście nas z tymi metodami.

*Jane*

PS Alkoholizm jest wstrętny i moja rodzina nie potrafi jeszcze się do niego przyznać. Dlatego też nie mogę ujawnić mojego nazwiska.

Dziękujemy ci, Jane. Dziękujemy wszystkim, którzy poświęcili swój czas, aby przelać na papier własne przemyślenia i doświadczenia. To właśnie czytając takie listy, z kraju i z zagranicy, pozwalamy sobie po raz kolejny na snucie naszej najśmielszej fantazji: wszyscy razem – rodzice, nauczyciele, psychoterapeuci i prowadzący warsztaty – krzewimy zasady porozumiewania się i zataczamy swoim wpływem coraz szersze kręgi, aż przychodzi dzień, kiedy dzieci na całym świecie wyrastają na silne, współczujące istoty, pewne swojej wartości i zdolne do pokojowego współżycia.

*Przełożyła*
*Beata Horosiewicz*

Maria Molicka

BAJKI TERAPEUTYCZNE

Maria Molicka

BAJKI TERAPEUTYCZNE cz.2

Jackie Silberg

GRY I ZABAWY
Z MALUCHAMI

Jackie Silberg

GRY I ZABAWY
Z NIEMOWLAKAMI

Jackie Silberg

GRY I ZABAWY
Z DZIEĆMI

Gabriele Haug-Schnabel
Barbara Schmid-Steinbrunner

DZIECKO Z CHARAKTEREM

Lise Eliot

CO TAM SIĘ DZIEJE?

Alison Gopnik
Andrew N. Meltzoff
Patricia K. Kuhl

NAUKOWIEC W KOŁYSCE

Mary Pipher

OCALIĆ OFELIĘ

Alice Miller

ZNIEWOLONE
DZIECIŃSTWO

---

Wydawnictwo Media Rodzina
ul. Pasieka 24, 61-657 Poznań, tel. (061) 827 08 60, faks (061) 827 08 66
e-mail: mediarodzina@mediarodzina.com.pl, www.mediarodzina.com.pl